NOUVELLES ANGLAISES ET AMÉRICAINES D'AUJOURD'HUI

I

English and American short stories of today

Roald Dahl • Jim Phelan • Scott F. Fitzgerald •
Osbert Sitwell • Evelyn Waugh • Elizabeth Taylor •
Somerset Maugham • Patricia Highsmith • O'Henry

Enregistrements sur cassettes

Choix, traduction et notes par Henri YVINEC
Professeur agrégé au Lycée Hector-Berlioz de Vincennes

PRESSES POCKET

Les langues pour tous
Collection dirigée par
Jean-Pierre Berman, Michel Marcheteau et Michel Savio

Série Initiation :
- L'anglais pour tous en 40 leçons
- L'allemand pour tous en 40 leçons
- L'arabe pour tous en 40 leçons
- L'espagnol pour tous en 40 leçons
- L'italien pour tous en 40 leçons
- Le néerlandais pour tous en 40 leçons
- Le portugais pour tous en 40 leçons
- Le russe pour tous en 40 leçons
- Le japonais pour tous en 40 leçons (en préparation)

Série Perfectionnement :
- Pratiquer l'américain
- Pratiquer l'espagnol
- Pratiquer l'italien
- Pratiquer l'allemand

Série Score (100 tests d'autoévaluation)
- Score anglais
- Score allemand
- Score espagnol
- Score italien
- Score portugais

Série économique et commerciale :
- L'anglais économique et commercial
- L'allemand économique et commercial
- L'espagnol économique et commercial
- La correspondance commerciale en anglais
- La correspondance commerciale en espagnol
- Le français commercial

Série Dictionnaire (Garnier) :
- Dictionnaire de l'anglais d'aujourd'hui
- Dictionnaire de l'allemand d'aujourd'hui
- Dictionnaire de l'anglais commercial et économique
- Dictionnaire de l'allemand commercial et économique

Série « Ouvrages de référence » :
Grammaire de l'anglais d'aujourd'hui (O.U.P.)
La correspondance générale en anglais (Garnier)

Série « Bilingue » :
Nouvelles GB/US d'aujourd'hui (I)
Conan Doyle : Sherlock Holmes enquête (I)
Oscar Wilde : Il importe d'être constant
D.H. Lawrence : Nouvelles
Nouvelles allemandes d'aujourd'hui
L'Amérique d'aujourd'hui à travers sa presse

En préparation
Henry James : Le Tour d'écrou
Lewis Carroll : Alice au pays des merveilles
Conan Doyle : Sherlock Holmes enquête (II)
Nouvelles GB/US d'aujourd'hui (II)
Nouvelles américaines
R. Kipling : Nouvelles
G. Greene : Nouvelles
Nouvelles espagnoles d'aujourd'hui
Nouvelles italiennes d'aujourd'hui
Nouvelles portugaises d'aujourd'hui
Nouvelles russes

© Presses Pocket 1985 pour la traduction, les notices biographiques et les notes.

ISBN : 2-266-01485-4

Sommaire

- Comment utiliser la série bilingue ? .. 5
- Signes et principales abréviations ... 6
- Prononciation 7

L'homme au parapluie - **The Umbrella Man** (*Roald Dahl*) 9
— Révisions 34
Rideau - **Curtain** (*Jim Phelan*) 35
— Révisions 52
Trois heures entre deux avions - **Three Hours between Planes** (*Scott F. Fitzgerald*) ... 53
— Révisions 76
Sans paroles - **Dumb Animal** (*Osbert Sitwell*) 77
— Révisions 90
La petite sortie de Mr Loveday - **Mr Loveday's Little Outing** (*Evelyn Waugh*) 91
— Révisions 120
Première mort de sa vie - **First Death of Her Life** (*Elizabeth Taylor*) 121
— Révisions 130
La maison - **Home** (*Somerset Maugham*) 131
— Révisions 150
La belle-mère silencieuse - **The Silent Mother-in-Law** (*Patricia Highsmith*) 151
— Révisions 168
Vingt ans après - **After Twenty Years** (*O'Henry*) 169
— Révisions 182

🔊 Enregistrement sonore - Conseils d'utilisation 183

Vocabulaire (anglais-français) 210

Comment utiliser la série bilingue ?

La série bilingue anglais/français permet aux lecteurs :
• d'avoir accès aux versions originales des nouvelles célèbres en anglais, et d'en apprécier, dans les détails, la forme et le fond ;
• d'améliorer leur connaissance de l'anglais, en particulier dans le domaine du vocabulaire dont l'acquisition est facilitée par l'intérêt même du récit, et le fait que mots et expressions apparaissent en situation dans un contexte, ce qui aide à bien cerner leur sens.
Cette série constitue donc une véritable méthode d'auto-enseignement, dont le contenu est le suivant :
• page de gauche, le texte anglais ;
• page de droite, la traduction française ;
• bas des pages de gauche et de droite, une série de notes explicatives (vocabulaire, grammaire, prononciation, etc.).
Les notes de bas de page et les listes récapitulatives à la fin de chaque nouvelle aident le lecteur à distinguer les mots et expressions idiomatiques d'un usage courant aujourd'hui, et qu'il lui faut mémoriser, de ce qui peut être trop daté ou trop exclusivement lié aux événements et à l'art de l'auteur.
Il est conseillé au lecteur de lire d'abord l'anglais, de se reporter aux notes et de ne passer qu'ensuite à la traduction ; sauf bien entendu s'il éprouve de trop grandes difficultés à suivre le récit dans ses détails, auquel cas il lui faut se concentrer davantage sur la traduction, pour revenir finalement au texte anglais, en s'assurant bien qu'il en a maintenant maîtrisé le sens.
Dans les premières pages du présent recueil, la traduction suit volontairement de près le texte anglais afin, par son parallélisme, de bien en éclairer la structure. Cela peut entraîner certaines lourdeurs, et des traductions plus élégantes sont alors suggérées en note. Progressivement, la traduction deviendra de moins en moins littérale (le « mot à mot » étant alors éventuellement donné en note).

Prononciation

(Elle est donnée dans la nouvelle transcription — Alphabet Phonétique International modifié — adoptée par A.C. GIMSON dans la 14ᵉ édition de l' *English Pronouncing Dictionary* de Daniel JONES (Dent, London).

Sons voyelles

[iː] comme dans SEAT
[I] comme dans SIT
[e] comme dans BED
[æ] comme dans CAT
[ɑː] comme dans FATHER
[ɒ] comme dans NOT
[ɔː] comme dans DOOR
[ʊ] comme dans PUT
[uː] comme dans MOON
[ʌ] comme dans DUCK
[ɜː] comme dans BIRD
[ə] comme dans DOCTOR

Diphtongues

[eɪ] comme dans DAY
[əʊ] comme dans BOAT
[aɪ] comme dans MY
[aʊ] comme dans NOW
[ɔɪ] comme dans BOY
[ɪə] comme dans HERE
[eə] comme dans THERE
[ʊə] comme dans POOR

Sons consonnes

[p] comme dans POT
[b] comme dans BOY
[t] comme dans TEA
[d] comme dans DOWN
[k] comme dans CAKE
[g] comme dans GIRL
[tʃ] comme dans CHILD
[dʒ] comme dans JOY
[f] comme dans FAT
[v] comme dans VERY
[θ] comme dans THICK
[ð] comme dans THIS

[s] comme dans SEE
[z] comme dans EASY
[ʃ] comme dans SURE
[ʒ] comme dans PLEASURE
[h] comme dans HOT
[m] comme dans MOTHER
[n] comme dans NOW
[ŋ] comme dans THING
[l] comme dans LOVE
[r] comme dans RICH

Semi-consonnes
[j] comme dans YES
[w] comme dans WITH

Accentuation

ˈ - accent unique ou principal, comme dans MOTHER (ˈmʌðə)
ˌ - accent secondaire, comme dans PHOTOGRAPHIC [ˌfəʊtəˈgræfɪk]

🔘🔘 Un enregistrement sur cassette (une cassette de 60 mn) d'extraits de longueur et de difficulté croissantes complète cet ouvrage. Chaque extrait est suivi de questions et de réponses qui permettent de contrôler et de développer la compréhension auditive.

Signes et principales abréviations utilisés dans les notes

▲	faux ami
△	attention à
≠	antonyme, contraire
adj.	adjectif
adv.	adverbe
amér.	américain (usage)
cf.	confer (voir)
fam.	familier
irr.	irrégulier
m. à m.	mot à mot
n.	nom
N.B.	Nota bene
p.p.	participe passé
prépos.	préposition
pl.	pluriel
qqn	quelqu'un
qqch.	quelque chose
syn.	synonyme
v.	verbe

ROALD DAHL

The Umbrella [1] Man

L'homme au parapluie

Roald Dahl est né en 1916 au Pays de Galles de parents norvégiens. À 18 ans il commence à travailler puis en 1939 il s'engage dans la Royal Air Force. Gravement blessé en Libye il est réformé en 1942. Il est alors envoyé à Washington comme adjoint à l'Attaché de l'Air à l'Ambassade de Grande-Bretagne. C'est là qu'il commence à écrire des nouvelles humoristiques et fantastiques ; elles révèlent un grand souci du détail, un don exceptionnel de conteur, une écriture brillante où excelle le pince-sans-rire ; c'est le cas de *The Umbrella Man*, extrait de *More Tales of the Unexpected* publié dans Penguin Books, comme *Tales of the Unexpected*, recueils de nouvelles qui l'un et l'autre ont fait l'objet d'une série télévisée (*Bizarre ! Bizarre !*). Sont également accessibles en livre de poche anglais les recueils *Someone like you, Kiss Kiss, Over to you*, d'une lecture encourageante.

I'm going to tell you about a *funny*[2] thing that *happened*[3] to my mother and me yesterday evening. I am twelve years old and I'm a girl. My mother is thirty-four but I am nearly as tall as her already.

Yesterday afternoon, my mother *took me up to*[4] London to see the dentist. He found one *hole*[5]. It was in *a back tooth*[6] and *he filled it*[7] without hurting me too much. After that, we went to a *café*[8]. I had a *banana split*[9] and my mother had a cup of coffee. By the time we got up to leave, it was about six o'clock.

When we came out of the café it had started to rain. 'We must get a taxi', my mother said. We were wearing ordinary hats and coats, and it was raining *quite*[10] hard.

'Why don't we go back into the café and *wait for it to stop?*[11] I said. I wanted *another of*[12] those banana splits. They were *gorgeous*[13].

'It isn't going to stop', my mother said. 'We must *get home*[14]'.

We stood on the pavement *in the rain*[15], looking for a taxi. Lots of them *came by*[16] but they all had passengers inside them. '*I wish we had*[17] a car with a chauffeur', my mother said.

Just then, a man came up to us. He was a small man and he was *pretty*[18] old, probably seventy or more. He *raised*[19] his hat politely

---

1. **umbrella :** *parapluie ;* sunshade, parasol, *ombrelle.*
2. **funny :** 1. (ici) *étrange ;* syn. strange, odd, peculiar. 2. *amusant.*
3. **happened :** happen, *arriver* (événement). Syn. occur.
4. **took me up to :** take somebody to, *conduire, emmener qqun à ;* up indique qu'on va dans une plus grande ville.
5. **hole :** *trou ;* tooth decay, *la carie dentaire* (en général).
6. **a back tooth :** m. à m. *une dent de derrière* (≠ a front tooth).
7. **he filled it :** m. à m. *il l'a remplie ;* filling, *plombage.*
8. **café :** salon de thé en Angleterre (on y sert aussi des repas mais pas de boissons alcoolisées) ; syn. **tea-shop.**
9. **banana split :** banane coupée dans le sens de la longueur, servie avec glace, crème Chantilly... ; **split, split, split :** *fendre.*
10. **quite :** *tout à fait ;* ne pas confondre avec **quiet,** *calme.*
11. **wait for it to stop :** proposition infinitive ; de même avec **expect** (*s'attendre à*), **want** (*vouloir*), **like** (*aimer*). I

Je vais vous raconter une drôle d'histoire qui nous est arrivée hier soir, à ma mère et à moi. J'ai douze ans et je suis une petite fille. Ma mère en a trente-quatre mais je suis presque aussi grande qu'elle déjà.

Hier après-midi ma mère m'a emmenée à Londres voir le dentiste. Il a trouvé une carie. C'était dans une dent du fond et il l'a plombée sans me faire trop de mal. Après cela nous sommes allées dans un salon de thé. J'ai pris un banana split et ma mère a pris une tasse de café. Quand nous nous sommes levées pour partir, il était à peu près six heures.

Lorsque nous sommes sorties du salon de thé il avait commencé à pleuvoir. « Il faut que nous prenions un taxi » a dit ma mère. Nous portions des chapeaux et des manteaux ordinaires et il pleuvait très fort.

« Pourquoi nous ne retournons pas au salon de thé en attendant que ça s'arrête ? » ai-je dit. Je voulais encore un de ces banana splits. Ils étaient formidables.

« Ça ne va pas s'arrêter » a dit ma mère. « Il faut que nous rentrions à la maison. »

Nous étions sur le trottoir sous la pluie, nous cherchions un taxi. Il en passait beaucoup mais ils avaient tous des clients. « J'aimerais avoir une voiture avec chauffeur », a dit ma mère.

Juste à ce moment-là, un homme s'est approché de nous. C'était un petit homme et il était assez vieux, peut-être soixante-dix ans ou plus. Il a poliment enlevé son chapeau

---

want him to come : notez le pronom personnel complément, **him**.

12. **another of** : m. à m. *un autre de*. NB. **another** en un seul mot !

13. **gorgeous** : (fam.) *sensationnel* ; syn. **super, smashing**.

14. **get home** : aussi **go home** ; notez l'absence de préposition.

15. **in the rain** : notez **in** ; **in the sunshine**, *au soleil*.

16. **came by** : m. à m. *venaient à côté* (passaient) ; **by**, *à côté (de)*.

17. **I wish we had** : **wish**, *souhaiter* ; **had**, subjonctif et non passé, indique l'irréel. **I wish I were rich**, *j'aimerais être riche*.

18. **pretty** : (ici) *passablement, assez* ; **pretty** (adj.) *joli*.

19. **raised** : m. à m. *levé* ; **raise**, *lever, soulever* ; **rise, rose, risen** : *se lever*.

and said to my mother, 'Excuse me. *I do hope*[1] you will excuse me...' He had a fine white moustache and *bushy*[2] white eyebrows and a *wrinkly*[3] pink face. He was sheltering under an umbrella which he held high over his head.

'Yes ?' my mother said, very *cool*[4] and distant.

'*I wonder*[5] if I could *ask a small favour of you*[6]', he said. 'It is only a very small favour.'

I saw my mother looking at him suspiciously. She is a suspicious person, my mother. She is especially *suspicious of*[7] two things — *strange*[8] men and *boiled*[9] eggs. When she *cuts the top off*[10] a boiled egg, she *pokes*[11] around inside it with her spoon *as though*[12] expecting to find a mouse or something. With strange men, she has a *golden*[13] rule which says, 'The nicer the man seems to be, *the more suspicious*[14] you must *become*'[15]. This little old man was particularly nice. He was polite. He *was well-spoken*[16]. He was well-dressed. He was a real gentleman. *The reason I knew*[17] he was a gentleman was *because of*[18] his shoes. 'You can always spot a gentleman *by*[19] the shoes he wears', was another of my mother's favourite sayings. This man had beautiful brown shoes.

'The *truth of the matter*[20] is, the little man was saying,

---

1. **I do hope** : do (does, did) à la forme affirmative sert à insister (*j'espère bien, j'espère vraiment, « de tout cœur »*).
2. **bushy** : *épais, broussailleux* ; **bush** : *broussailles, buisson*.
3. **wrinkly** : *ridé* ; syn. **wrinkled** ; to wrinkle, *rider* ; wrinkle, *ride*.
4. **cool** : 1. (ici) *froid, inamical*. 2. *frais, rafraîchissant*. 3. *calme*.
5. **I wonder** : m. à m. *je me demande* ; aussi **I ask myself**.
6. **ask a small favour of you** : NB. construction de ask avec of ; favour, *service* ; do me a favour, *rendez-moi un service*.
7. **suspicious of** : m. à m. *soupçonneuse à l'égard de* ; notez of.
8. **strange** : 1. (ici) *inconnu (de soi)*. 2. *étrange, bizarre*.
9. **boiled** : m. à m. *bouilli* ; hard-boiled egg, *œuf dur*.
10. **cuts the top off** : cut, cut, cut, *couper* ; top, *sommet* ; off indique qu'il y a séparation entre les deux parties de l'œuf.

et a dit à ma mère : « Excusez-moi. J'espère de tout cœur que vous m'excuserez... » Il avait une belle moustache blanche, des sourcils blancs, épais, et un visage rose et ridé. Il s'abritait sous un parapluie qu'il tenait haut au-dessus de sa tête.

« Oui ? » a dit ma mère, très froide et très distante.

« Je ne sais pas si je pourrais vous demander un petit service », a-t-il dit. « C'est seulement un tout petit service. »

Je voyais ma mère qui le regardait d'un air méfiant. C'est une personne méfiante, ma mère. Elle se méfie spécialement de deux choses, les hommes qu'elle ne connaît pas et les œufs à la coque. Quand elle enlève le chapeau d'un œuf à la coque, elle fouille à l'intérieur avec sa cuillère comme si elle s'attendait à trouver une souris ou quelque chose comme ça. Avec les inconnus, elle a une règle d'or qui dit : « Plus l'homme a l'air gentil, plus il faut s'en méfier ». Ce vieux petit monsieur était particulièrement gentil. Il était poli. Il parlait bien. Il était bien habillé. C'était un vrai gentleman. Ce qui me faisait dire que c'était un gentleman c'était ses souliers. « On peut toujours repérer un gentleman aux souliers qu'il porte » était encore une des devises favorites de ma mère. Cet homme-ci avait de beaux souliers marron.

« La vérité » disait le petit homme,

---

11. **pokes** : poke 1. (ici) *piquer*. *2. tisonner* ; **a poker**, *un tisonnier*.
12. **as though** : *comme si* ; un peu plus littéraire que **as if**.
13. **golden** : *en or* ; **gold**, *or* ; **golden mean**, *juste milieu*.
14. **the nicer... the more suspicious** : notez l'équivalent de « *plus... plus...* » : on a deux fois **the** + le comparatif.
15. **become** : *devenir* ; **become, became, become** ; syn. **get** + adjectif.
16. **he was well-spoken** : notez l'emploi de **be** dans l'expression ; **speak, spoke, spoken**, *parler*.
17. **the reason (why) I knew** : m. à m. *la raison (pourquoi) je savais*.
18. **because of** : m. à m. *à cause de* ; syn. **on account of**.
19. **by** : notez ce sens de **by**, *d'après, selon, suivant, à*.
20. **the truth of the matter** : m. à m. *la vérité de la question* ; **true**, *vrai* ; **what's the matter ?**, *qu'y a-t-il ?*

'I've got myself into¹ a bit² of a scrape³. I need some help. Not much, I assure you. It's almost nothing, in fact, but I do need it. You see, madam, old people like me often become terribly forgetful⁴...'

My mother's chin was up and she was staring down⁵ at him along the full length of her nose⁶. It is a fearsome⁷ thing, this frosty-nosed⁸ stare of my mother's⁹. Most people go to pieces¹⁰ completely when she gives it to them. I once saw my own¹¹ headmistress begin to stammer and simper like an idiot when my mother gave her a really foul frosty-noser¹². But the little man on the pavement with the umbrella over his head didn't bat an eyelid¹³. He gave a gentle smile and said, 'I beg you to believe, madam, that I am not in the habit of¹⁴ stopping ladies in the street and telling them my troubles.'

'I should¹⁵ hope not', my mother said.

I felt quite embarrassed by my mother's sharpness. I wanted to say to her, 'Oh, mummy, for heaven's sake¹⁶, he's a very very old man, and he's sweet and polite, and he's in some sort of trouble, so don't be so beastly to him¹⁷'. But I didn't say anything.

---

1. **I've got myself into** : m. à m. *je me suis mis (fourré) dans...*
2. **a bit** : *un tantinet, un peu* (en fait, il veut dire « assez », passablement).
3. **scrape** : (fam.) : *ennui, mauvais pas, difficulté, impasse.*
4. **forgetful** : *distrait, étourdi ;* **forget, forgot, forgotten** : *oublier.*
5. **staring down** : **stare**, *regarder fixement ;* **down** indique le mépris ; **talk down to**, *parler de haut à ;* **stare** (n.), *regard fixe.*
6. **along the full length of her nose** : m. à m. *le long de la longueur complète de son nez* (« avec son long nez imposant »).
7. **fearsome** : *terrifiant ;* **fear**, *crainte ;* **fearful**, *craintif.*
8. **frosty-nosed** : m. à m. *au nez glacial ;* **frost**, *gel, gelée.* Comparez : **long-haired**, *aux cheveux longs ;* **blue-eyed**, *aux yeux bleus.*
9. **mother's** (stares) : notez ce double génitif avec **of** et **'s** ; avec **this** il introduit une nuance péjorative (*elle et son regard !*)
10. **go to pieces** : m. à m. *tomber en morceaux ;* **piece**, *morceau.*

« c'est que je me trouve dans une situation un peu difficile. J'ai besoin d'aide. Pas grand-chose, je vous assure. Ce n'est presque rien, en fait, mais j'en ai vraiment besoin. Voyez-vous, madame, les personnes âgées comme moi deviennent souvent épouvantablement étourdies... »

Ma mère avait relevé le menton et le toisait, l'œil fixe, avec son long nez imposant. C'est quelque chose de terrible, le regard glacial de ma mère, avec ce fameux nez. La plupart des gens s'effondrent complètement quand elle leur jette un de ces regards. J'ai vu un jour ma propre directrice se mettre à bégayer et à sourire niaisement comme une idiote quand ma mère lui a lancé un regard vraiment mauvais. Mais le petit homme debout sur le trottoir avec son parapluie au-dessus de la tête n'a pas sourcillé. Il a fait un gentil sourire et il a dit : « Je vous pris de croire, madame, que je n'ai pas l'habitude d'arrêter les dames dans la rue pour leur raconter mes ennuis. »

« J'espère bien que non » a dit ma mère.

J'étais très gênée par la brusquerie de ma mère. Je voulais lui dire, « Oh, Maman, de grâce, c'est un très, très vieux monsieur, et il est charmant et poli et il a des problèmes, alors ne sois pas si infecte avec lui. ». Mais je n'ai rien dit.

---

11. **own** : *propre* ; **with my own eyes**, *de mes propres yeux*.
12. **noser** : mot fabriqué par l'auteur ; **nose**, *nez* (voir note 8).
13. **bat an eyelid** : m. à m. *battre une paupière* ; d'où : *sourciller* ; **lid**, *couvercle*.
14. **I am not in the habit of** : m. à m. *je ne suis pas dans l'habitude de,* ou **I'm not used to stopping...**
15. **should** : indique ici l'incertain, la probabilité ; ici la mère « *espère bien que non* » mais elle n'en est pas sûre !
16. **for heaven's sake** : m. à m. *pour l'amour du ciel* ; **you should do it for her sake,** *tu devrais le faire pour elle.*
17. **beastly to him** : beastly (fam.) *infect(e)* ; **beast** 1. (fam.) *brute* 2. *bête* ; notez **to**, *à l'égard de, pour* ; **he wasn't very nice to her,** *il n'était pas très gentil pour elle.*

The little man *shifted*[1] his umbrella from one hand to the other. 'I've never forgotten it *before*[2]', he said.

'You've never forgotten what ?' my mother asked *sternly*[3].

'My *wallet*[4]', he said. '*I must have left it*[5] in my other jacket. *Isn't that the silliest thing*[6] to do ?'

'Are you asking me to give you money ?' my mother said.

'Oh, good gracious me, no !' he cried. '*Heaven forbid*[7] I should ever do that !'

'Then what *are*[8] you asking ?' my mother said. 'Do hurry up. We're *getting soaked to the skin*[9] standing here'.

'I know you are', he said. 'And that is why I'm offering you *this umbrella of mine*[10] to protect you, and to keep forever, if... if only...'

'If only what ?' my mother said.

'If only you would give me *in return*[11] a *pound*[12] for my taxi-*fare*[13] just to get me home.'

My mother was *still*[14] suspicious. 'If you had no money in the first *place*[15]', she said, 'then how did you *get*[16] here ?'

'I walked', he answered. 'Every day I *go for*[17] a lovely long walk and then I *summon*[18] a taxi to take me home. I do it every day of the year.'

---

1. **shifted** : shift, *changer* ; a shift, *un changement*.
2. **before** : (adverbe) *avant, déjà, auparavant, jusqu'ici*.
3. **sternly** : *sévèrement, durement* ; stern, *sévère, dur* ; syn. sharp(ly).
4. **wallet** : *portefeuille* ; syn. amér., pocketbook.
5. **I must have left it** : m. à m. *je dois l'avoir laissé*.
6. **isn't that the silliest thing ?** : m. à m. *n'est-ce pas la chose la plus stupide ?* Notez la valeur exclamative de la forme interro-négative ; voir la traduction donnée.
7. **(may) heaven forbid** : m. à m. *puisse le ciel interdire* ; forbid, forbade, forbidden, *interdire*.
8. **are** : are est en italique pour marquer l'insistance.
9. **getting soaked to the skin** : get + adj. = *devenir* (n. 15 p. 13). To soak, *tremper* ; syn. to drench ; skin, *peau* ; skinny, *maigre*.
10. **this umbrella of mine** : structure identique à this... stare of my mother's (n. 9 p. 14) ; a friend of his, *un de ses amis*.
11. **in return** : m. à m. *en retour* ; syn. in exchange (for).

Le petit homme passait son parapluie d'une main à l'autre. « Je ne l'ai jamais oublié jusque-là », a-t-il dit.

« Vous n'avez jamais oublié quoi ? » a demandé ma mère d'un ton sévère.

« Mon portefeuille », a-t-il fait. « J'ai dû le laisser dans mon autre veste. C'est complètement idiot, n'est-ce pas ? »

« Vous n'êtes pas en train de me demander de vous donner de l'argent ? » a dit ma mère.

« Oh ! grands dieux, non ! » s'est-il écrié. « Dieu me préserve de jamais faire cela. »

« Mais alors qu'est-ce que vous voulez ? » a dit ma mère. « Dépêchez-vous donc. Nous allons être trempées jusqu'aux os à rester plantées là. »

« Je sais bien » a-t-il dit. « C'est bien pour ça que je vous propose ce parapluie pour vous protéger, à garder pour toujours, si... si seulement... »

« Si seulement quoi ? » a dit ma mère.

« Si seulement vous vouliez me donner en échange une livre pour mon taxi, simplement pour rentrer chez moi. »

Ma mère était toujours méfiante. « Pour commencer, si vous n'aviez pas d'argent », a-t-elle dit, « comment avez-vous fait pour arriver jusqu'ici ? »

« Je suis venu à pied », a-t-il répondu. « Tous les jours je fais une belle grande promenade et puis j'appelle un taxi pour me ramener chez moi. Je fais cela chaque jour de l'année ! »

---

12. **pound :** *livre sterling* ; il y a cent **pence** dans une livre.
13. **fare :** 1. (ici) *prix de la course*. 2. (fam.) *client* (d'un chauffeur de taxi).
14. **still :** *encore* (continuation) ; **always,** *encore* (répétition).
15. **place :** *endroit, lieu* ; **in the first place,** *en premier lieu.*
16. **get :** syn. (ici) **come** ; get implique une difficulté surmontée ; la mère pourrait dire **How did you manage to come here ?,** *Comment avez-vous réussi à venir jusqu'ici ?*
17. **I go for...a...walk :** notez **go for** aussi dans : **go for a drive, a ride...***aller se promener en voiture, à bicyclette...*
18. **summon :** *appeler, faire venir* ; syn. **hail,** *héler* (un taxi).

'Why don't you *walk home*[1] now ?' my mother asked.

'Oh, *I wish I could*[2]', he said. 'I do wish I could. But I don't think I could manage it on *these silly old legs of mine*[3]. I've gone too far already.'

My mother stood there *chewing*[4] her *lower*[5] lip. She was beginning to *melt*[6] a bit, I could see that. And the idea of getting an umbrella *to shelter under*[7] must have *tempted*[8] her *a good deal*[9].

'It's a lovely umbrella', the little man said.

'*So I've noticed*[10]', my mother said.

'It's silk', he said.

'I can see that.'

'Then why don't you take it, madam', he said. 'It cost me *over*[11] twenty pounds, I *promise*[12] you. But *that's of no importance*[13] *so long as*[14] I can get home *and*[15] rest these old legs of mine.'

I saw my mother's hand *feeling for*[16] the clasp on her purse. She saw me watching her. I was giving her one of my *own*[17] frosty-nosed looks this time and she knew exactly what I was telling her. Now listen, mummy, I was telling her, you simply mustn't take advantage of a tired old man *in this way*[18].

---

1. **walk home :** pas de préposition avec **home** et **walk, go, come**... (verbes de mouvement)
2. **I wish I could : wish**, *souhaiter ;* **could**, subjonctif (et non passé) indique l'irréel (le héros ne peut pas rentrer à pied).
3. **these silly old legs of mine :** le double génitif (n. 9 p. 14) exprime ici une nuance de mépris ; **silly,** *stupide, idiot.*
4. **chewing : chew,** *mâcher (chewing gum)* ; **chew tobacco,** *chiquer.*
5. **lower :** *inférieur ;* comparatif de **low,** *bas.* NB, emploi du comparatif et non du superlatif quand il s'agit de deux (lèvres...)
6. **melt :** *fondre ;* **his heart melted,** *il se laissa attendrir.*
7. **to shelter under :** ou **under which to shelter.** N.B. la suppression du relatif entraîne le rejet de la préposition.
8. **must have tempted :** m. à m. *doit (l') avoir tentée* (voir n. 5 p. 16).
9. **a good deal (of) :** *beaucoup (de) ;* syn. **a lot (of),** *beaucoup (de).*

« Pourquoi ne retournez-vous pas chez vous à pied maintenant ? » a demandé ma mère.

« Oh ! J'aimerais pouvoir le faire » a-t-il dit. « J'aimerais vraiment pouvoir le faire. Mais je ne pense pas que j'y arriverais avec ces sacrées vieilles jambes. Je suis déjà venu trop loin. »

Ma mère était là qui se mordillait la lèvre inférieure. Elle commençait à s'attendrir un peu, je le voyais bien. Et l'idée d'avoir un parapluie pour s'abriter avait dû beaucoup la tenter.

« C'est un beau parapluie », a dit le petit homme.

« C'est ce que j'ai remarqué », a dit ma mère.

« C'est de la soie », dit-il.

« Je vois bien. »

« Alors, pourquoi ne le prenez-vous pas, madame ? », a-t-il demandé. « Il m'a coûté plus de vingt livres, je vous assure. Mais ça n'a pas d'importance pourvu que je puisse rentrer à la maison reposer mes vieilles jambes. »

J'ai vu ma mère chercher à tâtons le fermoir de son porte-monnaie. Elle s'est aperçue que j'étais en train de l'observer. Cette fois c'est moi qui lui ai lancé un de ces regards froids et elle a compris exactement ce que je lui disais. Voyons, écoute, maman, lui disais-je, tu n'as absolument pas le droit de profiter d'un vieil homme fatigué comme ça.

---

10. **so I have noticed :** so (ici) joue le rôle d'un pronom et évite la répétition (**I've noticed it's a lovely umbrella**).

11. **over :** *plus de ;* aussi **more than** ≠ **less than, under** *(moins de)*.

12. **promise :** (fam.) *assurer avec énergie, promettre*.

13. **that's of no importance :** notez l'emploi de **be**, *être*, comme dans « *C'est sans importance* » ; aussi : **it doesn't matter**.

14. **so long as :** *pourvu que, tant que ;* aussi : **as long as**.

15. **and :** notez la présence de **and** entre deux verbes (**get** et **rest**). De même : **come and see me tomorrow**, *viens me voir demain ;* **wait and see**.

16. **feeling for :** **feel, felt, felt**, *tâter, palper ;* **for** (ici) *vers, pour*.

17. **own :** renforce l'idée de possession (n. 11 p. 15) (d'où la traduction « *c'est moi...* »).

18. **in this way :** *de cette manière ;* notez ce sens de **way**, *façon, manière, méthode*.

It's a *rotten*[1] thing to do. My mother paused and *looked back*[2] at me. Then she said to the little man, 'I don't think it's quite *right*[3] that I should take a silk umbrella from you *worth*[4] twenty pounds. I think I'd just better give you the taxi-fare and *be done with it*[5].'

'No, no no!' he cried. 'It's out of the question! I wouldn't *dream of it*[6]! *Not in a million years*[7]! I would never accept money from you like that! Take the umbrella, dear lady, and *keep the rain off your shoulders*[8]!'

My mother gave me a triumphant *sideways*[9] look. *There you are*[10], she was telling me. *You're wrong*[11]. *He wants me to have it*[12].

She *fished*[13] into her purse and took out a pound note. She *held it out to*[14] the little man. He took it and *handed*[15] her the umbrella. He pocketed the pound, raised his hat, gave *a quick bow from the waist*[16], and said, 'Thank you, madam, thank you'. Then *he was gone*[17].

'Come under here and *keep dry*[18], darling', my mother said. '*Aren't we lucky*[19]? I've never had a silk umbrella before. I couldn't afford it.'

'Why were you so horrid to him in the beginning?' I asked.

'I wanted *to satisfy*[20] myself he wasn't a trickster', she said.

---

1. **rotten :** 1. (ici, fam.) *moche, minable.* 2. *pourri.*
2. **looked back :** back, *en retour* (idée de rendre un regard, ici).
3. **right :** (ici), *bon, équitable* (≠ wrong).
4. **worth :** *valant, qui vaut ;* it's worth ten p [pi:], *ça vaut dix pence.*
5. **be done with :** *en finir avec ;* notez l'emploi de **be**.
6. **dream of it :** m. à m. *en rêver ;* **dream, dreamt, dreamt**, *rêver ;* **dream** (n.), *rêve.*
7. **not in a million years :** m. à m. *pas en un million d'années.*
8. **keep the rain off your shoulders :** keep, kept, kept, *garder, tenir ;* off, *de, loin de, à l'écart de.*
9. **sideways :** (ici, adj.) *oblique, de côté ;* (adv.) *obliquement.*
10. **there you are :** *tu vois ! (je t'avais dit !).*
11. **you're wrong :** *tu as tort ;* you're right, *tu as raison.*

C'est une chose abominable. Ma mère s'est arrêtée de parler et m'a regardée à son tour. Puis elle a dit au petit homme : « Je ne pense pas que ce soit très bien d'accepter un parapluie qui vaut vingt livres. Je crois que je ferais mieux de vous donner tout simplement l'argent du taxi et d'en finir avec cette histoire. »

« Non, non, non ! » s'est-il écrié. « C'est hors de question ! Ça ne me viendrait pas à l'idée. Jamais de la vie ! Je n'accepterais jamais de l'argent de vous comme ça ! Prenez le parapluie, chère madame, et protégez vos épaules de la pluie ! »

Ma mère, triomphante, m'a jeté un regard de côté. Tu vois, me disait-elle. Tu te trompes. Il veut bel et bien me le donner.

Elle a fouillé dans son porte-monnaie et en a sorti un billet d'une livre. Elle l'a tendu au petit homme. Il l'a pris et lui a passé le parapluie. Il a empoché la livre, enlevé son chapeau, a fait vite une grande courbette et a dit : « Merci, Madame, merci. » Et puis il a disparu.

« Viens en dessous, viens t'abriter, chérie », a dit ma mère. « Quelle chance ! Je n'ai encore jamais eu de parapluie en soie. Je ne pouvais pas m'en offrir. »

« Pourquoi est-ce que tu as été si désagréable avec lui au début ? » ai-je demandé.

« Je voulais vérifier que ce n'était pas un filou », a-t-elle répondu.

---

12. **he wants me to have it :** proposition infinitive (voir n. 11 p. 10) ; notez cet emploi de **have** ; quand un Anglais veut vous donner quelque chose il dit souvent : « **You can have it.** ».
13. **fished :** to fish : 1. (ici) *tirer, prendre*. 2. *pêcher*.
14. **held it out to :** *tendit à* ; hold, held, held, *tenir*.
15. **handed :** to hand, *passer* (avec sa main, **hand**).
16. **a quick bow from the waist :** m. à m. *une rapide courbette depuis la taille* (pratiquement plié en deux).
17. **he was gone :** was indique le résultat, d'où « *il a disparu* » ; had exprimerait l'action : **he had gone**, *il était parti*.
18. **keep dry :** m. à m. *tiens-toi sèche* ; keep, *garder*.
19. **Aren't we lucky ? : lucky**, *chanceux* ; luck, *la chance* ; chance, *le hasard*. Notez le sens exclamatif, assez fréquent, de la forme interro-négative.
20. **to satisfy :** 1. (ici) *convaincre*. 2. *satisfaire, contenter*.

'And I did. He was a gentleman. I'm very pleased *I was able to*[1] help him.'

'Yes, mummy,' I said.

'A *real* gentleman,' she *went on*[2]. 'Wealthy, *too*[3], *otherwise*[4] he wouldn't have had a silk umbrella. I shouldn't be surprised if he isn't a *titled*[5] person. Sir Harry *Goldsworthy*[6] or something like that.'

'Yes, mummy.'

'This will be a *good lesson to you*[7],' she went on. 'Never *rush*[8] things. Always take your time when you are *summing someone up*[9]. Then *you'll never make mistakes*[10].'

'*There he goes*[11],' I said. 'Look.'

'Where ?'

'Over there. He's crossing the street. *Goodness*[12], mummy, *what a hurry he's in*[13] !'

We watched the little man *as he dodged nimbly*[14] *in and out*[15] of the *traffic*[16]. When he *reached*[17] the other side of the street, he turned left, *walking very fast*[18].

'He doesn't look very tired to me, *does he to you*[19], mummy ?'

My mother didn't answer.

---

1. **I was able to :** be able to remplace can, surtout au futur et au conditionnel. **May** = be allowed to. **Must** = have to.
2. **went on :** syn. continued ; on exprime ici l'idée de continuation.
3. **too :** *aussi, de plus, en plus, qui plus est, d'ailleurs.*
4. **otherwise :** *autrement, sinon ;* **other** (adj. et pronom), *autre.*
5. **titled :** be titled, *avoir un titre (*a title*) de noblesse...*
6. **goldsworthy :** gold, *or ;* worthy of, *digne de, qui mérite.*
7. **a good lesson to you :** notez l'emploi de **to,** *pour, envers.*
8. **rush :** *précipiter, bousculer ;* don't rush me ! *laissez-moi le temps de souffler ;* aussi **to rush,** *se précipiter ;* **rush,** *course précipitée, ruée.*
9. **summing someone up :** sum up 1. (ici) *juger.* 2. *résumer.*
10. **you'll never make mistakes :** never, négation, exclut not.
11. **there he goes :** notez l'expression (m. à m. *là il va*).

« Et je l'ai fait. C'était un gentleman. Je suis très heureuse d'avoir pu l'aider. »

« Oui, maman, » ai-je dit.

« Un *vrai* gentleman, » a-t-elle continué. « Riche, en plus, sinon il n'aurait pas eu un parapluie en soie. Je ne serais pas étonnée que ce soit un noble. Sir Henri Vaut De L'or ou quelque chose comme ça. »

« Oui, maman. »

« Ce sera une bonne leçon pour toi, » a-t-elle poursuivi. « Ne précipite jamais les choses. Prends toujours ton temps quand tu juges quelqu'un. Alors tu ne feras jamais d'erreurs. »

« Le voilà, » ai-je dit. « Regarde. »

« Où ? »

« Là-bas. Il traverse la rue. Mon Dieu, maman, comme il est pressé ! »

Nous avons observé le petit homme qui se faufilait avec agilité entre les voitures. Quand il est arrivé de l'autre côté de la rue il a tourné à gauche et s'est mis à marcher à vive allure.

« Moi je trouve qu'il n'a pas l'air très fatigué et toi, maman ? »

Ma mère n'a pas répondu.

---

12. **Goodness** : *mon Dieu !* ou **Good gracious me ! Great heavens !**
13. **what a hurry he's in :** notez le rejet de la préposition **in** avec **what** exclamatif ; de même avec **what** interrogatif, avec **who** : **What are you asking for ?** *Que demandez-vous ?*
14. **as he dodged nimbly :** m. à m. *comme il se faufilait agilement ;* **dodge**, *esquiver ;* **dodger**, *tire-au-flanc ;* **nimble**, *agile, leste*.
15. **in and out :** évoque les mouvements en zigzag du héros.
16. **traffic :** ▲ (ici) *circulation ;* **traffic jam**, *bouchon*.
17. **reached :** **reach**, *atteindre ;* **reach**, *portée, atteinte ;* **out of reach**, *hors de portée ;* **within easy reach**, *à proximité*.
18. **walking very fast :** m. à m. *marchant très vite*.
19. **does he to you :** **does he (look very tired) to you ?**

'*He doesn't look as though*[1] he's trying to get a taxi, *either*[2],' I said.

My mother was standing very still and stiff, staring across the street at the little man. We could see him clearly. He was in a *terrific*[3] hurry. He was *bustling*[4] along the pavement, *sidestepping*[5] the other pedestrians and swinging his arms like a soldier *on the march*[6].

'*He's up to something*[7],' my mother said, *stony-faced*[8].

'But what ?'

'I don't know,' my mother *snapped*[9]. 'But I'm going to *find out*[10]. Come with me.' She took my arm and we crossed the street together. Then we turned left.

'Can you see him ?' my mother asked.

'Yes. There he is. He's turning right down the next street.'

We came to the corner and turned right. The little man was *about*[11] twenty *yards*[12] *ahead of*[13] us. He was *scuttling*[14] along like a rabbit and we had to walk fast to *keep up with*[15] him. The rain was *pelting*[16] down harder than ever now and I could see it *dripping*[17] from the *brim*[18] of his hat *on to*[19] his shoulders. But we were *snug*[20] and *dry*[21] under our lovely big silk umbrella.

'What *is*[22] he up to ?' my mother said.

---

1. **he doesn't look as though** : m. à m. *il n'a pas l'air comme si*.
2. **either** : associé à not, either est l'équivalent de « *non plus* » : he isn't English, he is not American either, he's Canadian.
3. **terrific** : 1. (ici) *énorme*. 2. *formidable, sensas*.
4. **bustling** : bustle, *s'affairer, se démener, se précipiter* ; bustle, *affairement, remue-ménage*.
5. **sidestepping** : side, *côté* ; to step : *faire un pas* ; a step, *un pas*.
6. **on the march** : notez l'emploi de on ; march, *marche* (militaire) ; walk, *marche, promenade*.
7. **he's up to something** : be up to (fam.) *mijoter, trafiquer*.
8. **stony-faced** : stony, *pierreux* ; stone, *pierre*.
9. **snapped** : snap, *dire d'un ton sec* ; snap (n.), *bruit sec*.
10. **find out** : *établir* (des faits, la vérité...) ; find, found, found *trouver*.

« Il n'a pas l'air d'essayer de prendre un taxi non plus », ai-je dit.

Ma mère, parfaitement immobile et raide, avait le regard fixé sur le petit homme qui se tenait de l'autre côté de la rue. Nous pouvions le voir distinctement. Il était terriblement pressé. Il se précipitait le long du trottoir, esquivait les autres piétons et balançait les bras comme un soldat en marche.

« Il manigance quelque chose », a dit ma mère, avec son visage de marbre.

« Mais quoi ? »

« Je ne sais pas », a répondu sèchement ma mère. « Mais je vais savoir. Viens avec moi. » Elle m'a prise par le bras et nous avons traversé la rue ensemble. Puis nous avons tourné à gauche.

« Tu le vois ? » a demandé ma mère.

« Oui. Il est là-bas. Il tourne à droite dans la rue d'après. »

Nous sommes arrivées au coin et nous avons tourné à droite. Le petit homme était à environ vingt mètres devant nous. Il filait comme un lapin et nous devions marcher vite pour le suivre. La pluie battante tombait plus fort que jamais maintenant et je la voyais dégouliner du bord de son chapeau sur ses épaules. Mais nous étions bien au sec sous notre beau et grand parapluie de soie.

« Mais qu'est-ce qu'il manigance ? » a dit ma mère.

---

11. **about** : *environ, à peu près ;* syn. **around, approximately**.
12. **yards** : 1 yard = 3 pieds = 91,44 cm.
13. **ahead of** : *devant, en avance sur ;* **to head**, *être en tête de*.
14. **scuttling** : scuttle, *déguerpir, filer ;* syn. **scurry, rush**.
15. **to keep up with** : *pour se maintenir au niveau de*.
16. **pelting** : pelt, *tomber à seaux, à torrents* (pluie).
17. **dripping** : drip, *tomber goutte à goutte ;* **a drop**, *une goutte*. Notez le participe présent **dripping** après **see, hear, feel**... (verbes de perception)
18. **brim** : *bord* (chapeau, verre, tasse).
19. **on to** : **on** indique la continuation (du chapeau sur les épaules) ; **to** indique le mouvement (vers, sur les épaules).
20. **snug** : *confortable, douillet ;* syn. **cosy, comfortable**.
21. **dry** : *sec* (≠ **wet**) ; **a dry day**, *un jour sans pluie*.
22. **is** : aux italiques (marque d'insistance) correspond « *Mais* » dans la traduction.

'*What if*[1] he *turns round*[2] and sees us ?' I asked.

'I don't *care*[3] *if he does*[4],' my mother said. 'He *lied*[5] to us. He said he was too tired to *walk any further*[6] and he's practically *running us off our feet*[7] ! He's a *barefaced*[8] liar ! He's a crook !'

'You mean he's not a titled gentleman ?' I asked.

'*Be quiet*[9],' she said.

At the *next*[10] crossing, the little man *turned right*[11] again.

Then he turned left.

Then right.

'*I'm not giving up*[12] now,' my mother said.

'He's disappeared !' I cried. 'Where's he gone ?'

'He went in that door !' my mother said. 'I saw him ! *Into*[13] that house ! Great heavens, it's a pub !'

It was a pub. In big letters *right across*[14] the front *it said*[15] THE RED LION.

'You're not going in, are you, mummy ?'

'No,' she said. 'We'll watch from outside.'

There was a big *plate-glass*[16] window along the front of the pub, and although it was a bit *steamy*[17] on the inside, we could see through it very well if we went *close*[18].

---

1. **what if...** : *et si ;* What if it rains ?, *et s'il pleut ?*
2. **turns round** : turn round (sans pronom réfléchi !), *se retourner.*
3. **care** : (ici) *accorder de l'importance (à).* I couldn't care less, *je m'en fiche, ça m'est complètement égal.*
4. **if he does** : comprendre if he does (turn round and see us).
5. **lied** : lie, *mentir ;* a lie, *un mensonge ;* a liar, *un menteur.*
6. **to walk any further** : m. à m. *pour marcher plus loin ;* further ou farther, comparatif de far, *loin ;* faraway, *lointain.*
7. **running us off our feet** : (fam.) be run off one's feet, *devoir travailler trop dur (ici, marcher trop vite pour suivre le petit homme)* ; foot, *pied,* (plur. irr.) feet.
8. **barefaced** : 1. (ici) *éhonté, effronté, impudent.* 2. *à visage découvert ;* bare, *nu ;* face, *visage ;* adj. composé : voir note 8 p. 14.
9. **be quiet** : *tais-toi ;* ou keep quiet ; quiet, *tranquille, calme.*
10. **next** : *suivant, prochain, qui vient juste après ;* syn. following.

« Et s'il se retourne et qu'il nous voit ? » ai-je demandé.

« Je m'en moque », a dit ma mère. « Il nous a menti. Il a dit qu'il était trop fatigué pour marcher davantage et il va pratiquement trop vite pour nous. C'est un menteur éhonté. C'est un escroc ! »

« Tu veux dire qu'il n'a rien d'un gentleman ni d'un noble ? » ai-je demandé.

« Tais-toi », a-t-elle dit.

Au carrefour suivant le petit homme a tourné encore à droite.

Puis il a tourné à gauche.

Puis à droite.

« Ce n'est pas maintenant que je vais capituler, » a dit ma mère.

« Il a disparu ! » me suis-je écriée. « Où est-il passé ? »

« Il est entré par cette porte ! » a dit ma mère. « Je l'ai vu ! Dans cette maison ! Grands dieux, c'est un pub ! »

C'était bien un pub. En grosses lettres, sur toute la largeur de la façade, on lisait : « LE LION ROUGE ».

« Tu ne vas pas entrer, maman, si ? »

« Non, a-t-elle dit. Nous allons observer de dehors. »

Il y avait une grande baie de verre épais sur toute la façade du pub et bien qu'elle fût un peu embuée à l'intérieur nous pouvions parfaitement voir au travers en nous approchant bien.

---

11. **turned right** : notez l'absence de préposition (≠ **turn left**).
12. **I'm not giving up** : give up, *abandonner* ; **give, gave, given**, *donner*.
13. **into** : exprime un déplacement (vers l'intérieur de...).
14. **right across** : right (ici) *tout, tout à fait* ; **right in the middle**, *au beau milieu* ; **across**, *d'un côté à l'autre de*.
15. **it said** : m. à m. *il disait* ; *ou* it ran ; say, run sont employés pour annoncer la teneur d'un document... ici de l'enseigne (Cf. p. 44 note 6).
16. **plate-glass** : *verre à vitre très épais, double ou triple*.
17. **steamy** : *plein de vapeur, de buée* ; **steam**, *vapeur, buée*.
18. **close** : *tout près* ; **close to the ground**, *au ras du sol*.

We stood *huddled*[1] together *outside*[2] the pub *window*[3]. I was *clutching*[4] my mother's arm. The big raindrops *were making a loud noise*[5] on our umbrella. 'There he is,' I said. 'Over there.'

The room we were looking *into*[6] was full of people and cigarette smoke, and our little man was in the middle of it all. He was now without his hat or coat, and he was *edging his way*[7] through the crowd *towards*[8] the bar. When he *reached it*[9], he placed *both*[10] hands on the bar itself and spoke to the barman. I saw his lips moving as he *gave his order*[11]. The barman *turned away*[12] from him for a few seconds and came back with a *smallish*[13] *tumbler*[14] filled to the brim with *light*[15] brown liquid. The little man placed a pound note on the counter.

'*That*[16]'s my pound!' my mother *hissed*[17]. 'By *golly*[18], he's got *a nerve*[19]!'

'What's in the glass?' I asked.

'Whisky,' my mother said. '*Neat*[20] whisky.'

The barman didn't give him any *change*[21] from the pound.

'That must be a treble whisky,' my mother said.

'What's a treble?' I asked.

---

1. **huddled** : huddle together, *se serrer les uns contre les autres*.
2. **outside** : *dehors, au dehors de, à l'extérieur de, devant*.
3. **window** : 1. (ici) *vitrine, devanture* (= **shopwindow**). 2. *fenêtre*.
4. **clutching** : clutch, *agripper, serrer fort* ; clutch, *étreinte*.
5. **were making a loud noise** : m. à m. *faisaient un bruit fort* ; make a noise : *faire du bruit*.
6. **the room we were looking into** = the room into which we were looking : suppression très courante de **which**, relatif, avec rejet de **into**.
7. **edging his way** : edge one's way, *se frayer un chemin* (**way**).
8. **towards** : [tə'wɔːdz], aussi **toward**, *vers, dans la direction de*.
9. **when he reached it** : m. à m. *quand il l'atteignit* (to reach, *atteindre*).
10. **both** : implique l'idée de « *deux* ». NB. **Both** John and Peter came = **both** came = they **both** came = **both** of them came.

Nous nous tenions serrées l'une contre l'autre devant la vitre du pub. J'étais accrochée au bras de ma mère. Les grosses gouttes de pluie tambourinaient sur notre parapluie. « Le voilà ! » ai-je dit, « Là-bas ! »

La salle dans laquelle nous regardions était remplie de monde et de fumée de cigarettes et notre petit homme était au beau milieu de tout cela. Il était maintenant sans chapeau et sans pardessus et il se frayait un chemin à travers la foule en direction du bar. Quand il y est parvenu, il a posé ses deux mains sur le bar même et il s'est adressé au barman. J'ai vu remuer ses lèvres quand il a commandé sa boisson. Le barman s'est retourné, s'est éloigné de lui pendant quelques secondes puis est revenu avec un verre sans pied, assez petit, plein à ras bord d'un liquide brun clair. Le petit homme a placé un billet d'une livre sur le comptoir.

« Mais c'est ma livre ! » a dit ma mère d'une voix sifflante.

« Mince alors, il a un culot ! »

« Qu'est-ce qu'il y a dans le verre ? » ai-je demandé.

« Du whisky » a dit ma mère. « Du whisky pur. »

Le barman ne lui a pas rendu de monnaie sur la livre.

« Ce doit être un triple whisky » a dit ma mère.

« Qu'est-ce que c'est, un triple ? » ai-je demandé.

---

11. **gave his order** : m. à m. *donna sa commande ;* **to order**, *commander* (boisson...).
12. **turned away** : **turn**, *se retourner ;* **away**, *loin, au loin*.
13. **smallish** : *plutôt petit, assez petit ;* **small**, *petit ;* de même **oldish** (*assez âgé*), **tallish** (*plutôt grand*)...
14. **tumbler** : *verre sans pied, verre à whisky ;* **glass**, *verre*.
15. **light** : (ici) *clair* (couleur) ≠ **deep blue**, *bleu sombre*.
16. **that's** : porte ici tout l'indignation de la mère : « *Mais c'est...* »
17. **hissed** : **hiss**, ici : *dire d'une voix sifflante* (de haine, colère...)
18. **by golly** : aussi **golly** ! (fam. vieilli), *fichtre, zut alors !*
19. **a nerve** : notez l'article ; **nerve** (fam.) *toupet, culot, aplomb*.
20. **neat** : *sec, pur, sans eau ;* **I drink it neat**, *je le bois sec*.
21. **change from** : ▲ **change**, *monnaie ;* **money**, *argent ;* notez l'emploi de **from** dans « **any change from the pound** ».

'*Three times*[1] the normal measure,' *she answered*[2].

The little man *picked up*[3] the glass and *put it to his lips*[4]. He tilted it *gently*[5]. Then he tilted it *higher*[6]... and higher... and higher... and very *soon*[7] all the whisky had disappeared down his throat in *one*[8] long *pour*[9].

'That was a *jolly*[10] expensive drink,' I said.

'It's ridiculous !' my mother said. '*Fancy paying a pound for*[11] something you swallow in one *go*[12] !'

'It cost him more than a pound,' I said, 'It cost him a twenty-pound silk umbrella.'

'*So it did*[13],' my mother said, 'He must be mad.'

The little man was standing by the bar with the empty glass in his hand. He was smiling now, and a sort of golden *glow*[14] of pleasure was spreading over his round pink face. I saw his tongue come out *to lick*[15] the white moustache, as though *searching for*[16] the last drop of that precious whisky.

Slowly, he turned away from the bar and edged back through the crowd to where his hat and coat were hanging. He put on his hat. He put on his coat. Then, in a manner so superbly cool and *casual*[17] that you hardly noticed *anything*[18] at all, he *lifted*[19]

---

1. **three times** : *trois fois* ; **twice**, *deux fois* ; **once**, *une fois*.
2. **she answered** : m. à m. *elle répondit* ; de même « **she said** »...etc. (forme affirmative).
3. **picked up** : **pick up** 1. (ici) *ramasser*. 2. *décrocher* (téléphone).
4. **put it to his lips** : notez l'emploi de **put** (*mettre*) avec **to**.
5. **gently** : *doucement, lentement* ; **gentle**, *doux, sans violence*.
6. **higher** : comparatif de **high**, *haut* ; **the highest**, *le plus haut* ; **height**, *hauteur* (⚠ orthographe).
7. **soon** : *bientôt, (dans) peu de temps* ; **as soon as**, *dès que*.
8. **one** : *un, un seul*. **I've only one brother, not two !** *je n'ai qu'un frère, pas deux*. Employez **one** et non pas **a, an** dans ces cas.
9. **pour** : 1. (ici) *coulée, jet*. 2. *averse* ; **to pour**, *verser* (thé...).
10. **jolly** : (fam.) *rudement, drôlement* ; **jolly good !**, *très bon !*

« Trois fois la mesure normale, » a-t-elle répondu. Le petit homme a pris le verre et l'a porté à ses lèvres. Il l'a incliné légèrement. Puis il l'a incliné plus haut... plus haut... encore plus haut... et très vite tout le whisky avait disparu au fond de sa gorge d'une seule traite.

« Voilà une boisson rudement chère ! » ai-je dit.

« C'est ridicule ! » a dit ma mère. « Pense donc, payer une livre pour quelque chose qu'on avale d'un coup ! »

« Ça lui a coûté plus d'une livre, » ai-je remarqué. « Ça lui a coûté un parapluie de vingt livres. »

« C'est exact, » a dit ma mère. « Il doit être fou. »

Le petit homme se trouvait près du bar tenant son verre vide à la main. Il souriait maintenant et une espèce de rougeur dorée se répandait sur son visage rond et rose, rayonnant de plaisir. J'ai vu sortir sa langue qui léchait la moustache blanche, comme si elle cherchait à récupérer la dernière goutte de ce précieux whisky.

Lentement il s'est écarté du comptoir et s'est de nouveau frayé un chemin à travers la foule jusqu'à l'endroit où étaient accrochés son chapeau et son pardessus. Il a mis son chapeau. Il a mis son manteau. Puis, d'une manière si superbement tranquille et détachée qu'on ne remarquait pratiquement rien, il a pris

---

11. **fancy paying a pound for :** fancy : *(s') imaginer ;* paying : *le fait, l'action de payer.* Notez **pay for something,** *payer qqch.*
12. **go :** (fam.) *action de faire, d'essayer, de prendre ; coup.* **He succeeded at the first go,** *il a réussi du premier coup.*
13. **so it did :** so (ici) joue le rôle d'un pronom et évite la répétition (it did cost him a twenty-pound silk umbrella).
14. **glow :** *éclat, rougeur* (du teint) ; to glow, *s'empourprer* (joues).
15. **to lick :** *pour lécher ;* **to, in order to,** *afin de, pour* (but).
16. **as though searching for** = as though (it was) searching for ; m. à m. *comme si elle cherchait ;* **search for,** *chercher, fouiller.*
17. **casual :** *fait en passant, sans faire attention, par hasard.*
18. **that you hardly noticed anything :** m. à m. *que vous* (dans le sens général de « on ») *remarquiez à peine* (**hardly**) *quelque chose.*
19. **lifted :** to lift, *soulever ;* a lift, *un ascenseur.*

from the coat-rack one of the many wet umbrellas hanging there, and *off he went* [1].

'Did you see that !' my mother shrieked. 'Did you see what he did !'

'Ssshh !' I whispered. 'He's coming out !'

We *lowered* [2] the umbrella to hide our faces, and *peeped* [3] out from under it.

Out he came. But he *never* [4] looked in our direction. He opened his new umbrella over his head and *scurried* [5] off down the road the *way* [6] he had come.

'So that's his little *game* !' [7] my mother said.

'*Neat* [8], I said, 'Super'.

We followed him back to the *main* [9] street where we had first met him, and *we watched him as he proceeded* [10], with no trouble at all, to exchange his new umbrella *for* [11] another pound *note* [12]. This time it was with a tall thin fellow who didn't even have a coat or hat. And as soon as the transaction was *completed* [13], our little man trotted off down the street and was *lost* [14] in the crowd. But this time he went in the opposite direction.

'You see *how clever he is* !' [15] my mother said. 'He never goes to the same pub twice !'

'He could *go on doing* [16] this all night', I said.

'Yes', my mother said. 'Of course. But *I'll bet* [17] he prays *like mad* [18] for *rainy days* [19].'

---

1. **off he went** : donne plus de vivacité au récit que « he went off » (voir traduction) ; de même « out he came », plus bas.
2. **lowered** : to lower, *baisser, abaisser, descendre* ; low, *bas.*
3. **peeped** : peep, *jeter un coup d'œil* ; a peep, *un coup d'œil furtif.*
4. **never** : (ici) *ne... pas du tout* (négation renforcée).
5. **scurried** : scurry, *courir précipitamment* ; syn. scuttle.
6. **way** : *chemin, route, voie, direction* ; this way, *par ici.*
7. **game** : 1. (ici) *manigance, manège.* 2. *jeu.* 3. *sport.* 4. *partie, jeu.*
8. **neat** : (fam.) *astucieux, ingénieux, habile, net, élégant.*
9. **main** : *principal, essentiel* ; a main road, *une route nationale.*
10. **we watched him as he proceeded** : m. à m. *nous le regardions comme il se mettait à* (échanger...) ; proceed to, *commencer à.*

au portemanteau un des nombreux parapluies mouillés qui s'y trouvaient et hop ! il est parti.

« Tu as vu ça ! » s'est écriée ma mère d'une voix stridente. « Tu as vu ce qu'il a fait ! »

« Chut ! » ai-je murmuré. « Il sort. »

Nous avons baissé le parapluie pour cacher nos visages et nous l'avons épié par en dessous. Et le voilà qui est sorti. Mais pas une seule fois il n'a regardé de notre côté. Il a ouvert son nouveau parapluie au-dessus de sa tête et s'est précipité dans la rue dans la direction d'où il était venu.

« Ah, c'est ça son petit manège ! » a dit ma mère.

« Génial ! » ai-je dit. « Super ! »

Nous l'avons de nouveau suivi jusque dans la grande artère où nous l'avions d'abord rencontré et nous l'avons vu procéder, sans le moindre problème, à l'échange de son nouveau parapluie contre un autre billet d'une livre. Cette fois c'était avec un grand type mince qui n'avait même pas de pardessus ni de chapeau. Et dès que la transaction a été effectuée, notre petit homme s'est mis à trotter dans la rue et a disparu dans la foule. Mais cette fois, il est parti dans la direction opposée.

« Tu vois comme il est malin ! » a dit ma mère. « Il ne va jamais deux fois dans le même pub ! »

« Il pourrait continuer à faire ça toute la nuit, » ai-je dit.

« Oui, » a dit ma mère. « Bien sûr, mais je parierais qu'il prie jour et nuit pour demander la pluie ! »

---

11. **for** : notez la préposition : **exchange for**, *échanger contre*.
12. **note** : 1. (ici) *billet de banque* (= **bank note**). 2. *mot, lettre, billet*.
13. **completed** : to complete, *compléter, achever, terminer*.
14. **was lost** : m. à m. *fut perdu* ; aussi **had vanished, had disappeared**.
15. **how clever he is** : how exclamatif (ou interrogatif) est suivi de l'adjectif : How old he is ! How old is he ?
16. **go on doing** : go on, keep on (*continuer*), start (*commencer à*), stop (*s'arrêter de*) sont suivis du gérondif en ing. He never stopped talking, *il ne s'arrêtait pas de parler*.
17. **I'll bet** : m. à m. *je parierai* (futur) ; **bet, bet, bet**, *parier*.
18. **like mad** : (fam.), *comme (un) fou, comme (un) dératé* ; **mad** (adj.) *fou*.
19. **rainy days** : m. à m. *jours pluvieux* (de pluie) ; **rain**, *pluie* ; to rain, *pleuvoir*.

Révisions

Vous avez rencontré dans la nouvelle que vous venez de lire l'équivalent des expressions françaises suivantes.
Vous en souvenez-vous ?

1. Je suis presque aussi grande qu'elle.
2. J'ai 34 ans.
3. Nous devons rentrer à la maison.
4. Si seulement nous avions une voiture.
5. Il ne me semble pas très fatigué.
6. Le barman ne lui rend pas de monnaie.
7. Il mit son manteau.
8. Avez-vous vu ce qu'il a fait ?
9. Tu vois comme il est malin !
10. Il ne va jamais deux fois dans le même pub.
11. J'espère de tout cœur que vous m'excuserez.
12. J'ai dû le laisser dans mon autre veste.
13. Je suis bien heureux d'avoir pu l'aider.
14. Pourquoi ne rentrez-vous pas chez vous à pied ?

1. I am nearly as tall as her.
2. I am 34 (or I am thirty-four years old).
3. We must get home.
4. I wish we had a car.
5. He does not look very tired to me.
6. The barman did not give him any change.
7. He put on his coat.
8. Did you see what he did ?
9. You see how clever he is !
10. He never goes to the same pub twice.
11. I do hope you will excuse me.
12. I must have left it in my other jacket.
13. I'm very pleased I was able to help him.
14. Why don't you walk home ?

© Editions Gallimard

Jim PHELAN (1895 - vers 1960)

Curtain

Rideau

Jim Phelan est né à Dublin dans une famille pauvre. Tour à tour acteur, forgeron, employé de banque, journaliste, etc..., il a mené une vie de vagabond, ce qui l'a parfois conduit en prison. C'est de cette dernière expérience qu'il a tiré *Letters from the Big House* (Cresset, Hutchinson Publishing Group, London 1943), recueil de nouvelles qui, comme *Curtain*, dépeint l'univers carcéral avec un sens aigu du tragique mêlé parfois d'humour noir. Jim Phelan a aussi écrit *Bog Blossom Stories* (Sidgwick and Jackson, London, 1948) des romans et une autobiographie, *The name's Phelan* (Sidgwick and Jackson, London 1948).

'Fenfield Prison, *on the right.*'[1] The *charabanc*[2] *slowed*[3], and the tourists *stared*[4] at the unaccustomed scene. *In the midst of*[5] a green pleasant countryside, a huge red brick building stood out *starkly*[6], a *huddle*[7] of smaller buildings round serving to emphasize its vastness.

'*Convicts*[8] at work on the left.' The *conductor*[9] of the *tour*[10] knew his work, knew just where the objects of interest *would*[11] be, on the road he *travelled*[12] daily. The *score*[13] of heads *swung*[14] round, from the prison to the prisoners, just as they did on every trip. The passengers gaped stupidly, grinned or turned *shuddering away*[15], according to temperament, as the coach *slid smoothly*[16] down the hill.

Over[17] the fields and lanes some hundreds of men were scattered at work. With plough or mattock, with axe or trowel, the men of the convict *lands*[18] were spread about engaged in their forced labour.

Here a gang hauled at a fallen tree, there a team *strained*[19] at the cart to which they were *harnessed*[20]. Little groups, each with its blue-*clad*[21] watcher, worked at a nearly finished wall. Here and there a child played, and a girl stood by the roadside to watch the *trippers*[22] pass.

---

1. **on the right :** *à droite* (≠ on the left) ; emploi de on.
2. **charabanc :** *car* (pour les excursions) ; syn. : coach.
3. **slow :** to slow (down), *ralentir ;* slow, *lent* (≠ quick, fast).
4. **stared :** stare, *regarder fixement, les yeux grands ouverts ;* a stare, *un regard fixe.*
5. **in the midst of :** ou in the middle of, *au milieu de.*
6. **starkly :** stark 1. (ici) *raide, rigide.* 2. *complet* ; it's stark nonsense, *c'est pure bêtise* ; (adv.) stark naked, *tout nu.*
7. **huddle :** *groupe, tas, amas* ; huddle together, *se blottir, se serrer les uns contre les autres, se grouper.*
8. **convicts :** convict, *forçat, bagnard* ; convict (v.), *déclarer coupable.*
9. **conductor :** 1. (ici) *guide.* 2. *receveur* (bus) ; driver, *chauffeur.*
10. **tour :** package tour, *voyage organisé* ; to tour, *visiter.*
11. **would :** indique ici le côté prévisible des choses.
12. **travelled :** travel, v. transitif ici (compl. road, *route*).

« La Prison de Fenfield à droite. » Le car ralentit et les touristes fixèrent leur regard sur la scène inhabituelle. Au milieu d'un paysage de campagne verdoyante et agréable, une immense bâtisse de brique rouge se détachait, austère, entourée de bâtiments plus petits qui, serrés les uns contre les autres, en soulignaient les vastes proportions.

« Des forçats au travail, à gauche. » Le guide du voyage organisé connaissait son métier, il savait précisément où devaient se trouver les points intéressants sur le circuit qu'il parcourait chaque jour. Les vingt têtes se tournèrent de la prison vers les prisonniers, exactement comme elles le faisaient à chaque trajet. Les passagers regardaient bouche bée d'un air hébété, grimaçaient ou se détournaient en frémissant, chacun selon son tempérament, tandis que le car descendait doucement la colline.

Par les champs et par les chemins quelques centaines d'hommes travaillaient, dispersés. Armés de charrues ou de pioches, de haches ou de truelles, les habitants du monde pénitencier étaient occupés, ici et là, à leurs travaux forcés.

Ici une équipe traînait un arbre abattu, là, une autre tirait à grand-peine une charrette à laquelle les hommes étaient attelés. Des petits groupes avec chacun son surveillant habillé de bleu, travaillaient à un mur presque achevé. Par-ci, par-là, un enfant jouait, et une jeune femme se tenait près de la route pour regarder passer les excursionnistes.

---

13. **score** : *vingtaine* ; **scores of times**, *trente-six fois*.
14. **swung** : swing, swung, swung (round), *virer, pivoter*.
15. **shuddering away** : shudder, *frissonner, frémir* ; away, *(au) loin*.
16. **slid smoothly** : slide, *glisser* ; smooth, *sans heurts*.
17. **over** : (ici) *sur, sur toute l'étendue de, à la surface de*.
18. **lands** : land (ici), *terre, pays, contrée*. **Alice in Wonderland**, *Alice au Pays des Merveilles*. Mais : **England is a country**.
19. **strained** : strain, *peiner, fournir un gros effort*.
20. **harnessed** : harness, *harnacher* (cheval) ; **harness (n.)**, *harnais*.
21. **clad** : prétérit et participe passé de **clothe**, *habiller*.
22. **trippers** : tripper, *touriste* ; trip, *voyage*. Syn. **tour**.

Sometimes a tripper *commented*[1] that Fenfield was *different*[2]. Always the tourists *expected*[3] to see a wall, just a high wall *enclosing*[4] silence and mystery. The charabanc conductors knew, and always showed the prison first, *then* gave the travellers their *thrill*[5], with 'Convicts at work on the left.' *As a rule*[6] the passengers were impressed to see the men scattered around — outside the wall.

The coach *whizzed*[7] by and the tourists turned their attention *elsewhere*[8]. The men of the *labouring*[9] gangs *hardly*[10] *raised*[11] their heads. It was all so customary. Every day the coaches *went by*[12], with the familiar *chant*[13] of 'Fenfield Prison on the right. Convicts at work on the left.' *Every day*[14] the travellers stared, at the men in the fields, the warders, the unfinished wall.

The wall *ran in a rough circle around*[15] the prison. There was perhaps a mile *of it*[16]. For a hundred years the place had been *open*[17]. Convicts worked in the meadows or on the roads, while the people *nearby*[18] went about their *business*[19] and took no notice. Then, years ago, the wall had been commenced. Slowly, in a *straggling*[20] circle, it had *crept*[21] about the prison bounds.

---

1. **commented** : to comment, *commenter* ; a comment, *un commentaire*.
2. **different** : different from, *différent de* : notez from.
3. **expected** : expect, *s'attendre* à ; wait for, *attendre* (bus...).
4. **enclosing** : enclose, *clôturer* ; enclosure, *clôture, enceinte*.
5. **thrill** : *vive émotion* ; thriller, *roman, film à sensation*.
6. **as a rule** : aussi : usually, generally (speaking), *d'habitude*.
7. **whizzed** : whizz, whiz, *aller à toute vitesse en sifflant*.
8. **elsewhere** : ou somewhere else, *quelque part ailleurs*.
9. **labouring** : to labour (at), *travailler dur (à), peiner*.
10. **hardly** : *à peine* ; ne pas confondre avec l'adj. **hard**, *dur*.
11. **raised** : raise, *lever* ; rise, rose, risen, *se lever* (soleil).
12. **went by** : go by, pass by, *passer* ; passerby, *passant* ; by, *à côté*.
13. **chant** : ▲ *chant scandé* ; to chant slogans, *scander des slogans*.

38

Parfois un touriste faisait remarquer que Fenfield était à part. Toujours les touristes s'attendaient à voir un mur, tout simplement un mur enfermant silence et mystère. Les guides le savaient et toujours ils montraient la prison en premier lieu et *ensuite* ils procuraient aux voyageurs leur émotion avec ces mots « Des forçats au travail à gauche. » En règle générale, les passagers étaient impressionnés de voir les hommes disséminés aux alentours — à l'extérieur du mur.

Le car passa à vive allure et les touristes portèrent leur attention ailleurs. Les hommes des équipes de travail levèrent à peine la tête. Tout cela était si habituel. Chaque jour les cars défilaient, avec la même rengaine : « La prison de Fenfield à droite. Des forçats au travail à gauche. » Chaque jour, les voyageurs fixaient leur regard sur les hommes qui se tenaient dans les champs, sur les gardiens, sur le mur inachevé.

Le mur courait en un cercle imparfait autour de la prison. Il était peut-être long d'un mille. Depuis cent ans l'endroit était ouvert à tous. Des forçats travaillaient dans les prairies ou sur les routes pendant que les gens des environs vaquaient à leurs occupations sans prêter garde. Puis, il y avait des années, le mur avait été commencé. Lentement, décrivant un cercle irrégulier, il s'était allongé peu à peu autour des limites de la prison

---

14. **every day** : *tous les jours.* N.B. **every** + nom singulier.
15. **ran in a rough circle** : run around, *entourer* ; **rough**, *grossier, approximatif.*
16. **there was perhaps a mile of it** : m.à.m. *il y en avait peut-être un mille* ; it est mis pour wall ; 1 mille = 1,609 km : 5 milles = 8 kms.
17. **open** : (ici) sans rien qui limite ou enferme, *ouvert* ; **in the open air**, *en plein air* ; **in the open country**, *en pleine nature.*
18. **nearby** : *près, tout près* ; (adj.) *proche, avoisinant, voisin.*
19. **went about their business** : go about one's business, *s'occuper de ses affaires* ; **business** (ici), *tâche, besogne.*
20. **straggling** : a straggling long line, *une longue ligne irrégulière* ; a straggling village, *un village tout en longueur.*
21. **crept** : creep, crept, crept 1. *ramper.* 2. *s'avancer lentement.*

Now at *last*[1] it had nearly returned to its starting-point. The circle was *all but*[2] complete.

'Fenfield... right. Convicts... left.' The girl by the roadside turned *away*[3] as another charabanc *coasted*[4] down the hill. She passed the group of men at work on the wall and walked towards a large house near the prison *gate*[5]. The *building*[6]-gang paid little *heed*[7], *as if she were*[8] a *regular passer-by*[9]. A housemaid apparently, she carried a *shopping*[10]-bag and a newspaper[11]; she too appeared *accustomed*[12] to the scene.

As she passed the gap in the wall, walking slowly, the warder *turned*[13] to speak to his men. A small packet *fell*[14] from the girl's hand, into a heap of stones. Then she turned in at the *avenue*[15] of the house.

The *gap*[16] in the wall was *little*[17] more than twenty feet[18] *wide*[19], the last twenty feet of the mile. A small road ran through, serving *alike*[20] for the *residents*[21] and the convicts. *Presently*[22] when the wall *was finished*[23], the residents would find another way, the convicts would emerge no more. But for the time being the old road remained, final point of contact

---

1. **at last :** *enfin ;* at long last, *à la fin des fins.*
2. **all but :** *presque ;* aussi **almost, nearly, virtually, practically.**
3. **turned away :** turn, *se retourner ;* away implique l'éloignement.
4. **coasted :** coast, *descendre en roue libre* (bicyclette, voiture).
5. **gate :** *porte, portail, barrière ;* **door,** *porte* (de maison).
6. **building :** build, built, built, *bâtir, construire.*
7. **heed :** syn. attention ; give (pay) heed to, *faire attention à.*
8. **as if she were :** ou as if she was ; were est le subjonctif.
9. **regular passer-by :** m.à.m. *passant(e) régulier(e), habituel(le).*
10. **shopping :** to go shopping, *aller faire des commissions ;* to shop, *faire des emplettes ;* shop, *boutique ;* shopkeeper, *marchand.*
11. **newspaper :** news, *des nouvelles ;* a piece of news, *une nouvelle.*
12. **accustomed to :** ou **used to,** *habitué(e) à ;* custom, *coutume.*

Et voici qu'enfin, il était pratiquement revenu à son point de départ. Le cercle était presque complet.

« Fenfield... droite... Forçats... gauche. » La femme qui se tenait au bord de la route se détourna lorsqu'un autre car descendit doucement la pente. Elle passa devant le groupe d'hommes qui travaillaient au mur et se dirigea vers une grande maison située près de la porte de la prison. L'équipe chargée de la construction lui prêta peu d'attention, comme si elle passait là régulièrement. Bonne à tout faire, apparemment, elle portait un sac à provisions et un journal ; elle aussi semblait accoutumée à la scène.

Quand elle arriva devant l'ouverture en marchant lentement, le gardien se retourna pour parler à ses hommes. Un petit paquet tomba des mains de la femme sur un tas de pierres. Puis elle tourna dans l'allée qui conduisait à la maison.

Le passage dans le mur faisait à peine plus de vingt pieds de large, les vingt derniers pieds du mile. Une petite route le traversait, qui servait aussi bien aux riverains qu'aux prisonniers. Bientôt, quand le mur serait achevé, les riverains trouveraient un autre itinéraire, les prisonniers ne reparaîtraient plus. Mais, pour le moment, la vieille route demeurait, ultime point de contact

---

13. **turned :** turn, *se retourner* (pas de pronom réfléchi en anglais).
14. **fell :** fall, fell, fallen, *tomber* ; fall 1. *chute.* 2. *automne* (amér.).
15. **avenue :** ou drive, *allée privée* (qui conduit à une maison).
16. **gap :** 1. (ici) *trouée, brèche.* 2. *intervalle, écart, fossé.*
17. **little :** (ici) *peu, guère ;* aussi **scarcely, hardly** (*à peine).*
18. **feet :** foot, *pied* (30,48 cm) ; 1 **yard** = 3 **feet** (91,44 cm).
19. **wide :** *large.* N.B. it is two feet wide, *il a deux pieds de large* (remarquez l'emploi de **be**).
20. **alike :** *de la même manière, pareillement, également.*
21. **residents :** *habitant, résident, riverain ;* **reside,** *résider.*
22. **presently :** ▲ *bientôt, tout à l'heure, dans quelques instants.*
23. **when the wall was finished :** emploi obligatoire du prétérit (**was**) au lieu du conditionnel, du présent au lieu du futur, après **when** conjonction de temps.

between the two worlds, of bondage and liberty.

Some[1] twenty men worked in the building-gang, heaving[2] the big stone blocks, mixing mortar, pushing wheel-barrows. A little way off[3], a man worked alone, with trowel and mortar-board[4]. A tall fair-haired[5] young fellow[6] of perhaps twenty-seven, he wore blue tabs[7] on his sleeves and a cap number embroidered in blue figures[8]. When the housemaid passed he did not raise his head, but as soon as she had disappeared he laid[9] down his trowel and passed through the gap.

The warder took no notice[10]. Even the local residents knew that a 'blue-tabbed' man could move about[11] without being followed. The convict loaded[12] some stones from a heap into a barrow and wheeled[13] it through the break[14] in the wall. In a few minutes he returned to his plastering[15], assiduously, but the hand that held the trowel concealed a small packet. Furtively, watchful[16] as a frightened[17] bird, he chose[18] a second when warder and men were busy, to slip[19] the packet in his belt.

A few minutes later the girl emerged from the drive and walked slowly down the road. She hesitated for the merest[20] instant by the heap

---

1. **some** : (ici) *quelque* (environ) ; it's some ten years since I went there, *il y a quelque dix ans que j'y suis allé*.
2. **heaving** : heave, *(sou)lever* (quelque chose de lourd).
3. **a little way off** : way (ici) *trajet, distance, chemin ;* off, *au loin, à distance ;* a long way off, *au loin, très loin*.
4. **mortar-board** : *planche à mortier ;* mortar, *mortier ;* board, *planche*.
5. **fair-haired** : fair, *blond ;* hair, *cheveux ;* notez l'adj. composé ; blue-eyed, *aux yeux bleus ;* broad-shouldered, *large d'épaules*.
6. **fellow** : *homme, individu ;* (fam.) *type*.
7. **tabs** : tab 1. (ici) *patte, languette, attache,* 2. *étiquette*.
8. **figures** : ▲ figure 1. (ici) *chiffre*. 2. *silhouette ;* face, *figure*.
9. **laid** : lay, laid, laid, *(dé)poser ;* lie, lay, lain, *être étendu*.
10. **notice** : take notice of, *remarquer ;* to notice, *remarquer*.
11. **move about** : move, *se mouvoir ;* about, *de-ci, de-là, çà et là*.

entre les deux mondes, celui de la servitude et celui de la liberté.

Vingt hommes environ travaillaient dans l'équipe de construction, soulevant les gros blocs de pierre, mélangeant le mortier, poussant des brouettes. Un peu plus loin, un homme travaillait seul, avec sa truelle et sa taloche. Grand, cheveux blonds, jeune, vingt-sept ans peut-être, il portait des galons bleus sur ses manches et un numéro sur sa casquette, brodé en chiffres bleus. Quand la bonne passa il ne leva pas la tête, mais dès qu'elle eut disparu il posa sa truelle et passa par l'ouverture.

Le surveillant ne remarqua rien. Même les habitants de l'endroit savaient qu'un homme « à galons bleus » pouvait se déplacer sans être suivi. Le forçat prit quelques pierres dans un tas, les chargea dans une brouette et poussa celle-ci dans le passage du mur. Au bout de quelques minutes il se remit avec diligence à son enduit, mais la main qui tenait la truelle cachait un petit paquet. Furtif, aux aguets, tel un oiseau effarouché, il choisit une seconde où surveillant et prisonniers étaient occupés, pour glisser le paquet dans sa ceinture.

Quelques minutes plus tard, la femme sortit de l'allée et suivit lentement la route. Elle hésita un très court instant près du tas

---

12. **loaded** : load, *charger* ; load (n.), *charge* ; loads of (fam.) *des tas de*.
13. **wheeled** : wheel, *rouler, pousser qqn., qqch. sur des roues* (wheels).
14. **break** : *brèche, trouée, ouverture, vide, lacune* ; syn. gap.
15. **plastering** : (ici) l'action d'enduire (**to plaster**) (nom verbal : v. + ing) ; plaster : *plâtre, enduit*.
16. **watchful** : *attentif, vigilant* ; watch, *surveillance, guet, quart*.
17. **frightened** : frighten, *effrayer* ; fright, *peur, effroi*.
18. **chose** : choose, chose, chosen, *choisir* ; **choos(e)y**, *difficile à satisfaire* ; **I'm not choos(e)y**, *ça m'est égal*.
19. **to slip** : (ici) *glisser, introduire furtivement* ; v. intransitif 1. *glisser* (accidentellement) 2. *se glisser, se faufiler*.
20. **the merest** : superlatif de **mere**, *pur, simple, rien que*. **It's a mere scratch**, *c'est une simple égratignure*.

of stones, *retrieving*[1] a fallen newspaper, then *hurried away*[2] after a *single*[3] *glance*[4] at the 'blue-tab'.[5]

On a seat by the public road, while the tourists passed, she read the note he had dropped in the heap of stones.

'Maeve darling,' it *ran*[6]. '*For God's sake*[7] do not worry *so*[8]. Even though I am here for life *we can*[9] still see one another. Darling, when we *were married*[10] *we little thought*[11] that less than a year *would see me a convict*[12]. Yet *these six years past*[13] I have been almost happy here, because of your love and courage. There will, there *must*, *still*[14] be some way of seeing one another.'

The girl made a little gesture of impatience, then sat *blank-eyed*[15], *staring at a history*[16]. Six years ago, *at the height of*[17] their happiness, the blow had fallen. A *drunken*[18] party, a squabble, a shot and an inquest, a swift trial and a *merciful reprieve*[19]. Then years of mental torture and the desperate resolve to take domestic work *so as to*[20] be near him.

They had been careful. Never once had they taken a real risk. A *dropped*[21] note or a hurried word; sometimes, when circumstances were

---

1. **retrieving :** retrieve 1. (ici) *récupérer* 2. *sauver* (honneur).
2. **hurried away :** hurry, *se presser, se dépêcher ;* hurry, *hâte, précipitation ;* **be in a hurry,** *être pressé ;* away, *loin, au loin.*
3. **single :** *seul, unique ;* single bedroom, *chambre à un lit.*
4. **glance :** *coup d'œil ;* glance at, *jeter un coup d'œil sur.*
5. **blue-tab :** désigne ici l'homme aux galons bleus (n. 7, p. 42).
6. **ran :** run, ran, run (ici) (document, lettres) *être rédigé, avoir comme teneur ;* his letter ran thus..., *sa lettre disait...*
7. **for God's sake :** sake (employé avec for), *pour l'amour de, pour, à cause de ;* for her sake *pour elle, par amour pour elle.*
8. **so :** remplace so much (tant) avec un verbe, surtout en américain.
9. **we can :** notez le sens futur de can (ou **we'll be able to...**).
10. **were married :** be married (ou get married) a ici le sens de *se marier ;* to marry somebody, *épouser quelqu'un.*

de pierres, récupéra un journal tombé à terre puis s'éloigna rapidement après avoir adressé un unique regard à « l'homme aux galons bleus. »

Sur un banc, près de la voie publique, pendant que passaient les touristes, elle lut le billet qu'il avait laissé tomber sur le tas de pierres. « Maeve, chérie, » disait le mot, « pour l'amour de Dieu, ne t'inquiète pas tant. Bien que je sois ici à perpétuité, nous pourrons toujours nous voir. Chérie, quand nous nous sommes mariés, nous étions loin de penser qu'en moins d'un an je me retrouverais en prison. Pourtant ces six dernières années j'ai été presque heureux ici, grâce à ton amour et à ton courage. Il y aura, *il faut* qu'il y ait encore un moyen quelconque de se voir. »

La femme fit un petit geste d'impatience puis demeura assise, le regard vide, l'attention fixée sur le fil des événements. Six ans plus tôt, au comble de leur bonheur, le coup était tombé. Une soirée où on avait beaucoup bu, une dispute, un coup de feu et une enquête, un procès sommaire et une commutation de peine par indulgence. Puis des années de torture morale et la résolution désespérée de faire des travaux de ménage afin d'être près de lui.

Ils avaient été prudents. Jamais, pas une seule fois, ils n'avaient pris de véritable risque. Un billet jeté à terre ou un mot rapide ; parfois, quand les circonstances étaient

---

11. **we little thought** : ou *we were far from thinking*.
12. **would see me a convict** : m. à m. *me verrait un forçat*.
13. **these six years past** : ou *for the last six years*.
14. **still** : *encore* (continuation) ; **again**, *encore* (répétition).
15. **blank-eyed** : adj. composé (n. 5, p. 42) ; **blank**, *sans expression, vide*.
16. **staring at a history** : m.à.m. *regardant fixement une histoire* ; **stare**, *regarder fixement*.
17. **at the height of** : *au comble de* ; **height** 1. *hauteur*. 2. *apogée*.
18. **drunken** : (adj.) 1. *ivre, soûl(e)*. 2. *ivrogne, d'ivrogne*.
19. **merciful reprieve** : **merciful**, *clément* ; **mercy**, *pitié* ; **reprieve**, *réduction d'une peine en une autre moindre, commutation de peine*.
20. **so as to** : ou **in order to**, ou **to**, *pour, afin de, dans le but de*.
21. **dropped** : **drop**, *laisser tomber, laisser échapper*

very favourable, a *frantically*[1] *hasty*[2] kiss. That was all. Yet, as he said, they had been almost happy. But now — she made the little gesture again, *snatching*[3] impatiently at the *note*[4] on her knee.

Back near the *growing*[5] wall, the blue-tabbed builder *knelt*[6] *in a secluded*[7] corner to read the note *he had retrieved*[8]. 'Jack,' she had written, 'be guided by me. This is your last *opportunity*[9]. You have nothing to lose, for if you do not take this *chance*[10] we shall be separated for ever. If you take it and lose, the *worst*[11] that can happen is separation. *Tonight*, before the men leave, come. It is desperate, I know, but *so are we.*'[12]

The convict *peeped*[13] furtively around, with something more than worry in his eyes. *Halfway through the scribbling*[14] of a *tiny*[15] note he paused, *with a hissing sigh*[16], then *resumed*[17] his scribbling. There was just time to take one more load of stones from the heap before the gangs of men went to dinner. In a few minutes the convicts from field and roadside came *marching*[18] in through the gap in the wall, there was a *rumble*[19] and *hum*[20] from the big prison, then the *mid-day*[21] silence descended on Fenfield.

---

1. **frantically** : *frénétiquement ;* frantic, *fou, hors de soi.*
2. **hasty** : *hâtif, précipité ;* haste, *précipitation ;* hasten, *se hâter.*
3. **snatching** : snatch, *saisir* (d'un geste vif, brusquement).
4. **note** : *courte lettre, petit mot ;* notepad, *bloc-notes.*
5. **growing** : grow(up), grew, grown, *pousser, croître, grandir.*
6. **knelt** : kneel, knelt, knelt, *être agenouillé ;* kneel down, *s'agenouiller ;* de même sit, *être assis,* sit down, *s'asseoir.*
7. **secluded** : *écarté, éloigné* (de la société, de la foule), *isolé.*
8. **the note (which) he had retrieved** : suppression fréquente du relatif complément.
9. **opportunity** : ▲ *occasion* (favorable) ; take the opportunity of doing, *profiter de l'occasion pour faire.*
10. **chance** : ▲ *occasion ;* chance it, *risquer le coup.*
11. **the worst** : superlatif de **bad**, *mauvais ;* comparatif : **worse**.
12. **so are we** : *nous aussi.* Notez : **John can speak French, so can Peter,** *John sait parler français, Peter aussi.*

très favorables, un baiser passionné, échangé à la hâte. C'était tout. Cependant, comme il disait, ils avaient été presque heureux. Mais maintenant — elle fit de nouveau le petit geste, saisissant avec impatience le billet posé sur son genou.

De retour près du mur grandissant, l'ouvrier aux galons bleus s'était agenouillé dans un coin isolé pour lire le billet qu'il avait récupéré : « Jack, » avait-elle écrit ; « laisse-moi te guider. C'est ta dernière chance. Tu n'as rien à perdre car si tu laisses passer cette occasion, nous serons séparés à jamais. Si tu la saisis et que tu échoues, le pire qui puisse arriver c'est la séparation. *Ce soir,* avant que les hommes ne s'en aillent, viens. C'est désespéré, je sais, mais nous aussi nous le sommes. »

Le forçat regarda furtivement autour de lui ; il y avait plus que de l'anxiété dans ses yeux. Au milieu d'un petit billet qu'il écrivait à la hâte, il s'arrêta, soupira bruyamment, puis se remit à griffonner. Il restait juste assez de temps pour prendre un autre chargement de pierres dans le tas avant que les équipes d'ouvriers ne se rendent au déjeuner. Au bout de quelques minutes les forçats venus des champs et des abords de la route défilaient, franchissaient le passage dans le mur ; on entendit un grondement sourd, une rumeur monter de la grande prison puis le silence de midi descendit sur Fenfield.

---

13. **peeped :** peep, *regarder à la dérobée ;* a peep, *un regard furtif.*
14. **halfway through the scribbling :** halfway, *à mi-chemin ;* through (ici) *durant, pendant ;* scribbling : scribble, *griffonner.*
15. **tiny :** *tout petit, minuscule ;* a tiny bit, *un tout petit peu.*
16. **with a hissing sigh :** m.à.m. *avec un soupir sifflant* (to hiss, *siffler*).
17. **resumed :** ▲ resume, *reprendre* (une activité après interruption).
18. **marching :** march (militaire), *marcher au pas, défiler.*
19. **rumble :** *grondement sourd, roulement* (tonnerre, voitures...).
20. **hum :** 1. *bourdonnement* (abeilles). 2. *murmure* (de voix) 3. *ronron.*
21. **mid-day :** *midi ;* mid, *moyen, du milieu ;* in mid-August, *à la mi-août.*

In the *quiet*[1] of the dinner time Maeve *collected*[2] the second note without difficulty, *before*[3] she hurried to her *duties*[4] in the house *nearby*[5]. More than *once*[6] during the afternoon, in the *intervals*[7] of her work, she *checked*[8] a sob as she read his last note again.

'Darling Maeve,' it ran. 'I am convinced *you are right*[9]. But there is no *need*[10] for *haste*[11]. Wait, Maeve, wait. There is still tomorrow, perhaps another day, before the wall is finished. Premature risk would be *madness*[12]. Tomorrow — or *the next day*[13] — *tell the men to be ready*. J.'

Late in the afternoon[14], her work *completed*[15], Maeve walked again by the gap where the old road passed. She looked straight in front, without a *glance*[16] for the working prisoners. Then, suddenly, she stopped and stared in horror.

Inside[17] the gap, large groups of men were at work. All the convict population of Fenfield was there, a large crowd busy near the gap itself. Not a single grey-clad figure was in the fields or the lanes. All were inside and the wall was *rising*[18] rapidly. The gap was *closing*[19].

Jack was there. She saw him *across*[20] the growing rampart, as he

---

1. **quiet** : *tranquillité, calme* ; (adj.) *tranquille, calme.*
2. **collected** : collect 1. *passer prendre.* 2. *collectionner.*
3. **before** : (ici, conjonction) *avant que* ; **before** (prépos.) *avant, devant.*
4. **duties** : (plur.) *fonctions, occupations, tâche* ; **duty** 1. *devoir.* 2. *service ;* **on duty**, *de service* ; **off duty**, *libre, pas de service.*
5. **nearby** : *à proximité, tout près* ; **near**, *à côté de* ; **by**, *près de.*
6. **once** : *une fois* ; **twice**, *deux fois* ; **three times, four times...*
7. **intervals** : interval 1. *intervalle.* 2. *entracte.* 3. *mi-temps* ; **bright intervals**, *éclaircies* ; **at intervals**, *par intervalles.*
8. **checked** : check 1. (ici) *maîtriser.* 2. *vérifier, contrôler* ; **check in**, *se présenter à la réception* (hôtel), *à l'enregistrement* (bagages) ; **check out**, *payer sa note d'hôtel.*
9. **you are right** : be right, *avoir raison* ; **be wrong**, *avoir tort.*

Pendant l'accalmie du déjeuner, Maeve ramassa le second billet sans difficulté, avant d'aller vite retrouver ses occupations dans la maison voisine. Plus d'une fois durant l'après-midi, au cours des pauses entre ses travaux, elle retint un sanglot alors qu'elle relisait son dernier billet.

« Maeve, chérie, » disait-il, « Je suis persuadé que tu as raison. Mais ce n'est pas la peine de se précipiter. Attends, Maeve, attends. Il y a encore demain, peut-être un autre jour, avant que le mur ne soit fini. Prendre un risque prématuré serait de la folie. Demain — ou après-demain — *dis aux hommes de se tenir prêts*. J. »

En fin d'après-midi, son travail achevé, Maeve retourna près de l'ouverture où passait la vieille route. Elle regardait droit devant elle, sans jeter un coup d'œil aux prisonniers qui travaillaient. Puis, soudain, elle s'arrêta, le regard fixe, horrifiée.

Dans l'ouverture, d'importants groupes d'hommes étaient au travail. Toute la population des forçats de Fenfield était là, immense foule affairée près de l'ouverture elle-même. Aucun des hommes vêtus de gris ne se trouvait dans les champs ou sur les chemins. Tous étaient à l'intérieur et le mur montait rapidement. L'ouverture se fermait.

Jack était là. Elle le vit de l'autre côté du rempart grandissant alors qu'il

---

10. **need** : *besoin* ; **if need be**, *si besoin est* ; **need**, *avoir besoin de.*
11. **haste** : *hâte, précipitation* ; **make haste !** *pressez-vous !*
12. **madness** : *folie* ; **mad**, *fou* ; **mad on**, *fou de* ; **a madman**, *un fou.*
13. **the next day** : ou **the following day**, *le jour suivant.*
14. **late in the afternoon** : m.à.m. *tard dans l'après-midi.*
15. **completed** : ∆ **to complete** 1. *achever, terminer.* 2. *accomplir, s'acquitter* (d'une tâche). 3. *compléter* ; **completion**, *achèvement.*
16. **glance** : *coup d'œil* ; **to glance at**, *jeter un coup d'œil à.*
17. **inside** : *à l'intérieur de* (le mur était donc épais).
18. **rising** : **rise, rose, risen**, *se lever, s'élever* ; **raise**, *(sou)lever.*
19. **closing** : **close**. 1. *se fermer, se clore.* 2. *se terminer.*
20. **across** : **across the street**, *de l'autre côté de la rue.*

worked in the midst of a crowd. Some four feet *high*[1] already *where*[2] the gap had been, a wall raised itself *before her eyes*[3]. *Five times the previous number of men were at work*[4], and the blocks of stone *moved*[5] as if by *magic*[6].

Maeve looked at her husband, *half*[7] raised her hands, then dropped them to her *sides*[8]. She made a *foolish*[9] little *clucking*[10] *noise*[11] as he himself *pushed the last stones into place*[12]. *Swiftly*[13] the last *layer*[14] *extended*[15], until there was only one space *left*[16], one square in which his face was *framed*[17] for a moment. He looked and said nothing although his eyes were *screaming*[18]. Then the stone block closed the last space, and Maeve stood mute, before a high wall enclosing silence and mystery.

© Droits réservés

---

1. **high :** *haut, élevé* ; ne pas confondre avec **height**, *hauteur*.
2. **where :** (ici) *là où* ; **that's where you're wrong**, *c'est là que tu te trompes* ; **whereabout**, *lieu où se trouve qqun ou qqch* ; **I don't know his whereabouts**, *je ne sais pas où il est*.
3. **before her eyes :** NB **before** est ici préposition de lieu (*devant*) ; **before the audience**, *devant le public*.
4. **five times the previous number of men were at work :** m.à.m. *cinq fois le nombre précédent d'hommes était au travail*.
5. **moved :** **move** 1. (ici) *bouger, remuer*. 2. *déménager*.
6. **magic :** ∆ *magie, enchantement* ; (adj.) *magique, enchanté*.
7. **half :** *moitié, demi(e)*. (plur. **halves**) ; **half an hour**, *une demi-heure* ; **an hour and a half**, *une heure et demie*.
8. **sides :** **side** 1. *côté*. 2. *flanc*. 3. *bord*. 4. *versant* (de montagne).
9. **foolish :** *stupide, sot, ridicule, absurde* ; **a fool**, *un imbécile*.
10. **clucking :** **cluck**, *glousser* ; **a cluck**, *un gloussement*.
11. **noise :** *bruit*. **Don't make a noise**, *ne fais pas de bruit*.
12. **pushed the last stones into place :** m.à.m. *poussa les dernières pierres en place* ; **place** 1. *place, position*. 2. *endroit*.
13. **swiftly :** *rapidement* ; **swift**, *rapide, prompt* ; **swiftness**, *rapidité*.

travaillait au milieu d'une foule. Déjà haut de quelque quatre pieds, à l'endroit où il y avait eu l'ouverture, un mur s'élevait devant ses yeux. Les hommes au travail étaient cinq fois plus nombreux qu'auparavant et les blocs de pierre montaient comme par enchantement.

Maeve regarda son époux, leva les mains à mi-hauteur puis les laissa retomber le long de son corps. Elle fit un petit gloussement insensé quand, en les poussant, il mit lui-même en place les dernières pierres. Rapidement la dernière rangée progressait jusqu'à ce qu'il ne restât plus qu'un seul espace, un seul carré dans lequel son visage fut un instant encadré. Il regarda, ne dit rien, mais il y avait un cri dans ses yeux. Puis le bloc de pierre boucha le dernier intervalle et Maeve se tint, muette, devant un grand mur qui enfermait silence et mystère.

---

14. **layer :** *couche* (de peinture...) ; **lay, laid, laid,** *poser* (à plat).
15. **extended :** extend, *s'étendre, se prolonger, s'allonger.*
16. **left :** leave, left, left, *laisser* ; **there are five left,** *il en reste cinq* ; **I've one book left,** *il me reste un seul livre.*
17. **framed :** frame, *encadrer* ; frame, *cadre* ; framework, *structure.*
18. **screaming :** scream, *pousser des cris perçants* ; **a scream,** *un cri perçant* (de douleur, terreur...)

Révisions

Vous avez rencontré dans la nouvelle que vous venez de lire l'équivalent des expressions françaises suivantes.
Vous en souvenez-vous ?

1. C'était un énorme bâtiment en briques rouges.
2. Elle se tenait sur le bord de la route.
3. Les gens vaquaient à leurs affaires et ne faisaient pas attention.
4. Elle portait un sac à provisions.
5. Cela fait vingt pieds de large.
6. Un homme travaillait seul, un peu à l'écart.
7. C'était un homme grand aux cheveux blonds.
8. Il doit y avoir un moyen de se voir.
9. Je suis convaincu que tu as raison.
10. Il n'y a pas lieu de se hâter.
11. Les hommes levèrent à peine la tête.
12. Depuis cent ans l'endroit était ouvert à tous.
13. Jamais ils n'avaient pris de véritable risque.

1. It was a huge red brick building.
2. She stood by the roadside.
3. The people went about their business and took no notice.
4. She carried a shopping-bag.
5. It is twenty feet wide.
6. A man worked alone a little way off.
7. He was a tall fair-haired man.
8. There must be some way of seeing one another.
9. I'm convinced you're right (I am convinced you are right).
10. There is no need for haste.
11. The men hardly raised their heads.
12. For a hundred years the place had been open.
13. Never had they taken a real risk.

F. SCOTT FITZGERALD (1896-1940)

Three Hours between Planes

Trois heures entre deux avions

Né dans le Minnesota, l'auteur de *The Great Gatsby*, roman dont on a tiré un film, Fitzgerald a écrit de nombreuses nouvelles. Son œuvre constitue un document inestimable sur ce que l'écrivain appelait « l'âge du jazz » (la jeunesse de 1930-1940). S'y ajoute une étude psychologique avec pour thèmes l'alcool (qui a tué Fitzgerald à 44 ans), l'amour et l'argent (un juge s'est opposé au mariage de sa fille avec l'auteur avant qu'il ne fasse fortune avec son premier roman, *This Side of Paradise*), l'échec et la désillusion de la « génération perdue », titre du volume contenant la nouvelle choisie, *The lost Decade and Other Stories* (Penguin Books).

It was a *wild*¹ *chance*² but Donald was in the *mood*³, *healthy*⁴ and *bored*⁵, with *a sense*⁶ *of tiresome*⁷ duty done. He was now *rewarding*⁸ himself. Maybe.

When the plane landed he *stepped*⁹ out into a *mid-western*¹⁰ summer night and headed for the isolated *pueblo*¹¹ airport, conventionalized as an old red 'railway depot'. He did not know whether she was *alive*¹², or *living*¹³ in this town, or what was her *present*¹⁴ name. With mounting excitement he *looked through the phone book for*¹⁵ her father who might be dead too, *somewhere*¹⁶ in these twenty years.

No. Judge Harmon Holmes — Hillside 3194.

A woman's amused voice answered his *inquiry*¹⁷ for Miss Nancy Holmes.

'Nancy is Mrs Walter Gifford now. Who is this?'

But Donald *hung up*¹⁸ without answering. He had found out what he wanted to know and had only three hours. He did not remember any Walter Gifford and there was another suspended moment while he scanned the phone book. She might have married *out of town*¹⁹.

No. Walter Gifford — Hillside 1191. Blood *flowed back*²⁰ into his *fingertips*²¹.

---

1. **wild :** (ici) *impensable* (que Donald eût pu retrouver Nancy) ; *fou, extravagant* (idée...).
2. **chance :** 1. *chance, occasion*. 2. *hasard* ; **luck,** *chance*.
3. **mood :** *humeur, disposition* ; **in a good mood,** *de bonne humeur*.
4. **healthy :** **health,** *la santé* ; **ill health,** *mauvaise santé*.
5. **bored :** **bore,** *raser* ; **be bored stiff,** *s'ennuyer à mourir*.
6. **a sense :** notez a. He has a sense of humour (*il a le sens de l'humour*).
7. **tiresome :** *ennuyeux, assommant* ; **tire,** *(se) lasser*.
8. **rewarding :** **reward,** *récompenser* ; **a reward,** *une récompense*.
9. **stepped :** **step,** *faire un (des) pas, aller* ; **a step,** *un pas*.
10. **mid-western :** **mid,** *du milieu* ; **mid-May,** *la mi-mai* ; **western,** *de l'Ouest* (**west**). **Middle West** (États-Unis).
11. **pueblo :** 1. (mot espagnol) *ville, petite agglomération, village* 2. *village indien* (dans le Sud-Ouest des États-Unis) 3. *habitation d'Indien*, à toit plat, faite d'adobe.
12. **alive :** *en vie* : **more dead than alive,** *plus mort que vif*.

C'était de la folie, mais Donald était d'humeur à tenter sa chance, il était en forme et s'ennuyait ; il avait le sentiment d'avoir accompli une tâche ingrate ; il allait maintenant s'offrir une récompense. Peut-être.

Quand l'avion eut atterri il sortit dans la nuit d'été du Middle West et se dirigea vers l'aéroport de l'endroit isolé, de couleur rouge, connu traditionnellement sous le nom de « gare de chemin de fer ». Il ne savait pas si elle était en vie, ni si elle habitait dans cette ville, ni comment elle s'appelait à présent. Avec une surexcitation grandissante, il chercha dans l'annuaire le nom de son père qui était peut-être mort lui aussi au cours de ces vingt dernières années.

Non. Juge Harmon Holmes. Hillside 3194.

Une voix de femme amusée répondit quand il demanda à parler à Miss Nancy Holmes.

« Nancy est Mrs. Walter Gifford, maintenant. Qui est à l'appareil ? »

Mais Donald raccrocha sans répondre. Il avait appris ce qu'il voulait savoir et il n'avait que trois heures devant lui. Il ne se souvenait d'aucun Walter Gifford et il connut un autre moment d'intense émotion pendant qu'il parcourait l'annuaire. Peut-être avait-elle épousé quelqu'un d'une autre ville.

Non. Walter Gifford. Hillside 1191. Le sang reflua jusqu'au bout de ses doigts.

---

13. **living :** live 1. (ici) *habiter, demeurer.* 2. *vivre* ; **life,** *la vie.*
14. **present :** *actuel ;* **at the present time,** *à l'heure qu'il est.*
15. **looked through the phone book for :** *chercha (*for*) du regard* (look) *en parcourant* (through, *à travers*) *l'annuaire.*
16. **somewhere :** m. à m. *quelque part.*
17. **inquiry :** *demande de renseignements ;* **inquire,** *se renseigner.*
18. **hung up :** syn. **rang off,** *raccrocha ;* **hang,** *pendre.*
19. **out of town :** *ou Nancy avait épousé quelqu'un d'une autre ville ou elle avait déménagé après son mariage, ou les deux.*
20. **flowed back :** flow, flowed, flown, *couler, (s') écouler ;* **back,** *de retour.*
21. **fingertips :** finger, *doigt ;* tip, *bout ;* **tipped cigarettes,** *cigarettes à bout filtre.*

'Hello ?'

'Hello. Is Mrs Gifford there — this is *an old friend of hers*'[1].

'This is Mrs Gifford'.

He remembered, or thought he remembered, the funny *magic*[2] in the voice.

'This is Donald Plant. I haven't seen you *since*[3] I was twelve years old'.

'Oh-h-h !' The note was *utterly*[4] surprised, very polite, but he could distinguish in it *neither joy nor*[5] *certain recognition*[6].

'— Donald !' added the voice. This time there was something more in it than *struggling*[7] memory.

'... when did you come back to town ?' Then cordially, 'Where *are* you ?'

'I'm out at the airport — for *just*[8] a few hours.'

'Well, come up *and*[9] see me.'

'*Sure*[10] you're not *just*[11] going to bed.'

'*Heavens*[12], no !' she exclaimed. 'I was sitting here — having a *highball*[13] *by myself*[14]. Just tell your taxi man...'

On his way[15] Donald analysed the conversation. His words 'at the airport' established that he had retained his position in the *upper*[16] bourgeoisie. Nancy's *aloneness*[17] might indicate

---

1. **an old friend of hers :** one of her old friends ; notez l'emploi du pronom possessif : a friend of mine, of yours...
2. **magic :** *magie, enchantement* ; as if by magic, *comme par enchantement* ; adj. magic, *enchanté.* The magic flute by Mozart.
3. **since :** (ici) *depuis que.* Comparez : I've been studying English since I left primary school *(depuis que)*, since 1978 *(depuis).*
4. **utterly :** syn. entirely, completely ; utter, *complet, total.*
5. **nor :** neither... nor, *ni... ni,* négations qui excluent not car il ne peut y avoir qu'une seule négation dans la phrase anglaise.
6. **certain recognition :** m. à m. *reconnaissance certaine ;* he has changed out of all recognition, *on ne le reconnaît plus, tellement il a changé ;* recognize, *reconnaître.*
7. **struggling :** struggle, *lutter* (ici) *faire effort pour se souvenir ;* struggle for life, *la lutte pour la vie.*
8. **just :** syn. only ; just a moment, please !, *un instant, je te prie.*

« Allô ? »

« Allô. Est-ce que Mrs. Gifford est là ? C'est un de ses vieux amis à l'appareil. »

« Je suis Mrs. Gifford. »

Il se souvint ou crut se souvenir de l'étrange magie de sa voix.

« Ici Donald Plant. Je ne vous ai pas revue depuis l'époque où j'avais douze ans. »

« Ooooh ! » Le ton, très poli, exprimait la surprise la plus complète mais il ne put y déceler ni de la joie ni le sentiment qu'elle le reconnaissait vraiment.

« *Donald !* » ajouta la voix. Cette fois il y décela quelque chose de plus qu'un effort de la mémoire.

« ... Quand êtes-vous revenu dans notre ville ? » Puis, d'un ton cordial : « Mais où êtes-vous ? »

« Je suis à l'aéroport — pour quelques heures seulement. »

« Eh bien, venez me voir. »

« Vous êtes sûre que vous n'alliez pas vous coucher maintenant ? »

« Grands dieux, non ! » s'exclama-t-elle. « J'étais là, assise, toute seule, à prendre un whisky. Vous n'avez qu'à dire à votre chauffeur de taxi... »

En route Donald analysa la conversation. Les mots « à l'aéroport » prouvaient qu'il avait conservé sa place dans la haute bourgeoisie. La solitude de Nancy signifiait peut-être

---

9. **and** : notez l'emploi de **and** ; m.à.m. *venez et voyez-moi ;* de même **wait and see**.
10. **sure** : sous-entendu : **are you sure... ?** (style parlé).
11. **just** : *à l'instant ;* **I've just seen her**, *je viens de la voir.*
12. **heavens** : m.à.m. *Cieux ;* **heaven**, *ciel, paradis ;* **sky**, *ciel* (bleu...)
13. **highball** : (amér.) grand whisky coupé d'eau de Seltz...
14. **by myself** : **by yourself, by himself**..., *seul(e) ;* aussi **alone**.
15. **on his way** : m.à.m. *sur son chemin ;* **on my way, on your way**...
16. **upper** : *plus haut* (de deux), **upper classes and lower classes**.
17. **aloneness** : **alone**, *seul* (voir note 14) ; ne pas confondre avec **lonely**, *seul* (et qui souffre d'être seul).

that she had *matured into*[1] an unattractive woman without friends. Her husband might be either away *or*[2] in bed. And — because she was always ten years old in his dreams — the highball shocked him. But he *adjusted*[3] himself with a smile — she was very close to thirty.

At the end of a *curved*[4] drive he saw a *dark-haired*[5] little beauty standing against the lighted door, a glass in her hand. *Startled*[6] by her final *materialization*[7], Donald got out of the *cab*[8], saying :

'Mrs Gifford ?'

She *turned on*[9] the porch light and stared at him, *wide-eyed*[10] and tentative. A smile *broke through*[11] the *puzzled*[12] expression.

'Donald — it is you — we all change *so*[13]. Oh, this is *remarkable* !'

As they walked inside, their voices jingled the words 'all these years', and Donald felt a *sinking*[14] in his stomach. This *derived*[15] in part from a vision of their last meeting — when she *rode*[16] past him on a bicycle, *cutting him dead*[17] — and in part from *fear*[18] lest they have nothing to say. It was like a *college*[19] reunion — but there the *failure*[20] to find the past was disguised by the *hurried boisterous*[21] occasion. Aghast, he realized that this might be

---

1. **matured into** : mature : *mûrir* ; into marque ici le changement d'état.
2. **or** : either... or, *ou... ou* ; neither... nor, *ni... ni...*.
3. **adjusted** : adjust to, *s'adapter à* ; (ici) *se faire à l'idée* (que Nancy n'avait plus dix ans) ; **adjustment**, *adaptation*.
4. **curved** : curve, (se) *courber* ; **curve**, *courbe, tournant*.
5. **dark-haired** : adj. composé ; on dit aussi : **with dark hair**.
6. **startled** : startle, *faire sursauter* ; startling, *saisissant*.
7. **materialization** : materialize, *se matérialiser, prendre corps*.
8. **cab** : (surtout amér.) *taxi* ; cab rank, cab stand, *station de taxis*.
9. **turned on** : turn on, switch on, *allumer* ; turn off, switch off, *éteindre*.
10. **wide-eyed** : comparez **long-haired**, *aux cheveux longs*. (v. note 5).
11. **broke through** : break through, *s'ouvrir un passage à travers* ; break, broke, broken, *casser*.

qu'en prenant de l'âge elle était devenue une femme dénuée de charme, sans amis... Son mari pouvait être en voyage ou déjà couché. Et — parce que dans ses rêves elle avait toujours dix ans — le whisky le choquait. Mais il se ravisa avec un sourire — elle avait tout près de trente ans.

A l'extrémité d'une allée qui faisait une courbe, il vit une petite femme superbe aux cheveux noirs, qui se détachait dans l'embrasure éclairée de la porte, un verre à la main. Saisi de la voir se matérialiser enfin devant lui, Donald sortit du taxi en disant :

« Mrs Gifford ? »

Elle alluma la lanterne du porche et le regarda fixement, les yeux grands ouverts, hésitante. Un sourire se dessina derrière l'expression d'étonnement.

« Donald — c'est toi — nous changeons tous tellement ! Oh, c'est *extraordinaire* ! »

Tandis qu'ils entraient dans la maison leurs voix faisaient résonner les mots « toutes ces années écoulées », et Donald sentit son estomac se serrer. C'était dû en partie à l'image qu'il avait de leur dernière rencontre — le jour où elle était passée à bicyclette en faisant semblant de ne pas le voir — et en partie à la crainte de n'avoir rien à se dire. Cela ressemblait à une réunion d'anciens élèves — mais là, l'incapacité à retrouver le passé était dissimulée par la précipitation et l'excitation de la circonstance. Affolé, il se dit qu'il avait peut-être devant lui

---

12. **puzzled** : puzzle, *laisser perplexe* ; syn. **intrigue, baffle**, *intriguer, déconcerter*.
13. **so** : souvent employé en amér. pour **so much**, avec un verbe.
14. **sinking** : *serrement du cœur, défaillance* ; **sink, sank, sunk**, *couler, sombrer*.
15. **derived** : derive from, *provenir de, venir de, tenir à*.
16. **rode** : **ride, rode, ridden**, *aller à bicyclette, à cheval, en moto*.
17. **cutting him dead** : cut somebody dead, *faire semblant de ne pas reconnaître qqn.* ; **cut**, *couper* ; **dead**, *mort*.
18. **fear** : *crainte* ; for fear lest (littéraire), for fear that, *de peur que, de crainte que*.
19. **college** : *collège, établissement d'enseignement sup*.
20. **failure** : his failure to come, *le fait qu'il n'est pas venu* ; **fail**, *omettre (de)* ; he failed to come, *il n'est pas venu*.
21. **hurried boisterous** : hurry up, *se hâter* ; boisterous, *tumultueux*.

a long and empty hour. He plunged in desperately.

'You always were a lovely person. But I'm a little shocked to find you as beautiful as you are.'

It *worked*[1]. The immediate recognition of their changed state, the *bold*[2] compliment, made them interesting *strangers*[3] *instead of*[4] *fumbling*[5] childhood friends.

'*Have*[6] a highball ?' she asked. 'No ? Please don't think I've become a secret drinker, but this was a *blue*[7] night. I expected my husband but he *wired*[8] he'd be two days *longer*[9]. He's very nice, Donald, and very attractive. Rather your type and *colouring*[10].' She hesitated, '— and I think he's *interested in*[11] someone in New York — and I don't know.'

'After seeing you *it sounds impossible*[12],' he assured her. 'I was married for six years, and there was *a time I tortured*[13] myself *that way*[14]. Then *one day*[15] I just[16] put jealousy out of my life forever. After my wife *died*[17] I was very glad of that. *It left*[18] a very rich *memory*[19] — nothing *marred*[20] or spoiled or hard to think over.'

She looked at him attentively, then sympathetically as he spoke.

'I'm very sorry,' she said. And after a *proper*[21] moment,

---

1. **worked** : notez ce sens de **work**, *avoir de l'effet, agir.*
2. **bold** : [bəuld], *hardi, intrépide.* N.B. **bald** [bɔ:ld], *chauve.*
3. **strangers** : **stranger**, *étranger, inconnu ;* **foreigner**, *étranger,* qqun. d'une autre nationalité ; N.B. **foreign** (adj.) *étranger.*
4. **instead of** : *au lieu de, à la place de ;* **instead**, *plutôt.*
5. **fumbling** : **fumble** 1. *tâtonner avec maladresse* 2. *bafouiller.*
6. **have** : (will you) have ? ; **have**, *prendre* (boisson, repas).
7. **blue** : *cafardeux ;* **feel blue, have the blues,** *broyer du noir.*
8. **wired** : **wire**, *télégraphier ;* **wire**, *fil métallique, électrique.*
9. **longer** : **long**, *longtemps ;* **don't be long !** *Ne t'attarde pas !*
10. **colouring** : syn. **complexion** ; **high colouring,** *teint coloré.*
11. **interested in** : notez l'emploi de la préposition **in** ; **I'm**

une heure interminable, vide. Il se jeta désespérément à l'eau.

« Tu as toujours été jolie. Mais ça me fait un petit choc de te retrouver aussi belle. »

Ceci produisit son effet. La prise de conscience immédiate du fait d'avoir changé, le compliment audacieux, firent d'eux des inconnus dignes d'intérêt et non plus des amis d'enfance maladroits.

« Tu prends un whisky ? » demanda-t-elle. « Non ? Je t'en prie, ne crois pas que je me sois mise à boire en cachette, mais ce soir j'avais le cafard ! J'attendais mon mari mais il a télégraphié qu'il resterait deux jours de plus. Il est très gentil, Donald, et très bel homme. Un peu ton genre, avec le même teint. » Elle hésita « — et je crois qu'il s'intéresse à quelqu'un à New York — et puis je n'en sais rien. »

« Après t'avoir vue, ça paraît impossible, » lui assura-t-il. « J'ai été marié pendant six ans et il y a eu une époque où je me torturais de cette manière-là. Et puis un jour j'ai tout simplement chassé la jalousie de ma vie à jamais. Après la mort de ma femme je me suis félicité d'avoir pris cette décision. Grâce à cela il m'est resté de très beaux souvenirs — rien d'empoisonné, de gâché ou de pénible à ressasser. »

Elle le regardait avec attention puis avec sympathie tandis qu'il parlait.

« Je suis navrée, » dit-elle. Et après une pause convenable :

---

interested in geography, *je m'intéresse à la géographie.*
12. **it sounds impossible :** *cela semble impossible* (à l'entendre.) **It looks difficult,** *cela semble difficile* (à le voir).
13. **a time (when) I tortured... :** notez ici le sens de **time,** *époque, période.*
14. **that way :** in that way ; ou in that manner, thus *(ainsi).*
15. **one day :** N.B. one pas a ! **He came one day in April.**
16. **just :** (tout) *simplement, un point c'est tout ;* syn. **simply.**
17. **died :** die, *mourir* (action) ; **be dead,** *être mort.*
18. **it left :** m.à.m. *cela* (la décision) *a laissé.*
19. **memory :** (ici) *souvenir,* pas *mémoire* (cf. p. 56).
20. **marred :** syn. **spoiled** (amér.) ou **spoilt ; mar, spoil, ruin,** *gâcher.*
21. **proper :** *convenable, correct ;* **that's not a proper way to behave,** *il n'est pas convenable de se comporter ainsi.*

'You've changed a lot. Turn your head. I remember father saying, "That boy has a *brain*"[1].'

'You probably *argued against*[2] it.'

'I was impressed. *Up to then*[3] I thought everybody had a brain. That's why it *sticks*[4] in my mind.'

'What *else*[5] sticks in your mind ?' he asked smiling.

Suddenly Nancy got up and walked quickly a little *away*[6].

'Ah, *now*[7],' she *reproached*[8] him. 'That isn't *fair*[9] ! I suppose I was a naughty girl.'

'You were not,' he said *stoutly*[10]. 'And I *will* have a drink now.'

As she poured it, her face *still*[11] turned from him, he continued :

'Do you think you were the *only*[12] little girl who was *ever*[13] kissed ?'

'Do you like the *subject*[14] ?' she *demanded*[15]. Her momentary irritation *melted*[16] and she said : 'What the *hell*[17] ! *We did have fun*[18]. Like in the *song*[19].'

'*On the sleigh ride*[20].'

'Yes — and somebody's picnic — Trudy *James's*[21]. And at Frontenac that — those summers.'

---

1. **brain :** *cerveau, (ici), intelligence ;* surtout au plur. dans ce sens ; **he's got brains** ou **he's brainy,** *il est intelligent.*
2. **argued against :** argue, *argumenter, discuter ;* **against,** *contre.*
3. **up to then :** notez l'expression ; **up to now,** *jusqu'à maintenant.*
4. **sticks :** stick, stuck, stuck, *coller, être collé, tenir* (à).
5. **else :** *autre, d'autre, de plus ;* **nobody else,** *personne d'autre.*
6. **quickly... away :** m.à.m. *vite... au loin ;* **go away,** *s'en aller.*
7. **now :** (ici) force l'attention : *allons ! voyons !*
8. **reproached :** reproach somebody with something, *reprocher qqch. à qqun.*
9. **fair :** *honnête, loyal, juste ;* **fair play,** *franc jeu.*
10. **stoutly :** stout, *solide, fort :* **stoutly** (ici) *catégoriquement.*
11. **still :** *encore* (continuation) ; **always,** *encore* (répétition).
12. **only :** (ici) adj., *seul ;* **an only son,** *un fils unique.*

« Tu as beaucoup changé. Tourne la tête. Je me souviens de mon père disant : « Ce garçon a quelque chose dans le crâne. »

« Tu as probablement soutenu le contraire ! »

« J'étais très impressionnée. Jusque-là je croyais que tout le monde avait quelque chose dans le crâne. C'est la raison pour laquelle ça me reste toujours fixé à l'esprit. »

« Qu'est-ce qui te reste encore de présent à l'esprit ? » demanda-t-il en souriant.

Soudain Nancy se leva et s'éloigna vivement de quelques pas.

« Ah, voyons, » lui reprocha-t-elle. « Ce n'est pas juste. Je suppose que j'étais une vilaine petite fille. »

« Pas du tout, » dit-il avec force. « Et maintenant je prendrais volontiers un verre. »

Tandis qu'elle lui versait à boire, le visage toujours détourné, il poursuivit :

« Crois-tu que tu étais la seule petite fille à s'être jamais laissé embrasser ? »

« Tu tiens à ce qu'on en parle ? » demanda-t-elle, catégorique.

Son irritation passagère se dissipa et elle dit : « Et zut ! Qu'est-ce qu'on en a à faire ! On s'est bien amusés. Comme dans la chanson ! »

« Au cours de la promenade en traîneau. »

« Oui — et en pique-nique chez… chez Trudy James. Et à Frontenac cet… ces étés. »

---

13. **ever** : *jamais* (à un moment quelconque), dans une question. **Have you ever been to England ?**
14. **subject** : *sujet* (de la conversation, ici) ; syn. **topic**.
15. **demanded** : **demand**, *exiger* (beaucoup plus fort que **ask**), **demanding**, *exigeant, astreignant*.
16. **melted** : **melt**, *fondre*, d'où au figuré : *(s')adoucir*.
17. **hell** : 1. (ici) *Bon Dieu ! zut alors !* 2. *enfer* (≠ **heaven**).
18. **we did have fun** : **did, do, does** employés dans une phrase affirmative servent à insister ; c'est la forme emphatique ou d'insistance.
19. **song** : allusion à une chanson américaine des années trente, au cours de laquelle on s'embrassait (**a kissing song**).
20. **on the sleigh ride** : notez **on** ; **ride**, *tour, trajet, course*.
21. **James's (house)** : **house, shop, church**, souvent sous-entendus après un cas possessif ; **at the butcher's**, *chez le boucher*.

It was the sleigh ride he remembered *most*[1] and *kissing*[2] her cool cheeks in the straw in one corner while she laughed up at the cold white stars. The couple *next to them*[3] had their backs turned and he kissed her little neck and her ears and never her lips.

'And *the Macks' party*[4] where they *played post office*[5] and I couldn't go because I had the mumps,' he said.

'I don't remember that.'

'Oh, you were there. And *you were kissed*[6] and I was *crazy with*[7] jealousy *like*[8] I *never*[9] have been since.'

'Funny I don't remember. *Maybe*[10] *I wanted to forget*[11].'

'But why ?' he asked in amusement. 'We were two perfectly innocent kids. Nancy, *whenever*[12] I talked to my wife about the past, I told her you were *the girl I loved*[13] *almost* as much as I loved her. But I think I really loved you *just*[14] as much. When we *moved*[15] out of town I carried you like *a cannon ball*[16] in my insides.'

'Were you *that*[17] much — stirred up ?'

'My God, yes ! I-' He suddenly realized that they were standing *just*[18] two *feet*[19] from each other, that he was talking *as if*[20] he loved her in the present, that she was looking up at him

---

1. **most** : (ici) *le plus, par-dessus tout* (adv.).
2. **kissing** : (ici) le fait, l'action d'embrasser (nom verbal).
3. **next to them** : aussi **near them, close to them** *(tout près, près)*.
4. **the Macks' party** : l'apostrophe suffit car Macks se termine par s. N.B. Mr and Mrs Mack mais The Macks (≠ les Martin).
5. **played post office** : sans préposition ; **play cards, football**, mais **play the violin**, etc.
6. **you were kissed** : passif, très courant (en français « *on* »).
7. **crazy with** : aussi **mad with** ; notez l'emploi de **with** *(fou de)*.
8. **like** : moins correct que **as** pour introduire une proposition, mais très utilisé en américain.
9. **never** : négation, exclut donc **not** : **I never smoke cigars**.
10. **maybe** : syn. **perhaps, possibly** ; **maybe not**, *peut-être pas.*

C'était de la promenade en traîneau qu'il se souvenait le mieux et d'avoir embrassé ses joues fraîches dans la paille, dans un coin, tandis qu'elle riait sous les étoiles blanches et glacées. Le couple assis près d'eux leur tournait le dos et il avait embrassé son cou délicat, ses oreilles mais pas ses lèvres.

« Et la fête chez les Mack où ils ont joué à la poste, à laquelle je n'ai pas pu aller parce que j'avais les oreillons, » dit-il.

« Je ne me souviens pas de ça. »

« Oh si, tu étais là. Et on t'a embrassée et j'étais fou de jalousie comme je ne l'ai jamais été depuis. »

« C'est curieux que je ne m'en souvienne pas. Peut-être ai-je cherché à oublier. »

« Mais pourquoi ? » demanda-t-il, amusé. « Nous étions deux enfants parfaitement innocents ! Nancy, chaque fois que je parlais du passé avec ma femme, je lui disais que tu étais la fille que j'avais aimée *presque* autant que je l'aimais. Mais je pense qu'en réalité je t'ai aimée tout autant. Quand nous avons quitté la ville, je t'ai emportée avec moi comme une balle dans les entrailles. »

« Tu étais vraiment remué *à ce point-là ?* »

« Mon Dieu, oui ! Je... » Soudain il se rendit compte qu'ils se tenaient à moins de soixante centimètres l'un de l'autre, qu'il lui parlait comme s'il l'aimait en ce moment même, qu'elle le regardait,

---

11. **I wanted to forget :** want suivi de l'infinitif avec **to** !
12. **whenever :** *à quelque moment que, toutes les fois que ;* de même **whatever,** *quoi que ce soit que,* **whoever,** *qui que ce soit qui.*
13. **the girl I loved : the girl (whom) I loved :** suppression très fréquente du pronom relatif complément **whom, which.**
14. **just :** *juste, exactement, précisément ;* syn. **exactly.**
15. **moved : move,** *déménager, emménager ;* **move house,** *déménager.*
16. **cannon ball :** *boulet de canon ;* **cannon fodder,** *chair à canon.*
17. **that :** *aussi, si ;* **it isn't that cold,** *il ne fait pas si froid que ça ;* **he isn't that stupid,** *il n'est pas fou à ce point.*
18. **just :** *juste, tout juste ;* **just in time,** *tout juste à temps.*
19. **feet :** plur. de **foot,** *pied,* soit 12 **inches** (*pouces*), soit 30,48 cm.
20. **as if :** syn. **as though** (un peu plus littéraire), *comme si.*

with her lips *half-parted*[1] and a *clouded*[2] *look*[3] in her eyes.

'Go on,' she said. 'I'm *ashamed*[4] to say — I like it. I didn't know you were so *upset*[5] *then*. I thought it was *me* who was upset.'

'You !' he exclaimed. '*Don't you remember*[6] *throwing me over*[7] at the drugstore ?' He laughed. 'You stuck out your tongue *at*[8] me.'

'I don't remember at all. It seemed to me *you* did the throwing over.' *Her hand fell lightly*[9], almost *consolingly*[10] on his arm. 'I've got a photograph book upstairs, *I haven't looked at*[11] for years. I'll *dig*[12] *it out*.'

Donald *sat*[13] for five minutes with two thoughts — first the *hopeless*[14] impossibility of *reconciling*[15] what different people remembered about the same event — and secondly that in a *frightening*[16] way Nancy *moved*[17] him *as a woman*[18] as she had moved him as a child. *Half an hour*[19] *had developed an emotion*[20] that he had not known since the death of his wife — that he had never hoped to know again.

Side by side[21] on a couch they opened the book between them. Nancy looked at him, smiling and very happy.

'Oh, *this is such fun*[22]', she said. 'Such fun that you're so nice,

---

1. **half-parted** : half : *à demi, à moitié* ; part, *se séparer*.
2. **clouded** : cloud, cloud over, *se couvrir* (ciel) ; a cloud, *un nuage*.
3. **look** : *regard, coup d'œil* ; look at somebody, *regarder qqn*.
4. **ashamed** : *honteux* ; d'où l'emploi de be ; be cold, *avoir froid* ; be hungry, *avoir faim*.
5. **upset** : 1. (ici) *vexer, attrister, contrarier*. 2. *renverser* (chose).
6. **don't you remember** : notez la forme interro-négative.
7. **throwing me over** : throw somebody over, *rompre avec qqn*.
8. **at** : peut exprimer l'agressivité ; laugh at, *se moquer de*.
9. **her hand fell lightly** : m.à.m. *sa main tomba légèrement* ; fall, fell, fallen, *tomber*.
10. **consolingly** : console somebody for, *consoler qqn. de*.
11. **I haven't looked at** : at which I haven't looked (suppres-

les lèvres entrouvertes, les yeux voilés de larmes.

« Continue, dit-elle. J'ai honte de le dire — j'aime ça ! Je ne savais pas que tu avais été si bouleversé à l'époque. Je croyais que c'était *moi* qui avais été bouleversée. »

« Toi ! » s'exclama-t-il. « Tu ne te souviens pas de m'avoir envoyé promener au drugstore ? » Il se mit à rire. « Tu m'as tiré la langue ! »

« Je ne m'en souviens pas du tout. Il me semble que c'était *toi* qui me laissais tomber ! » Elle lui posa doucement la main sur le bras, presque comme pour le consoler.

« J'ai un album de photos là-haut. Je ne l'ai pas regardé depuis des années. Je vais tâcher de le dénicher. »

Donald resta là pendant cinq minutes, absorbé par deux pensées : la première c'était la désespérante impossibilité de faire coïncider ce que différentes personnes se rappelaient à propos du même événement et la deuxième c'était que d'une manière terrifiante Nancy, devenue femme, le troublait autant que Nancy enfant. En une demi-heure était née une émotion qu'il n'avait pas connue depuis la mort de sa femme et qu'il n'avait jamais espéré connaître de nouveau.

Assis côte à côte sur un canapé ils ouvrirent l'album posé entre eux deux. Nancy, souriante, très heureuse, regarda Donald.

« Oh, c'est *si* formidable, tout ceci, » dit-elle. « Si formidable que tu sois si gentil,

---

sion du relatif avec rejet de la préposition).
12. **dig :** dig, dug, dug, *creuser, bêcher, faire des fouilles.*
13. **sat :** sit, sat, sat, *être assis ;* **sit down,** *s'asseoir.*
14. **hopeless :** *sans espoir (*hope*) ;* **careless,** *sans soin.*
15. **reconciling :** reconcile, *concilier, accorder avec* (deux idées).
16. **frightening :** frighten, *effrayer ;* fright, *frayeur.*
17. **moved :** move : *émouvoir,* **moved to tears,** *ému jusqu'aux larmes.*
18. **as a woman :** *en tant que femme ;* notez l'emploi de a.
19. **half an hour :** N.B. place de an ; an s'emploie devant une voyelle ou un h muet, a devant une consonne, devant u prononcé [ju :] ou un h aspiré.
20. **had developed an emotion :** m.à.m. *avait formé une émotion.*
21. **side by side :** side, *côté ;* by her side, *à côté d'elle.*
22. **this is such fun :** m. à m. : c'est un tel plaisir. **fun,** *plaisir, amusement ;* **have fun,** *prendre du bon temps ;* **fun fair,** *fête foraine.*

that you remember me so — beautifully. *Let me tell you*[1] — *I wish I'd known*[2] it then ! After you*'d gone*[3] I hated you.'

'What a pity,' he said gently.

'But not now,' she reassured him, and then impulsively, '*Kiss and make up —*[4]

'... *that isn't being*[5] a good wife,' she said after a minute. 'I really don't think I've kissed two men *since*[6] *I was married.*'[7]

He was excited — but most of all *confused*[8]. Had he kissed Nancy ? or a memory ? or this lovely *trembly*[9] stranger who *looked away from him*[10] quickly and turned a page of the book ?

'Wait !' he said. 'I don't think I *could*[11] see a picture for a few seconds.'

'We won't do it again. I don't feel *so very calm*[12] myself.'

Donald said one of those *trivial*[13] things that *cover so much ground*[14].

'Wouldn't it be awful if we *fell in love*[15] again ?'

'Stop it !' She laughed, but very *breathlessly*[16]. 'It's all *over*[17]. It was a moment. A moment I'll *have to*[18] forget.'

'Don't tell your husband.'

'*Why not*[19] ? Usually I tell him everything.'

'It'll *hurt*[20] him. *Don't ever tell*[21] a man such things.'

---

1. **let me tell you** : let (et make) suivi de l'infinitif sans to.
2. **I wish I had known** : wish, *souhaiter ;* had, subjonctif (et non prétérit) exprime l'irréel : I wish I knew, *j'aimerais savoir.*
3. **'d gone** : had gone ; have sert d'auxiliaire à la forme active.
4. **kiss and make up** : sous-entendu : let's, let us...
5. **that isn't being** : N.B. forme progressive de be (ici se comporter) : *en ce moment même* ce n'est pas...
6. **since** : (conj.) ; since I left, *depuis que je suis parti.*
7. **I was married** : ou I got married, *je me suis marié(e).*
8. **confused** : syn. muddled, perplexed, lost ; confusing, *déroutant.*
9. **trembly** : syn. trembling ; tremble with, *trembler de.*
10. **looked away from him** : m. à m. *regardait loin de lui.*
11. **could** : a ici, comme souvent, un sens conditionnel.
12. **so very calm** : en insistant moins on dirait so calm.
13. **trivial** : ▲ syn. trifling, unimportant ; *trivial,* **coarse,**

que tu te souviennes si... si merveilleusement bien de moi. Laisse-moi te dire une chose — Si seulement je l'avais su alors. Après ton départ je t'ai détesté. »

« Quel dommage ! » dit-il avec douceur.

« Mais maintenant je ne te déteste plus, » le rassura-t-elle et puis brusquement elle dit : « Embrassons-nous et faisons la paix ! »

« ... Ce n'est pas ce qui s'appelle se conduire en bonne épouse, » dit-elle au bout d'une minute. Vraiment je ne crois pas avoir embrassé plus de deux hommes depuis que je me suis mariée. »

Il était surexcité mais surtout troublé. Avait-il embrassé Nancy ? ou un souvenir ? ou cette ravissante étrangère toute tremblante qui détournait vite le regard en feuilletant l'album ?

« Attends ! » dit-il. « Je ne pense pas que je sois capable de seulement voir une photo pendant quelques secondes. »

« Nous ne recommencerons pas. Je ne me sens pas tellement calme moi-même. »

Donald exprima une de ces choses anodines qui en disent si long.

« Ne serait-ce pas terrible si nous retombions amoureux l'un de l'autre ? »

« Arrête ! » Elle rit mais elle était toute haletante. « C'est fini. Ce n'était qu'un instant. Un instant qu'il me faudra oublier. »

« N'en parle pas à ton mari. »

« Pourquoi pas ? D'habitude je lui dis tout. »

« Ça lui ferait du mal. Il ne faut jamais raconter ces choses-là à un homme. »

---

crude.
14. **cover so much ground :** m.à.m. (*qui*) *couvrent tant de terrain.*
15. **fell in love :** fall in love with, *tomber amoureux de.*
16. **breathlessly :** breathless, *hors d'haleine* (d'émotion ici) ; breath, *haleine, souffle* ; breathe, *respirer.*
17. **over :** syn. finished ; over and done with, *fini pour de bon.*
18. **have to :** remplace **must** au futur et au conditionnel.
19. **why not ? :** *pourquoi pas ?* ; **perhaps not,** *peut-être que non.*
20. **hurt :** hurt, hurt, hurt, *blesser* (physique et moral).
21. **don't ever tell :** *ne dis surtout jamais...*

'All right I won't.'

'Kiss me *once*[1] more,' he said *inconsistently*[2], but Nancy had turned a page and was pointing *eagerly*[3] at a picture.

'*Here's you*,'[4] she cried. '*Right away* !'[5]

He looked. It was a little boy in shorts *standing*[6] on a pier with a *sailboat*[7] in the *background*[8].

'I remember —' she laughed triumphantly, '— *the very day*[9] it was taken. Kitty took it and *I stole it from her.*'[10]

For a moment Donald *failed to recognize himself*[11] in the photo — then, *bending*[12] *closer*[13] — he failed utterly to recognize himself.

'That's not me,' he said.

'Oh yes. It was at Frontenac — the summer we — we *used to*[14] go to the *cave*.'[15]

'What cave ? I was only three days in Frontenac.' Again he *strained*[16] his eyes at the *slightly*[17] *yellowed*[18] picture. 'And that isn't me. That's Donald Bowers. We did look rather *alike*[19].'

Now she was *staring*[20] at him — *leaning*[21] back, seeming to *lift away from*[22] him.

'But you're Donald Bowers !' she exclaimed ; her voice rose a little. 'No, you're not. You're Donald *Plant*.'

---

1. **once** : once, *une fois* ; twice, *deux fois* ; three, four... times...
2. **inconsistently** : inconsistent, *sans cohérence*.
3. **eagerly** : eager, *vif, ardent, impatient, empressé*.
4. **here's you** : here is you, *te voici* ; here's John, *voici Jean* ; there's Peter, *voilà Pierre*.
5. **right away** : ou straight away, *tout de suite*.
6. **standing** : stand, stood, stood, *être debout*. N.B. les attitudes du corps s'expriment ainsi : **lying**, *allongé* ; **sitting**, *assis*...
7. **sailboat** : sail 1. *voile* 2. *promenade à la voile* (go for a sail, *faire un tour en bateau*).
8. **background** : *arrière-plan* ; remain in the background, *s'effacer*.
9. **the very day (when)...** : very, *vrai* ; the very thing I want, *exactement ce qu'il me faut* ; at the very end, *tout à la fin*.
10. **I stole it from her** : steal (stole, stolen) something from : notez la construction.

« Bon, je ne le ferai pas. »

« Embrasse-moi encore une fois, » dit-il, illogique, mais Nancy avait tourné une page de l'album et tout excitée montrait du doigt une photo.

« Te voilà ! » s'écria-t-elle. « Du premier coup ! »

Il regarda. C'était un petit garçon en culotte courte, debout sur une jetée, avec un voilier dans le fond.

« Je me souviens exactement, » dit-elle avec un rire triomphant, « du jour où elle a été prise. C'est Kitty qui l'a prise et je la lui ai volée. »

Pendant un instant Donald ne put se reconnaître sur la photo, puis, se penchant pour l'examiner de plus près il fut absolument incapable de se reconnaître.

« Mais ce n'est pas moi, » dit-il.

« Mais si. C'était à Frontenac, l'été où... où nous allions dans la grotte. »

« Quelle grotte ? Je ne suis resté que trois jours à Frontenac. » De nouveau il concentra son regard sur la photo légèrement jaunie. Et ça ce n'est pas moi ! C'est Donald *Bowers*. C'est un fait que nous nous ressemblions pas mal ! »

Maintenant elle le regardait, les yeux écarquillés, se penchait en arrière, comme pour lui échapper.

« Mais tu es Donald Bowers, » s'exclama-t-elle ; sa voix monta un peu. » Non, non ! Tu es Donald *Plant*. »

---

11. **failed to recognize himself** : did not recognize... (n. 20 p. 59).
12. **bending** : bend, bent, bent, *se courber, s'incliner*.
13. **closer** : comparatif de **close** ; **close to, very near** : *tout près de*.
14. **used to** : indique une habitude abandonnée.
15. **cave** : ▲ *caverne, grotte* ; **cellar, vault,** *cave* (pièce).
16. **strained** : strain, *tendre* (l'oreille...) ; a strain, *un grand effort*.
17. **slightly** : slight, *insignifiant, petit, léger*.
18. **yellowed** : yellow (v.), *jaunir*; yellow (adj.), *jaune* ; go yellow, *jaunir*.
19. **alike** : *pareil* ; look alike, *se ressembler*.
20. **staring** : stare at, *regarder fixement* ; a stare, *un regard fixe*.
21. **leaning** : lean, leant (leaned), leant (leaned), *se pencher*.
22. **lift away from** : lift, *se lever, se soulever* ; away from, *loin de*.

'I told you *on the phone*¹.'
*She was on her feet*² — her face *faintly*³ horrified.
'Plant ! Bowers ! I *must*⁶ be crazy. Or it was that *drink*⁵ ? I was *mixed up*⁶ a little when I first saw you. *Look here*⁷ ! What have I told you ?'

He *tried for*⁸ a *monkish*⁹ calm as he turned a page of the book.

'Nothing at all,' he said. Pictures that did not include him formed and re-formed *before*¹⁰ his eyes — Frontenac — a cave — Donald Bowers — 'You threw *me* over !'

Nancy spoke from the other *side*¹¹ of the room.

'You'll never tell this story,' she said. 'Stories *have a way*¹² of *getting around*.'¹³

'There isn't any story,' he hesitated. But he thought : *So*¹⁴ she was a bad little girl.

And now suddenly he was *filled with*¹⁵ *wild*¹⁶ *raging*¹⁷ jealousy of little Donald Bowers — he who had banished jealousy from his life forever. In *the five steps he took*¹⁸ across the room he *crushed out*¹⁹ twenty years and the existence of Walter Gifford with his *stride*²⁰.

'Kiss me again, Nancy,' he said, *sinking*²¹ to *one*²² knee beside her chair, putting his hand upon her shoulder.

---

1. **on the phone** : notez l'emploi de **on** ; are you on the phone ?, *avez-vous le téléphone ?*
2. **she was on her feet** : m. à m. *elle était sur ses pieds ;* **feet**, plur. irrég. de **foot**.
3. **faintly** : syn. **slightly** (cf. n. 17 p. 71) ; **faint**, *insignifiant, léger*.
4. **must** : indique ici la quasi-certitude, la forte probabilité.
5. **drink** : *verre, boisson, coup, pot ;* **drink, drank, drunk,** *boire*.
6. **mixed up** : syn. **confused** (cf. n. 8 p. 68) ; **mix**, *mêler, mélanger*.
7. **look here !** : employé pour attirer l'attention de qqun.
8. **tried for** : **try**, *essayer ;* **for** : marque le désir de trouver, de se procurer ; **look for something**, *chercher qqch*.
9. **monkish** : *monacal, de moine ;* **monk** [mʌŋk], *moine*.
10. **before** : (ici) préposition de lieu.
11. **side** : m.à m. *côté ;* aussi : **the other end of the room** (*bout*).
12. **have a way** : **way**, *moyen, méthode, manière, façon*.

« Je te l'ai dit au téléphone. »

Elle s'était levée ; son visage était légèrement marqué par l'horreur de la situation.

« Plant ! Bowers ! Je dois être folle ! Ou était-ce ce whisky ? Je n'avais pas les idées très claires quand je t'ai vu arriver. Écoute, qu'est-ce que je t'ai dit ? »

Il s'efforça de garder un calme de moine tandis qu'il tournait une page de l'album.

« Rien du tout, » dit-il. Des images dans lesquelles il ne figurait pas se formaient et se reformaient devant ses yeux — Frontenac — une grotte — Donald Bowers — « C'est *moi* que tu as plaqué. »

Nancy répondit de l'autre bout de la pièce.

« Ne raconte jamais cette histoire, » dit-elle. « Les histoires ont le chic pour circuler. »

« Il n'y a pas d'histoire à raconter, » dit-il en hésitant. Mais il se disait : « Ainsi c'était bien une méchante petite fille. »

Et voici qu'il fut soudain rempli d'une jalousie féroce, incontrôlable à l'égard du petit Donald Bowers, lui qui avait chassé à jamais la jalousie de sa vie. En l'espace des cinq pas qu'il fit pour traverser la pièce, il réduisit à néant vingt années et, dans la foulée, l'existence de Walter Gifford.

« Embrasse-moi encore, Nancy, » dit-il, tombant à genoux près de sa chaise, posant une main sur son épaule.

---

13. **getting around** : get, got, got (amér. gotten) ; around, *autour, aux alentours, alentour.*
14. **so** : marque la conséquence. Syn. **consequently, therefore.**
15. **filled with** : notez **with** ; mais **full (of)**, *plein (de)* ; **fill**, *remplir.*
16. **wild** : s'applique à ce que la volonté, l'intelligence, le bon sens (n. 1, p. 54) ne peut contrôler : *déréglé, désordonné...*
17. **raging** : *furieux* (personne), *démonté, déchaîné.*
18. **the five steps he took** : take a step, *faire un pas* ; **take, took, taken,** *prendre.*
19. **crushed out** : crush out, *écraser, étouffer* (révolte...)
20. **stride** : *grand pas ;* stride, strode, stridden, *aller à grands pas.*
21. **sinking** : sink, sank, sunk, *tomber au fond, couler.*
22. **one** : indique que Donald est sur *un seul* genou ; I've one brother, not two, *j'ai un seul frère, pas deux.* Mais : I've a brother who lives in Germany, the others live here.

But Nancy *strained away*[1].

'You said you had to catch a plane.'

'It's nothing, I can *miss*[2] it. *It's of no importance.*'[3]

'Please go,' she said in a *cool*[4] voice. 'And please try to imagine how I feel.'

'But you *act*[5] as if you don't remember me,' he cried, '— as if you don't remember Donald *Plant* !'

'I do. I remember you too... But it was all so long ago.' Her voice *grew hard*[6] again. 'The taxi number is Crestwood 8484.'

On his way to the airport Donald shook his head *from side to side*[7]. He was completely himself now but he could not digest the experience. Only as the plane *roared*[8] up into the dark sky and its passengers became a different entity *from*[9] the *corporate*[10] world below *did he draw*[11] a parallel from *the fact of its flight*[12]. For five *blinding*[13] minutes he had lived like a *madman* in two worlds *at once*[14]. He had been a boy of twelve and a man of thirty-two, indissolubly and helplessly *commingled*[15].

Donald had lost *a good deal*[16], too, in those hours between the planes — but *since*[17] the second half of life is a long *process*[18] of getting rid of things, that part of the experience probably didn't *matter*[19].

---

1. **strained away** : strain to do, *peiner pour faire* (ici pour s'éloigner (**away**) de Donald).
2. **miss** : *manquer*. Don't miss that film, *ne manquez pas ce film.*
3. **it's of no importance** : it's unimportant, it doesn't matter.
4. **cool** : *froid ;* "cool and distant", R. Dahl, **The umbrella man** p. 12. Cf. note 4.
5. **act** : *se comporter, agir ; jouer* pour un acteur (**actor**).
6. **grew hard** : **grow, grew, grown, get** ou **become** + adj. *devenir ;* **hard**, *dur(e).*
7. **from side to side** : m. à m. *de côté à côté, d'un côté à l'autre.*
8. **roared** : roar, *hurler, rugir, mugir ;* **a roar**, *un rugissement.*
9. **from** : notez l'emploi de **from** dans **different from**.
10. **corporate** : *organisé, qui forme une corporation.*
11. **did he draw** : forme interrogative due à la place de l'adverbe **only** en tête de phrase ; comparez : **never did I say such a thing !** *jamais je n'ai dit ça ;* **draw, drew, drawn,** *tirer.*

Mais Nancy, réticente, se dégagea.

« Tu as dis que tu avais un avion à prendre. »

« Ce n'est rien. Je peux ne pas le prendre. Ça n'a pas d'importance. »

« Je t'en prie, pars, » dit-elle d'une voix froide. « Et s'il te plaît, essaie d'imaginer ce que je ressens. »

« Mais tu agis comme si tu ne te souvenais pas de moi, » cria-t-il, « comme si tu ne te souvenais pas de Donald *Plant* ! »

« Si. Je me souviens de toi également. Mais il y a si longtemps de tout ça ! » Sa voix se durcit de nouveau. « Le numéro du taxi est Crestwood 8484 ».

Sur le chemin de l'aéroport, Donald secoua longuement la tête. Il était tout à fait lui-même maintenant mais il n'arrivait pas à assimiler cette expérience. C'est seulement lorsque l'avion monta en rugissant dans le ciel noir et que les passagers formèrent une entité différente du monde solide situé en-dessous, qu'il établit un parallèle avec le vol. Durant cinq minutes d'égarement il avait vécu comme un fou dans deux mondes à la fois. Il avait été un garçon de douze ans et un homme de trente-deux ans, liés l'un à l'autre d'une manière indissoluble, inexorable.

Donald avait perdu gros, également, au cours de ces heures entre deux avions, mais comme la seconde moitié de la vie est une longue opération au cours de laquelle on se défait des choses, cet aspect de l'expérience n'avait probablement pas d'importance.

---

12. **the fact of its flight :** m.à.m. *le fait de son vol ;* **fly, flew, flown,** *voler.*
13. **blinding :** *aveuglant ;* ici *déconcertant, ahurissant ;* Donald a perdu non pas la vue, mais un peu de son bon sens, de sa clairvoyance, "**like a madman**", *comme un fou ;* **mad** (adj.) *fou.*
14. **at once :** 1. (ici) *à la fois.* 2. *tout de suite.*
15. **commingled : commingle,** *(se) mélanger ;* **mingle with** *(se) mêler à.*
16. **a good deal :** aussi **a great deal (of), a lot (of),** *beaucoup (de).*
17. **since :** ici, **because, as,** *comme, étant donné que.*
18. **process :** *processus ;* **it's a long process,** *ça prend du temps.*
19. **matter :** (v.) *avoir de l'importance.* **What does it matter ?** *quelle importance ?*

Révisions

Vous avez rencontré dans la nouvelle que vous venez de lire l'équivalent des expressions françaises suivantes.
Vous en souvenez-vous ?

1. Il ne savait pas si elle vivait dans cette ville.
2. Il chercha dans l'annuaire.
3. Il avait trouvé ce qu'il voulait savoir.
4. Je suis un de ses vieux amis.
5. Je ne l'ai pas vue depuis que j'avais 12 ans.
6. Vous avez beaucoup changé !
7. N'en parlez pas à votre mari.
8. Pourquoi pas ? D'habitude je lui dis tout.
9. C'est vrai qu'ils se ressemblent.
10. Tout ça s'est passé il y a si longtemps.
11. Donald raccrocha sans répondre.
12. Il s'intéresse à quelqu'un à New York.
13. Donald ne put se reconnaître sur la photo.
14. J'ai un album de photos que je n'ai pas regardé depuis des années.

1. He did not know whether she was living in this town.
2. He looked through the phone book.
3. He had found out what he wanted to know.
4. I am an old friend of hers.
5. I haven't seen her since I was twelve years old.
6. You've changed a lot.
7. Don't tell your husband (about it).
8. Why not ? I usually tell him everything.
9. They do look alike.
10. It was all so long ago.
11. Donald hung up without answering.
12. He's interested in someone in New York.
13. Donald failed to recognize himself in the photo.
14. I've got a photograph book I haven't looked at for years.

© Editions Robert Laffont

Osbert SITWELL (1892-1969)

Dumb[1] Animal

Sans paroles

Osbert Sitwell est né en Angleterre, à Scarborough, d'une famille aristocratique. Écrivain à l'esprit satirique, il est auteur de poèmes, d'essais, de nouvelles et d'une brillante autobiographie en cinq volumes, remarquable par la qualité du style et de l'humour. Le recueil *Death of a god and other stories*, publié en 1949 par Macmillan contient de nombreuses nouvelles très courtes. *Dumb Animal*, étude psychologique, est extrait de *Collected short stories* publié par Sir Osbert Sitwell. Osbert Sitwell est le frère des poètes Edith et Sacheverell Sitwell.

The young doctor *snapped*[2] his pince-nez into a case, and said he would tell us a very *youthful*[3] experience of his *own*[4]. He was *getting on*[5] now, he was *thankful*[6] to say, quite well, had a satisfactory *practice*[7], but in the past his dislike — no, his horror — of animals, especially dogs, had *hindered*[8] him. There were a great many old ladies in the seaside town from which he was *travelling*[9] (indeed, they were the chief source of local medical *income*[10] there) and they all owned two or more dogs. Naturally, if they saw him *wince*[11] at the advances of their *pets*[12], they classified him *at once*[13] as an 'odd sort of man'. It did not *matter*[14] so much with cats, but every man should love dogs. Well, latterly he had contrived to simulate a *liking*[15] for them, and he hoped his lapses had been forgotten. But the horror, *actually*[16], still remained. It had been during his *whole*[17] life a source of pain and *injury*[18] to him, and was founded on a particular incident that had occurred in *childhood*[19].

It was impossible to be sure at what age it had taken place — though he supposed it was between the ages of three and four. He knew that he looked

---

1. **dumb :** *muet ;* titre calqué sur **our dumb friends,** *nos amis les bêtes, nos frères inférieurs* (incapables de parler).
2. **snapped :** snap, *fermer brusquement, avec un bruit sec.*
3. **youthful :** *jeune, de jeunesse ;* youth. 1. *jeunesse.* 2. *jeune homme.*
4. **own :** *propre ;* with my own eyes, *de mes propres yeux ;* he has a house of his own, *il a une maison à lui ;* own (v.), *posséder.*
5. **getting on :** la particule **on** change le sens de **get** *(obtenir) ;* get on : 1. (ici) *bien réussir.* 2. *continuer ;* get, got, got.
6. **thankful :** *plein* (full) *de reconnaissance ;* thankless, *ingrat.*
7. **practice :** (ici) *clientèle de médecin, d'homme de loi.*
8. **hindered :** hinder, *gêner, entraver ;* hindrance, *gêne, obstacle.*
9. **travelling :** travel, *voyager.* NB. les verbes en **el** quoique non accentués sur la dernière syllabe doublent la consonne finale, sauf en américain.

Le jeune docteur mit brusquement son pince-nez dans un étui et dit qu'il allait nous raconter une aventure personnelle de sa toute première jeunesse. Il réussissait tout à fait bien à présent, il était heureux de le dire, avait une bonne clientèle mais par le passé son aversion, non, son horreur des animaux, spécialement des chiens, avait été un obstacle. Il y avait un grand nombre de vieilles dames dans la ville côtière d'où il venait (en fait elles constituaient la principale source de revenus des médecins de l'endroit) et toutes possédaient deux chiens ou davantage. Naturellement si elles le voyaient tressaillir devant les avances de leurs toutous, elles le classaient immédiatement dans la catégorie des « hommes d'un genre bizarre ». Cela n'avait pas tant d'importance avec les chats mais, les chiens, tout le monde devrait les adorer. Or, récemment, il avait réussi à feindre de les aimer et il espérait que ses fautes avaient été oubliées mais l'horreur en fait subsistait encore. Elle avait été durant toute sa vie une source de souffrance et de préjudice et était fondée sur un incident particulier qui était survenu dans son enfance.

Il était impossible d'être sûr de l'âge auquel cela s'était passé, bien qu'il supposât que ce fut entre trois ou quatre ans. Il savait qu'il paraissait

---

10. **income** : *revenu(s)* ; **income tax**, *impôt sur le revenu*.
11. **wince** : 1. *tressaillir* (de douleur...). 2. *broncher, sourciller*.
12. **pets** : **pet**. 1. *animal familier*. 2. *chouchou* ; **pet (v.)**, *choyer*.
13. **at once** : *tout de suite* ; **all at once**, *tout d'un coup*.
14. **matter** : *avoir de l'importance* ; **what does it matter ?** *et quelle importance cela a-t-il ?* ; **matter**, *sujet, question, affaire* ; **what's the matter ?** *Qu'est-ce qu'il y a ?*
15. **liking** : *goût, penchant* ; **take a liking to**, *se mettre à aimer*.
16. **actually** : ▲ *en fait* ; **at present, now, nowadays**, *actuellement*.
17. **whole** : *entier* ; **the whole book**, *tout le livre* (notez la place de **the**).
18. **injury** : △ *blessure*, (physique ou morale) ; **injure**, *blesser*.
19. **childhood** : *enfance* ; **child** (plur. **children**), *enfant* ; de même **adult, adulthood** *(l'âge adulte)*.

strong enough[1] now, but we must imagine a delicate little boy, left in charge of a *nurse*[2] in a small *seaside*[3] village, a collection of a few square, red-brick houses with blue slate *roofs*[4], on the East Coast. His parents had bought a *cottage*[5] there, in which to spend the summer months ; had bought it, probably, for his *sake*[6], *since*[7] he was *weakly*[8] and they were *nervous*[9] about his health. During the winter he was *quite*[10] alone there with his nurse, who was a very *reliable*[11], *highly-trained*[12] young woman. She cooked all his food herself, so *frightened*[13] was she of its possible contamination, and had a real hospital horror — quite *rightly*[14] — of *dirt*[15] and germs. In consequence she *would*[16] never allow him to play with the other children of the village, who were rather squalid and unkempt.

His first impression, thus, was one of *loneliness*[17], and, much worse, of being *unwanted*[18] ; a feeling that undermines existence, and, with the feeble, in the very old or very young, can make for death. The background against which these sensations were to be placed was eroded, grey, high, *gloomy*[19] cliffs and winter sea.

We must *picture*[20], too, a stretch of tawny sand, along which two *figures*[21] promenade : the pale, nervous little boy, the nurse,

---

1. **strong enough** : NB. enough toujours après l'adj.
2. **nurse** : 1. (ici) *bonne d'enfant*. 2. *nourrice*. 3. *infirmière*.
3. **seaside** : *bord de la mer* ; seaside resort, *station balnéaire*.
4. **roofs** : plur. de roof, *toit* ; exception, comme **handerchiefs**, mouchoirs, au plur. en -ves des noms en f, fe (a wife, wives).
5. **cottage** : *petite maison* (campagne) ; week-end cottage, *résidence secondaire* (second home, summer home).
6. **sake** : (employé avec for), *pour l'amour de, pour* ; do it for her sake, for Jane's sake, *fais-le pour elle, pour Jeanne*.
7. **since** : 1. (ici) *puisque, étant donné que*. 2. *depuis que*.
8. **weakly** : *chétif, débile* ; weak, *faible* ; weaken, *faiblir*.
9. **nervous** : ▲ 1. (ici) *inquiet, angoissé*. 2. *nerveux, énervé*. 3. (médecine) *nerveux* ; nervous breakdown, *dépression nerveuse*.

assez robuste maintenant, mais nous devons imaginer un petit garçon délicat, placé sous la garde d'une gouvernante dans un petit village de bord de mer, formé de quelques maisons trapues en brique rouge, aux toits d'ardoise bleue, situé sur la côte est. Ses parents y avaient acheté une petite villa pour passer les mois d'été ; ils l'avaient acquise probablement pour son bien puisqu'il était chétif et qu'ils s'inquiétaient pour sa santé. Pendant l'hiver l'enfant y était tout seul avec sa gouvernante qui était une jeune femme très sûre et hautement qualifiée. Elle lui préparait elle-même toute sa nourriture tant elle était effrayée à l'idée d'une éventuelle contamination et éprouvait, bien à juste titre, une véritable horreur, comme dans les hôpitaux, pour la saleté et les microbes. En conséquence elle ne l'autorisait jamais à jouer avec les autres enfants du village, qui étaient plutôt repoussants et débraillés.

Il éprouva ainsi une première impression de solitude et, bien pire, de rejet, sentiment qui mine l'existence et qui, chez les êtres fragiles, les très vieux ou les très jeunes, peut conduire à la mort. L'arrière-plan où il fallait replacer ces émotions était composé de hautes falaises grises, sombres, rongées par l'érosion, et de la mer en hiver.

Nous devons aussi nous représenter une bande de sable fauve le long de laquelle se promènent deux silhouettes ; le petit garçon pâle, craintif, la gouvernante,

---

10. **quite :** [kwaɪt], *tout à fait ;* N.B. : **quiet** [ˈkwaɪət], *calme.*
11. **reliable :** *sur qui on peut compter ;* **rely on**, *compter sur* (aussi : **count on**).
12. **highly-trained :** **highly**, *très, fort ;* **train**, *former.*
13. **frightened :** **frighten**, *effrayer;* **fright**, *effroi, peur.*
14. **rightly :** 1. (ici) *à juste titre.* 2. *correctement* (≠ **wrongly**).
15. **dirt :** [dɜ:t] : *saleté, crasse ;* **dirty** (adj.) *sale,* (v.) *salir.*
16. **would :** **would** fréquentatif, exprime une habitude du passé.
17. **loneliness :** *solitude, isolement ;* **lonely** (ici) *délaissé.*
18. **unwanted :** *non voulu ;* **unwanted child**, *enfant non désiré.*
19. **gloomy :** *sombre, triste ;* **gloom** 1. *obscurité.* 2. *mélancolie.*
20. **picture :** **picture**, *s'imaginer, se représenter ;* **a picture**, *une image.*
21. **figures :** ▲ **figure.** 1. (ici) *silhouette.* 2. *personnage, personnalité.* 3. *chiffre.* 4. *figure* (de danse...)

straight[1], tall, and unsentimental as a young tree. And, to *finish off*[2] the scene, we must *conjure up*[3] the image of a few *stray*[4] dogs, their barks and *howlings*[5] *lost*[6] in the *muffled*[7] *thunder*[8] of the sea.

Here was the *dawning*[9] of his *memory*[10], the first certain thing he could *draw out of*[11] the universal *darkness*[12] that had preceded him. He could not be absolutely certain of his age... but he *could see*[13] the dogs now. And among them, especially, he remembered his first friend. A *toffee-coloured*[14] dog, with long, sharp ears and *deep*[15] yellow-brown eyes. Its stomach was fawn-coloured, and it rather *resembled*[16] an *ill-bred*[17] *fox-hound*[18].

Actually, he had not *taken to*[19] this dog in the first place. But it had been so patient in its show of affection for him, had so obviously adopted him, that he had *grown to*[20] love it. It waited for him every morning on the *sands*[21], jumped up and kissed his face, played with him, and, in fact, was a companion. Indeed, this daily meeting with the mongrel became, secretly, the event of his day, and if by chance it was too *wet*[22] for him to be taken out, he was most unhappy, as he thought of the dog, soaked through, waiting by the seashore. But this he kept to himself,

---

1. **straight** : (bien) *droit, vertical* ; syn. upright.
2. **finish off** : *mettre la dernière main à, parfaire, achever.*
3. **conjure up** : 1. *imaginer* (cf. **picture**, note 20 p. 81). 2. *évoquer.*
4. **stray** : *perdu* (animal) ; **stray sheep**, *brebis égarée* (Bible).
5. **howlings** : *hurlements* ; **howl**, *hurler, mugir* (vent).
6. **lost** : m. à m. *perdu* ; **lose, lost, lost,** *perdre* ; **loss,** *perte.*
7. **muffled** : **muffle.** 1. (ici) *amortir* (bruit). 2. *emmitoufler.*
8. **thunder** : *tonnerre* ; **thunder.** 1. *tonner.* 2. (figuré) *fulminer.*
9. **dawning** : **dawn**, *poindre* (pour le jour) ; **dawn**, *aube, aurore* ; d'où ici, l'idée des tout premiers souvenirs.
10. **memory** : 1. (ici) *souvenir.* 2. *mémoire* ; **memorize,** *mémoriser, apprendre par cœur.*
11. **draw out of** : m. à m. *tirer hors de* ; **draw, drew, drawn,** *tirer.*
12. **darkness** : *obscurité* ; **dark**, *sombre* ; **darken**, *(s')assombrir.*

raide, grande, aussi dénuée de sentiments que l'est un jeune arbre. Et pour compléter le tableau, il nous faut imaginer quelques chiens errants, leurs aboiements et leurs hurlements confondus avec le grondement assourdi de la mer.

C'est ici qu'apparurent les premières lueurs de ses souvenirs, les premiers éléments solides qu'il pouvait arracher aux ténèbres universelles qui l'avaient précédé. Il n'arrivait pas à être absolument certain de l'âge qu'il avait... mais il voyait les chiens maintenant, et, parmi eux, spécialement, il se souvenait de son premier ami, un chien couleur caramel aux longues oreilles pointues et aux yeux d'un brun jaune foncé. Il avait le ventre beige et il ressemblait assez à un chien de chasse bâtard.

En réalité il ne s'était pas pris de sympathie pour ce chien au premier abord. Mais celui-ci s'était montré si patient dans ses démonstrations d'amitié, l'avait adopté d'une manière si évidente qu'il avait fini par l'aimer. Le chien l'attendait chaque matin sur la plage, bondissait pour lui lécher le visage, jouait avec lui et en fait lui servait de compagnon. En vérité, ce rendez-vous journalier avec le bâtard devint secrètement l'événement de sa journée et si par hasard il pleuvait trop pour que sa gouvernante lui fît faire une promenade, il était des plus malheureux en pensant au chien qui l'attendait, trempé jusqu'aux os, près du rivage. Mais ceci, il le gardait pour lui

---

13. **could see** : emploi fréquent de **can** avec **see, hear** (entendre), **feel** (sentir, ressentir). v. de perception.
14. **toffee-coloured** : adj. composé, comme **long-haired**, aux cheveux longs (aussi **with long hair**), **blue-eyed**, aux yeux bleus.
15. **deep** : 1. (ici) foncé (couleur) ; syn. **dark**. 2. profond.
16. **resembled** : resemble, ressembler à ; **he resembles his father** (pas de préposition !).
17. **ill-bred** : mal élevé ; **breed, bred, bred**, élever ; **breed (n.)**, race.
18. **fox-hound** : chien courant (chasse au renard, **fox**).
19. **taken to** : take to, sympathiser avec, se mettre à aimer qqch ; take, took, taken.
20. **grown to** : grow to, finir par ; **grow, grew, grown**, croître, grandir.
21. **sands** : (plur.) plage (de sable) ; **sand**, sable.
22. **wet** : mouillé, humide ; **a wet day**, un jour de pluie (≠ **dry**, sec).

for grown-up people, he had already discovered, were *intent on killing*[1] every pleasure.

This state of affairs lasted for some time, and the nurse paid little attention. But *one day*[2], quite suddenly, she realized how dirty, how *filthily*[3] dirty, the dog was. Perhaps she had not noticed it before, for she would often stand *gazing*[4] at the sea while her *ward*[5] ran and played near *at hand*[6] behind her on the beach. Of what *use*[7], she must have demanded of herself, were all her *care*[8] and *cleanliness*[9], her sterilizings and boilings and *washings*[10], if the child behaved *in this way*[11] behind her back. Having driven the dog *off*[12] with the *threat*[13] of a stick, she seized the boy by the hand, shook him, and *dragged*[14] him home.

"*Master*[15] Humphrey", she cried, "you ought to be ashamed of yourself in your nice clean suit, playing with that little *wretch*[16], so dirty and *unhealthy-like*[17]. If you let him jump up at you like that tomorrow, I'll kill the little *beast*[18], I will."

He wondered how his nurse, whom he knew to be fond of animals, could be so suddenly cruel. And yet he knew that she was direct, a woman of her word. He believed her. What was he to do ?...

---

1. **intent on killing :** m. à m. *bien décidé(e), résolu(e) à tuer.*
2. **one day :** employez **one** (pas **a, an**) dans les expressions de temps ; **he came one day in May (one morning, one afternoon).**
3. **filthily :** filth, *crasse, saleté* ; filthy, *crasseux, dégoûtant.*
4. **gazing :** gaze at (upon). 1. *regarder fixement.* 2. *contempler.*
5. **ward :** (généralement) *pupille confié à un tuteur* (**guardian**).
6. **at hand :** *à portée de la main, tout proche, sous la main.*
7. **use :** *usage, emploi* ; **what's the use ?** *à quoi bon ?*
8. **care :** 1. (ici) *soin, attention.* 2. *souci, responsabilité* ; **take care of somebody,** *prendre soin de qqn* ; **carefree,** *insouciant.*
9. **cleanliness :** ['klenlınıs], *propreté* ; **cleanly,** *propre, qui a des habitudes de propreté* ; **clean** [kli:n], *propre* (≠ **dirty**).
10. **washings :** washing, nom verbal (v. **wash** + **ing**)

car, il l'avait déjà découvert, les grandes personnes s'acharnaient à tuer tout plaisir.

Cet état de choses dura quelque temps et la gouvernante y prêta peu d'attention. Mais un jour, tout à fait brusquement, elle se rendit compte combien le chien était sale, d'une saleté repoussante. Peut-être ne l'avait-elle pas remarqué auparavant car elle restait souvent à contempler la mer pendant que son protégé courait et jouait à proximité, derrière elle, sur la plage. A quoi bon, avait-elle dû se demander, toutes ces précautions, cette propreté, à quoi bon stériliser, bouillir, laver, si l'enfant se comportait de la sorte derrière son dos ? Ayant chassé le chien en le menaçant de son bâton, elle saisit le garçon par la main, le secoua et le traîna jusqu'à la maison.

« Monsieur Humphrey », s'écria-t-elle, « vous devriez avoir honte avec votre beau costume neuf, de jouer avec ce misérable petit chien si dégoûtant, plein de microbes ! Si vous le laissez sauter sur vous comme ça demain, je tuerai le sale petit animal, je le tuerai ».

Il se demanda comment sa gouvernante, dont il savait qu'elle aimait les animaux, pouvait se montrer si soudainement cruelle. Et cependant il savait que c'était une femme directe, de parole. Il la crut. Qu'allait-il faire ?...

---

exprime l'action, le fait de *laver* (**wash**) ; de même **sterilizings, boilings**.

11. **in this way :** *de cette façon ;* notez **in** ; **way**, *manière, méthode.*

12. **driven... off :** drive, drove, driven (ici) *pousser devant soi, rabattre ;* **off**, *au loin, à distance ;* **off with you !** *va-t'en !*

13. **threat :** *menace ;* **threaten somebody with,** *menacer qqn. de.*

14. **dragged :** drag, *entraîner qqn. contre son gré.*

15. **Master :** *Monsieur,* titre appliqué à un jeune garçon, employé surtout pas les domestiques autrefois.

16. **wretch :** 1. (ici) *scélérat, gredin.* 2. *malheureux, infortuné.*

17. **unhealthy-like :** unhealthy. 1. *maladif.* 2. *malsain, insalubre ;* **health,** *la santé ;* **like,** *comme,* n'ajoute rien au sens.

18. **beast :** 1. (ici) *saleté, peste, personne exécrable* (**beastly,** *infecte*). 2. *bête, animal.*

If the dog came near him, she would kill it, then.

A deep sense of gloom and tragedy enveloped the small boy. *At any cost*[1] he must *save*[2] his friend from this *fate*[3], *steel himself*[4] to be brutal if necessary.

The next morning dawned[5]. He dreaded the beach, *cried*[6] a little as he *approached it*[7]. There, *sure enough*[8], was the dog, waiting for him, very *alert*[9] and joyful, for it was sufficiently inured to rebuffs not to have taken the nurse's threat with her stick very seriously the *previous morning*[10]. Now, the boy realized, before his nurse saw him, was his *chance*[11] to save his beloved comrade : and, taking up pebble after pebble, he threw it with all his *strength*[12] at the dog.

At first the mongrel thought this was only *in play*[13], and skipped and *leapt*[14] gaily to one side : at the third or fourth stone, it stopped, cringed away, making itself small. Then it gave a howl of pain, and *was sure*[15] ; *slunk*[16] away into *pariahdom*[17], its tail between its legs, *ever and again*[18] looking round, the orange-brown eyes full of a *mute*[19] but *immeasurable*[20] reproach, at this friend who had encouraged and then denied it.

---

1. **at any cost** : m.à.m *à n'importe quel coût* (à tout prix).
2. **save** : *sauver ;* save from, *préserver de, garantir contre.*
3. **fate** : *destin, sort ;* fateful. 1. *fatidique.* 2. *décisif, fatal.*
4. **steel himself** : steel oneself, *se durcir* (steel, *acier*), *s'armer de courage ;* steel oneself against, *se cuirasser contre.*
5. **the next morning dawned** : m. à m., *le matin suivant ;* next, *prochain, suivant ;* he lives next door, *il habite la maison à côté.*
6. **cried** : cry. 1. (ici) *pleurer ;* syn. weep, wept, wept 2. *crier, s'écrier.*
7. **approached it** : approach (ni pronom réfléchi, ni préposition) *s'approcher de.*
8. **sure enough** : *à coup sûr ;* oddly enough, *très curieusement ;* I'll come, sure enough, *je viendrai sans faute.*
9. **alert** : [ə'lɜːt], *vigilant, alerte, éveillé, vif.*
10. **the previous morning** : m. à m. *le matin précédent.*
11. **chance** : ▲ 1. (ici) *occasion.* 2. *hasard ;* by chance, *par hasard ;* luck, *chance.*
12. **strength** : *force ;* strong, *fort ;* length, *longueur ;* long, *long.*

Si le chien s'approchait de lui, elle le tuerait, alors.

Un profond sentiment de tragique mélancolie envahit le petit garçon. Coûte que coûte il fallait épargner un tel sort à son ami, s'armer de brutalité si nécessaire.

Le lendemain matin l'aube se leva. L'enfant redoutait la plage et pleura un peu à mesure qu'il s'en approchait. A coup sûr le chien s'y trouvait, qui l'attendait, tout frétillant, joyeux, car il était suffisamment immunisé contre les rebuffades pour ne pas avoir pris très au sérieux la gouvernante qui la veille au matin l'avait menacé de son bâton. Et (l'enfant s'en rendit compte) voici que se présentait, avant que la gouvernante ne l'aperçût, l'occasion de sauver son ami bien-aimé ; et ramassant galet après galet, il les jeta de toutes ses forces contre le chien.

D'abord le bâtard crut que c'était seulement pour jouer et il sautillait et bondissait joyeusement de côté ; à la troisième ou à la quatrième pierre, il s'immobilisa, se tapit, se fit tout petit. Puis il poussa un hurlement de douleur et comprit ; il disparut furtivement dans le monde des parias, la queue entre les pattes, se retournant sans cesse, ses yeux d'un marron orange pleins d'un reproche silencieux mais insondable, pour regarder cet ami qui l'avait encouragé puis renié.

---

13. **in play :** m. à m. *dans le jeu ;* **play,** *jeu ;* **play (v.),** *jouer.*
14. **leapt :** leap, leapt (leaped), leapt (leaped), *sauter, bondir* (dans ces cas la forme en -ed s'emploie davantage en amér.).
15. **was sure :** m.à.m. *fut certain* (que l'enfant ne jetait pas les galets « *pour jouer* », « *in play* ») ; **surely,** *sûrement.*
16. **slunk :** slink, slunk, slunk, *aller furtivement* ou *sournoisement.*
17. **pariahdom :** comparez **king,** *roi,* **kingdom,** *royaume.*
18. **ever and again :** ou again and again, *constamment.*
19. **mute :** 1. *silencieux, muet.* 2. *muet, incapable de parler* (dumb).
20. **immeasurable :** *incommensurable, immense, infini ;* **measure (v.)** ['mezə], *mesurer ;* **measure (n.),** *mesure.*

The pebbles still followed the cur, as it *crept*[1] and cringed away *pleading*[2] : for the boy stood there, intent on saving this *only*[3] friend, *throwing*[4] stone after stone, *while*[5] tears *streamed*[6] down his face.

The nurse, who had been watching the *fierce*[7] play of the waves, had completely *forgotten*[8] about the dog of yesterday. All at once, she looked round and saw what was happening. "Oh, you horrid little boy, you", she *exclaimed*[9], *smacking*[10] his hand very hard. " Oh, you horrid little cruel *monkey*[11], torturing dumb animals", and *took him home*[12].

He had been afraid of animals *ever since*[13]. He was sure that was what it was.

© Droits réservés

---

1. **crept** : creep, crept, crept. 1. *ramper.* 2. *avancer lentement.*
2. **pleading** : *implorant* ; plead, *implorer* ; we pleaded with him to change his mind, *nous l'avons supplié de se raviser.*
3. **only** : 1. (ici) *unique.* 2. *seul* ; an only son, *un fils unique.*
4. **throwing** : *jetant, lançant* ; throw, threw, thrown, *jeter, lancer.*
5. **while** : 1. (ici) *pendant que.* 2. *tandis que, alors que.*
6. **streamed** : stream, *ruisseler* ; stream, *ruisseau, courant.*
7. **fierce** : 1. (ici) *violent* (vent...). 2. *intense.* 3. *féroce.*
8. **forgotten** : forget (about), forgot, forgotten, *oublier.*
9. **exclaimed** : exclaim (sans pronom réfléchi !), *s'exclamer.*
10. **smacking** : smack, *frapper d'une claque* ; I'll smack your bottom, *je vais te donner une fessée* ; smacking, *fessée.*
11. **monkey** : 1. (ici) *polisson, galopin, espiègle.* 2. *singe.*
12. **took him home** : notez l'absence de préposition devant home avec un v. de mouvement ; I'm going home, *je rentre* ; take somebody to, *emmener qqn* ; I'll take you to the cinema, *je vais t'emmener au cinéma.*
13. **ever since** : *depuis lors* ; it's been raining ever since, *il n'a pas cessé de pleuvoir depuis* ; ever, *jamais* (à un moment quelconque) ; **for ever**, *à jamais, pour toujours.*

Les galets poursuivaient toujours le bâtard tandis qu'il s'éloignait, ventre à terre, recroquevillé, suppliant ; car l'enfant se tenait là, debout, appliqué à sauver le seul ami qu'il avait, jetant pierre après pierre, pendant que les larmes coulaient à flots le long de son visage.

La gouvernante qui avait observé le mouvement des vagues déchaînées avait complètement oublié le chien de la veille. Tout à coup, elle se retourna et vit ce qui se passait. « Oh, sale petit gosse ! » s'exclama-t-elle en le frappant très dur à la main. « Oh, sale petit garnement ! Méchant ! Torturer des animaux qui ne peuvent rien dire ! » dit-elle en le ramenant à la maison.

Depuis lors il avait toujours peur des animaux. Il était sûr que c'était pour cela.

Révisions

Vous avez rencontré dans la nouvelle que vous venez de lire l'équivalent des expressions françaises suivantes.
Vous en souvenez-vous ?

1. Il était impossible de savoir à quel âge cela s'était passé.
2. Elle ne l'autorisait jamais à jouer avec les autres enfants du village.
3. Cette situation dura quelque temps.
4. Depuis lors il avait toujours eu peur des animaux.
5. C'est une jeune femme à qui on peut faire confiance. (sur qui on peut compter).
6. C'était une maison en briques rouges, avec un toit d'ardoises bleues.
7. Ses parents y avaient acheté une maison de campagne pour y passer les mois d'été.
8. C'était une femme de parole.
9. Le chien l'attendait tous les matins sur la plage.
10. Tout le monde devrait adorer les chiens.
11. Il éprouva une première impression de solitude et, bien pire, de rejet.
12. Elle restait souvent à contempler la mer.

1. It was impossible to be sure at what age it had taken place.
2. She never allowed him to play with the other children of the village.
3. This state of affairs lasted for some time.
4. He had been afraid of animals ever since.
5. She is a reliable young woman.
6. It was a red-brick house with a blue slate roof.
7. His parents had bought a cottage there, in which to spend the summer months.
8. She was a woman of her word.
9. The dog waited for him every morning on the beach.
10. Every man should love dogs.
11. His first impression was one of loneliness, and, much worse, of being unwanted.
12. She would often stand gazing at the sea.

EVELYN WAUGH (1903-1966)

Mr Loveday's Little Outing [1]

La petite sortie de Mr. Loveday

Né à Londres, tour à tour étudiant à Oxford, professeur dans une école secondaire, officier dans les fusiliers marins, grand voyageur, Waugh a publié de nombreux romans parus pour la plupart en Penguin Books : *Decline and Fall, Put out more Flags, Scoop, Brideshead Revisited, Men at Arms, Officers and Gentlemen, Unconditional Surrender...* Son univers est celui de l'absurde ; ses héros sont entraînés dans des aventures ridicules ou insensées et déclenchent souvent un rire grinçant. Ces caractéristiques, auxquelles s'ajoute une satire sociale féroce, sont bien reflétées dans *Mr. Loveday's Little Outing*, extrait de *Works Suspended and other Stories*, également paru en livre de poche anglais.

1

'You will not find your father *greatly*[2] changed,' remarked Lady Moping, as the car turned into the *gates*[3] of the *County*[4] Asylum.

'Will he be wearing a uniform ?' asked Angela.

'No, dear, of course not. He is receiving the very best attention.'

It was Angela's first visit and *it was being made*[5] at her own suggestion.

Ten years had passed since the *showery*[6] day in *late*[7] summer when Lord Moping had been taken away ; a day of confused but bitter memories for her ; the day of Lady Moping's annual garden party, always bitter, confused that day by the caprice of the weather which, remaining clear and brilliant with promise until the arrival of the first guests, had suddenly *blackened*[8] into a squall. There had been a *scuttle*[9] *for*[10] *cover*[11] ; the *marquee*[12] had capsized ; *a frantic*[13] *carrying*[14] of cushions and chairs ; a tablecloth *lofted*[15] to the boughs of the *monkey-puzzler*[16], *fluttering*[17] in the rain ; a *bright period*[18] and the *cautious emergence*[19] of guests on to the soggy lawns ; another squall ; another twenty minutes of sunshine. It had been an abominable afternoon, culminating at about six o'clock in her father's *attempted*[20] suicide.

---

1. **outing :** *promenade, sortie, excursion ;* syn. *trip, jaunt.*
2. **greatly :** *grandement ;* **great** 1. (ici), *grand,* 2. *célèbre.*
3. **gates :** *gate(s), porte, portail* (jardin...) ; **door,** *porte.*
4. **county :** *comté d'Angleterre* comme **Lancashire, Yorkshire** (division administrative).
5. **it was being made :** notez la construction : forme progressive du verbe être (**was being**) + participe passé (**made**).
6. **showery :** dérivé de **shower,** *ondée, averse ;* **showerbath,** *douche.*
7. **late :** adjectif : *tard, dernier ;* **at a late hour,** *à une heure tardive ;* on dit aussi : **late in summer,** *at the end of summer.*
8. **blackened :** **blacken,** *noircir,* dérivé de **black,** *noir.*
9. **scuttle :** *course précipitée ;* **scuttle** (v.), *déguerpir, filer.*
10. **for :** indique l'idée de recherche ; **look for,** *chercher.*
11. **cover :** syn. **shelter,** *abri.* (voir p. 94, note 4).

92

1

« Vous ne trouverez pas votre père tellement changé », observa Lady Moping lorsque la voiture tourna et franchit le portail de l'Asile Régional.

« Portera-t-il un uniforme ? » demanda Angela.

« Non, chérie, évidemment pas. Il est l'objet des plus grandes attentions. »

C'était la première visite d'Angela et elle se faisait sur sa propre initiative.

Dix ans s'étaient écoulés depuis cette journée pluvieuse de fin d'été où on avait emmené Lord Moping, journée pleine de souvenirs confus mais amers pour elle ; c'était le jour où se tenait la garden party annuelle de Lady Moping, journée toujours pleine d'amertume et de confusion engendrées par les caprices du temps ; demeuré clair et ensoleillé, avec de belles promesses, jusqu'à l'arrivée des premiers invités, il s'était soudain assombri pour dégénérer en bourrasque. On s'était précipité à la recherche d'un abri ; la grande tente avait été renversée ; dans la panique générale on avait transporté chaises et coussins ; une nappe qui flottait sous la pluie avait voltigé jusqu'aux branches de l'araucaria ; il y avait eu une belle accalmie et, prudents, les invités étaient ressortis sur les pelouses détrempées ; nouvelle bourrasque ; nouvelle éclaircie de vingt minutes. L'après-midi avait été exécrable, couronnée aux environs de six heures par la tentative de suicide du père d'Angela.

---

12. **marquee :** grande tente pour les réceptions en plein air.
13. **frantic :** *fou* (de), *hors de soi* (de joie, de douleur...).
14. **carrying :** l'action de *porter, transporter* (**carry + ing** : nom verbal ou gérondif).
15. **lofted :** loft, *lancer en chandelle* (une balle...).
16. **monkey-puzzler :** *araucaria*, ainsi nommé car il *intrigue* (**puzzle**) le *singe* (**monkey**) avec ses branches piquantes.
17. **fluttering :** flutter, *voltiger, flotter, claquer* (au vent).
18. **bright period :** ou **bright interval**, *éclaircie* ; **bright**, *brillant, clair*.
19. **cautious emergence :** m. à m. *la sortie prudente* (**careful**).
20. **attempted :** attempt, *essayer, tenter* ; **attempted escape**, *tentative d'évasion* ; **attempted murder**, *tentative de meurtre*.

Lord Moping habitually *threatened*[1] suicide on the occasion of the garden party; that year he had been found black in the face, *hanging*[2] by his braces in the *orangery*[3]; some neighbours, who were *sheltering*[4] there from the rain, set him on his feet again, and before dinner a van had called for him. Since then Lady Moping had *paid*[5] *seasonal*[6] calls at the asylum and returned in time for tea, rather *reticent of*[7] her experience.

Many of her neighbours were inclined to be critical of Lord Moping's *accommodation*[8]. He was not, of course, an ordinary *inmate*[9]. He lived in a separate wing of the asylum, specially *devoted to*[10] the segregation of *wealthier*[11] lunatics. These were given every *consideration*[12] which their foibles permitted. They might choose their *own*[13] clothes (many *indulged in*[14] the *liveliest*[15] fancies), smoke the most expensive brands of cigars and, on the anniversaries of their *certification*[16] *entertain*[17] *any*[18] other inmates for whom they had an attachment to private dinner parties.

The fact remained, however, that it was far from being the most expensive kind of institution; the *uncompromising*[19] address, 'COUNTY HOME FOR MENTAL DEFECTIVES,' stamped across the *notepaper*[20], worked on the uniforms of the

---

1. **threatened :** threaten, *menacer ;* threat, *menace,* syn. menace.
2. **hanging :** notez l'emploi du participe présent en anglais ; hang, hung (hanged), hung (hanged).
3. **orangery :** abri pour les orangers cultivés dans des caisses.
4. **sheltering :** shelter, *(s')abriter ;* a shelter, *un abri, un couvert.*
5. **paid :** pay a call, pay a visit, *rendre une visite.*
6. **seasonal :** dérivé de **season,** *saison ;* **seasonal,** *saisonnier.*
7. **reticent of :** notez **of ;** aussi **critical of** (cf. une ligne plus bas).
8. **accommodation :** *logement ;* **accommodate,** *héberger, loger.*
9. **inmate :** *pensionnaire* (asile, prison) ; **boarder,** *pensionnaire* (dans une école).

Lord Moping menaçait habituellement de se suicider à l'occasion de la garden party ; cette année-là on l'avait trouvé la face noire, pendu par ses bretelles dans l'orangerie ; des voisins qui s'y abritaient de la pluie l'avaient remis sur pied et avant le dîner on était venu le chercher en fourgonnette. Depuis, Lady Moping faisait ses visites à l'asile chaque saison et s'en revenait à l'heure pour le thé, peu disposée à parler de son expédition.

Beaucoup de ses voisins avaient tendance à critiquer la maison où était hébergé Lord Moping. Ce n'était évidemment pas un pensionnaire comme les autres. Il vivait dans une aile séparée, spécialement réservée aux aliénés les plus fortunés. Ceux-ci bénéficiaient de toutes les faveurs compatibles avec leurs faiblesses. Ils pouvaient choisir eux-mêmes leurs vêtements (beaucoup d'entre eux s'abandonnaient aux fantaisies les plus tapageuses), fumer des cigares des marques les plus chères et, à l'anniversaire de leur admission, recevoir à dîner, en privé, les autres pensionnaires pour lesquels ils éprouvaient de l'attachement.

Le fait demeurait, cependant, que c'était loin d'être une institution de la catégorie la plus luxueuse ; l'adresse, sans équivoque, « HOSPICE RÉGIONAL POUR DÉBILES MENTAUX », imprimée sur toute la largeur du papier à lettres, brodée sur les uniformes des

---

10. **devoted to :** 1. *qui se consacre à.* 2. *dévoué, loyal* (*ami...*).
11. **wealthier :** comparatif (de **wealthy**, *riche*) employé au lieu du superlatif puisqu'il y a deux catégories (les pensionnaires riches et les pauvres).
12. **consideration :** *égards ;* **considerate,** *plein d'égards.*
13. **own :** *propre ;* **with my own eyes,** *de mes propres yeux.*
14. **indulged in :** indulge in, *se laisser aller à* (plaisir...)
15. **liveliest :** superlatif de **lively,** *vif, vivant, animé.*
16. **certification :** *assurance donnée par écrit ;* **certify somebody mad,** *déclarer quelqu'un atteint d'aliénation mentale.*
17. **entertain :** ▲ 1. (ici) *recevoir* (des invités). 2. *distraire.*
18. **any :** *n'importe quel* (dans une phrase affirmative).
19. **uncompromising :** *intransigeant, inflexible ;* ici : l'adresse était d'une vérité *criarde ;* c'était un hospice public, subventionné par le **county** (cf. n. 4 p. 92) et non réservé aux riches.
20. **notepaper :** *papier à lettres ;* syn. **writing paper ;** *note, mot, billet, lettre.*

attendants[1], painted, *even*[2], upon a prominent hoarding at the *main*[3] entrance, suggested the lowest *associations*[4]. From time to time, *with less or more tact*[5], her friends attempted to bring to Lady Moping's *notice*[6] particulars of seaside *nursing*[7] *homes*[8], of 'qualified *practitioners*[9] with large private *grounds*[10] *suitable*[11] for the charge of nervous or difficult cases', but she accepted them lightly ; when her son *came of age*[12] he might make any changes that he thought *fit*[13] ; meanwhile, she felt no inclination to relax her economical régime ; her husband had betrayed her basely on the one day in the year when she looked for *loyal*[14] *support*[15], and was far better off than he deserved.

A few *lonely*[16] figures in great-coats were shuffling and loping *about*[17] the park.

'Those are the lower-class lunatics,' observed Lady Moping. 'There is a very nice little *flower garden*[18] for people like your father. I sent them some cuttings last year.'

They drove past the *blank*[19], yellow brick façade to the doctor's private entrance and were received by him in the 'visitors' room', *set aside*[20] for interviews of this kind. The window was protected on the inside by bars and *wire netting*[21] ;

---

1. **attendants** : *domestiques, infirmiers,* tous ceux qui s'occupent des malades ; attend on : *s'occuper de.*
2. **even** : *même* ; even if, even though, *même si* ; same, *même, pareil.*
3. **main** : *principal* ; Main Street, *Grand-Rue* ; in the main, *en gros.*
4. **associations** : *associations* ; association of ideas, *d'idées.*
5. **with less or more tact** : c'est par ironie que Waugh bouscule l'ordre des mots : more or less, *plus ou moins.*
6. **notice** : *attention* ; take notice of : *faire attention à.*
7. **nursing** : nurse, *soigner* ; nurse (n.), *infirmier (ère).*
8. **homes** : home (ici) *foyer* ; old people's home, *maison de retraite.*
9. **practitioner** : General Practitioner, G.P., *médecin généraliste.*
10. **grounds** : (pl.) *terrain, terres, domaine, parc* (de château...).
11. **suitable** : *qui convient* ; dérivé de suit, *convenir à* ; it suits you, *ça vous va.*

infirmiers, peinte jusque sur un gros panneau à l'entrée principale, évoquait les classes sociales les plus basses. De temps en temps, avec plus ou moins, et plutôt moins que plus de tact, les amies de Lady Moping tentaient d'attirer son attention sur des renseignements concernant des maisons de santé situées au bord de la mer, « des médecins compétents avec de vastes domaines privés, adaptés à la prise en charge des cas difficiles ou agités », mais elle prenait cela à la légère ; quand son fils serait majeur, il pourrait procéder à tous les changements qu'il jugerait opportuns ; en attendant, elle n'éprouvait aucun désir d'assouplir sa politique d'économies ; son époux l'avait lâchement trahie le seul jour de l'année où elle cherchait un soutien solide et il était bien mieux loti qu'il ne le méritait.

Quelques individus isolés, enveloppés de grands manteaux, traînaient des pieds et faisaient des cabrioles dans le parc.

« Ça, ce sont les aliénés des classes inférieures », observa Lady Moping. « Il y a un très joli petit jardin d'agrément pour les gens comme votre père. Je leur ai envoyé quelques boutures l'année dernière. »

Elles longèrent la façade nue en brique jaune, jusqu'à l'entrée réservée au docteur et elles furent reçues par celui-ci dans la « salle des visites » affectée à des entrevues de ce genre. La fenêtre était protégée à l'intérieur par des barreaux et du grillage ;

---

12. **came of age :** prétérit et non conditionnel, présent et non futur, après **when** (conjonction de temps).
13. **fit :** syn. **suitable** (cf. note 11) ; mais généralement **to fit :** *convenir, être de la bonne taille ;* **suit :** *convenir* (au teint...)
14. **loyal :** ▲ 1. *fidèle.* 2. *dévoué.* 3. *loyal* (aussi **honest, fair**).
15. **support :** ▲ *soutien ;* **to support,** *encourager.* **bear,** *supporter.*
16. **lonely :** *seul, esseulé ;* **feel lonely,** *se sentir bien seul.*
17. **about :** *ici et là, çà et là* (renforce l'idée de **lonely**).
18. **flower garden :** opposé à **vegetable garden,** *jardin potager.*
19. **blank :** (ici) *austère, froid, sans aucun ornement, nu.*
20. **set aside :** m. à m. *mettre de côté, en réserve ;* **set, set, set,** *mettre, poser, placer.*
21. **wire netting : wire,** *fil métallique ;* **netting,** *treillis.*

there was no *fireplace*[1] ; when Angela *nervously*[2] attempted to move her chair *further*[3] from the radiator, she found that it was screwed to the floor.

'Lord Moping is quite ready to see you,' said the doctor.

'How is he ?'

'Oh, very well, very well indeed, I'm glad to say. He had rather a nasty cold some time ago, but apart from that his condition is excellent. He *spends a lot of his time in writing*[4].

They heard a shuffling, skipping sound approaching along the *flagged*[5] passage. *Outside*[6] the door a high peevish voice, which Angela recognized *as her father's*[7], said : 'I haven't the time, I tell you. Let them come back later.'

A gentler *tone*[8], with a slight rural burr, replied, '*Now*[9] come along. It is a purely formal audience. *You need stay no longer*[10] than you *like*[11].'

Then the door *was pushed open*[12] (it had no lock or *fastening*[13]) and Lord Moping came into the room. He was *attended*[14] by an *elderly*[15] little man with *full*[16] white *hair*[17] and an expression of great kindness.

'That is Mr Loveday who *acts as*[18] Lord Moping's attendant.'

---

1. **fireplace** : *cheminée (foyer, âtre)* ; chimney, *cheminée* (sur le toit).
2. **nervously** : ▲ nervous (ici) *nerveux, énervé, inquiet, timide.*
3. **further** : comparatif de **far**, *loin* (aussi **farther**).
4. **spends a lot of time in writing** : writing (l'action d'écrire) est ici un nom verbal (ou **he spends a lot of time writing**) ; write, wrote, written, *écrire.*
5. **flagged** : flag, *daller* ; a flag, *une dalle* (de pierre).
6. **outside** : 1. (ici) *devant ;* wait for me outside the pub, *attends-moi devant le pub.* 2. *hors de, à l'extérieur de (≠* **inside**).
7. **as her father's** : sous-entendu voice (celui de, celle de est souvent traduit par le cas possessif incomplet).
8. **tone** : *timbre* (de voix) ; dialling tone, *tonalité* (téléphone).
9. **now** : 1. (ici) *allons, voyons, eh bien.* 2. *maintenant.*
10. **you need stay no longer** : need se construit comme **can, may, must** ; on a aussi : **you do not need to stay any longer.**

il n'y avait point de cheminée ; lorsque Angela dans sa nervosité essaya d'éloigner sa chaise du radiateur, elle s'aperçut que celle-ci était vissée au plancher.

« Lord Moping est tout disposé à vous voir », dit le docteur.

« Comment se porte-t-il ? »

« Oh, très bien, très bien, vraiment. Je suis heureux de le dire. Il a eu un assez mauvais rhume il y a quelque temps, mais à part cela, il est en excellente santé. Il passe une grande partie de son temps à écrire. »

Elles entendirent approcher dans le couloir dallé des bruits de pas traînants et sautillants. Devant la porte une voix aiguë, irritée, qu'Angela reconnut pour être celle de son père, dit : « Je n'ai pas le temps, je vous assure. Qu'elles viennent plus tard. »

Sur un ton plus doux, avec un léger grasseyement campagnard, quelqu'un répondit : « Allons, venez. C'est une audience purement formelle. Vous n'avez pas besoin de rester plus longtemps que vous ne le désirez ».

Puis on poussa la porte (elle n'avait ni serrure ni verrou) et Lord Moping entra dans la pièce. Il était accompagné d'un petit homme assez âgé à l'abondante chevelure blanche, au visage empreint d'une grande bonté.

« Voici Mr. Loveday qui agit en qualité d'infirmier de Lord Moping. »

---

11. **like :** as you like, *comme vous voulez, comme il vous plaira.*
12. **was pushed open :** indique qu'on ouvre la porte en poussant.
13. **fastening :** fasten... with a bolt, *fermer... au verrou.*
14. **attended :** attend (ici) *accompagner* (un personnage officiel).
15. **elderly :** the elderly, senior citizens, *les personnes du 3ᵉ âge ;* he's getting elderly, *il prend de l'âge* (**elderly,** *âgé*).
16. **full :** 1. *plein.* 2. *complet* (Loveday a tous ses cheveux).
17. **hair :** 1. (invariable) *cheveux, chevelure.* 2. hair(s), *poil(s) ;* do your hair, *peigne-toi ;* he didn't turn a hair, *il n'a pas bronché ;* split hairs, *couper les cheveux en quatre.*
18. **acts as :** act 1. (ici) *agir.* 2. *jouer* (au théâtre) ; as, *en tant que, comme, en qualité de.*

'Secretary,' said Lord Moping. He moved with a jogging *gait*[1] and *shook hands with*[2] his wife.

'This is Angela. You remember Angela, don't you ?'

'No, I can't say that I do. What does she want ?'

'We just came to see you.'

'Well, you have come at an exceedingly *inconvenient*[3] time. I am very busy. Have you typed out that letter to the Pope *yet*[4], Loveday ?'

'No, *my lord*[5]. If you remember, you asked me to *look up*[6] the *figures*[7] about the Newfoundland fisheries first ?'

'*So I did*[8]. Well, it is *fortunate*[9], as I think the whole letter will have to be *redrafted*[10]. *A great deal*[11] of new *information*[12] has come to *light*[13] since *luncheon*[14]. A great deal... You see, my dear, I am *fully occupied*[15].' He turned his *restless*[16], quizzical eyes upon Angela. 'I suppose you have come about the *Danube*[17]. Well, you must come again later. Tell them it will be all right, quite all right, but I have not had time to give my full attention to it. Tell them that.'

'Very well, *Papa*.'[18]

'*Anyway*,'[19] said Lord Moping rather *petulantly*[20], 'it is a *matter*[21] of secondary importance. There is the Elbe

---

1. **gait** : *allure, démarche ;* **unsteady gait,** *pas mal assuré.*
2. **shook hands with** : N.B. hand au plur. et préposition with ; shake, shook, shaken, *secouer.*
3. **inconvenient** : 1. *malcommode, gênant.* 2. *inopportun.*
4. **yet** : *encore, déjà ;* **as yet,** *jusqu'alors ;* **not... yet,** *pas... encore.*
5. **my lord** : m. à m. *mon seigneur* (voir **Lordship,** *Seigneurie*).
6. **look up** : *rechercher, consulter* (dans dictionnaire, etc.).
7. **figures** : ▲ **figure** : (ici) *chiffre ;* **face,** *visage, figure.*
8. **so I did** : ou I did so, I did it, c.à.d. I asked you to...
9. **fortunate** : *chanceux, heureux ;* **fortunately,** *heureusement.*
10. **redrafted** : **draft,** *rédiger* (un acte, un projet...).
11. **a great deal of** : aussi a good deal of, a lot of, lots of, *beaucoup de.*
12. **information** : N.B. a piece of information, *un renseignement.*

« De secrétaire », dit Lord Moping. Il avança en trottinant et serra la main de son épouse.

« Voici Angela. Vous vous souvenez d'Angela, n'est-ce pas ? »

« Non, je ne peux pas dire que je m'en souvienne. Que veut-elle ? »

« Nous sommes simplement venues vous voir. »

« Eh bien, vous êtes venues à un moment extrêmement inopportun. Je suis fort occupé. Avez-vous déjà tapé cette lettre pour le Pape, Loveday ? »

« Non, Monsieur le baron. Si vous vous souvenez, vous m'avez demandé de vérifier d'abord les chiffres concernant les pêcheries de Terre-Neuve ? »

« C'est exact. Eh bien, c'est heureux car je pense qu'il faudra refaire toute la lettre. Un grand nombre d'informations nouvelles sont arrivées depuis le déjeuner. Un grand nombre... Vous voyez, ma chère, je suis fort occupé. » Il posa son regard agité, narquois, sur Angela. « Je suppose que vous êtes venue au sujet du Danube. Eh bien, il faudra que vous reveniez plus tard. Dites-leur que ça marchera très bien, parfaitement bien, mais je n'ai pas eu le temps d'y accorder toute mon attention. Dites-leur cela. »

« Très bien, Papa. »

« De toute façon », dit Lord Moping, assez impatient, « c'est une affaire d'importance secondaire. Il y a l'Elbe

---

13. **light :** *lumière ;* **come to light,** *être révélé, se faire jour.*
14. **luncheon :** terme plus recherché que **lunch** *(déjeuner).* Le langage de Lord et Lady Moping reflète bien leur rang.
15. **fully occupied :** plus simplement, **quite busy, very busy ; fully,** *complètement, entièrement.*
16. **restless :** *agité ;* **rest,** *repos ;* **have a rest** ou **to rest,** *se reposer.*
17. **Danube :** dans l'esprit de Lord Moping, le Danube, l'Elbe... (cf. 7 lignes plus bas) sont des sociétés commerciales.
18. **Papa :** terme vieillot, recherché. Syn. **Dad, Daddy.**
19. **anyway :** ou **in any case** *(en tout cas),* **at any rate.**
20. **petulantly :** ▲ **petulant,** *irascible ;* **exuberant,** *pétulant.*
21. **a matter :** syn. **a question ;** **it's a matter of opinion,** *c'est une question d'opinion.* **What's the matter ?** *Qu'est-ce qui se passe ?*

and the Amazon and the Tigris to be *dealt with* [1] first, eh, Loveday ?... *Danube indeed* [2]. Nasty little river. I'd only call it a stream myself. Well, *can't* [3] stop, *nice of you* [4] to come. I would do more for you if I could, but you see how I'm *fixed* [5]. Write to me about it. That's it. *Put it in black and white*.'

And with that he left the room.

'You see,' said the doctor, 'he is in excellent condition. He is putting on *weight* [6], eating and sleeping excellently. In fact, the whole tone of his system is *above reproach*.' [7]

The door *opened* [8] and Loveday returned.

'Forgive *my coming back* [9], sir, but I was afraid that the young lady *might* [10] be upset at *his Lordship's not knowing her* [11]. You mustn't *mind* [12] him, miss. *Next time* [13] he'll be very pleased to see you. It's only to-day he's put out *on account of being* [14] behindhand with his work. You see, sir, all this week I've been helping in the *library* [15] and I haven't been able to get all his Lordship's reports typed out. And he's got *muddled* [16] with his card index. That's all it is. He doesn't *mean* [17] any *harm* [18].'

'*What a nice man* [19], said Angela, when Loveday had gone back to his *charge* [20].

'Yes. I don't know what we should do without *old Loveday* [21].

---

1. **dealt with** : deal with, dealt, dealt, *s'occuper de, traiter*.
2. **indeed** : *en effet, vraiment ;* marque ici l'ironie.
3. **can't** : l'absence de sujet, I, marque la précipitation.
4. **nice of you** : notez of ; very kind of you, *très gentil à vous*.
5. **fixed** : (fam.) (ici) *occupé, pris*. How are you fixed for tonight ? *Qu'est-ce que vous faites ce soir ?* Fix, *fixer* (date).
6. **weight** : *poids ;* ⚠weigh (sans t !), *peser*.
7. **above reproach** : m. à m. *au-dessus (de tout) reproche*.
8. **opened** : open 1. (ici) *s'ouvrir*. 2. *ouvrir ;* open (adj.), *ouvert*.
9. **my coming back** : m. à m. *mon action de revenir ;* coming : nom verbal formé de come + ing. It's his drinking that makes him mad, *c'est le fait qu'il boit qui le rend fou*.
10. **might** : prétérit de may dans le sens d'éventualité : peut-être Angela a-t-elle été *tracassée (*upset*) ;* maybe, *peut-être*.

et l'Amazone et le Tigre à traiter d'abord, hein, Loveday ?...
Le Danube, vous parlez ! Sale petite rivière ! J'appellerais ça
un ruisseau personnellement. Bon, impossible de m'attarder,
gentil à vous d'être venues. Je voudrais bien en faire plus
pour vous si je le pouvais mais vous voyez comme je suis
pris. Écrivez-moi. C'est ça. *Mettez-moi ça noir sur blanc.* »

Et là-dessus il quitta la pièce.

« Vous voyez », dit le docteur, « il est en excellente santé.
Il prend du poids, il mange et il dort parfaitement bien. En
fait son état général est parfait. »

La porte s'ouvrit et Loveday reparut.

« Pardonnez-moi de revenir, Monsieur, mais j'ai eu peur
que la jeune demoiselle se tracasse parce que Monsieur le
baron ne l'a pas reconnue. Il ne faut pas y faire attention,
Mademoiselle. La prochaine fois il sera très heureux de
vous voir. C'est simplement qu'aujourd'hui il est agacé
parce qu'il est en retard dans son travail. Voyez-vous,
Monsieur, toute cette semaine, j'ai donné un coup de main
à la bibliothèque et je n'ai pas pu taper tous les rapports
de Monsieur le baron. Et il s'est perdu dans son fichier.
C'est tout. Il n'a rien contre vous. »

« Quel gentil monsieur ! » dit Angela lorsque Loveday
fut parti retrouver son protégé.

« Oui, je ne sais pas comment nous ferions sans le brave
Loveday.

---

11. **his Lordship's not knowing her :** cf. note 9.
12. **mind :** *faire attention à ;* **I don't mind,** *ça m'est égal.*
13. **next time :** pas d'article !
14. **on account of being :** *à cause de ;* syn. **because of** (being cf. note 9).
15. **library :** ▲ *bibliothèque ;* **bookshop,** *librairie.*
16. **muddled :** muddle, *confondre, embrouiller ;* **muddle (n.),** *confusion.*
17. **mean :** *avoir l'intention ;* **he means well,** *il veut bien faire ;* mean, meant, meant.
18. **harm :** *mal moral* (ici) ou *physique ;* **harm (v.),** *nuire.*
19. **what a nice man :** notez **what + a +** nom dénombrable singulier.
20. **charge :** 1. (ici) *personne à charge.* 2. *charge, responsabilité.*
21. **old Loveday :** *le vieux Loveday ;* pas d'article en anglais (appellation familière ou titre + nom propre) : **King George VI.**

Everybody *loves*[1] him, staff and patients *alike*[2].'

'*I remember him well*[3]. It's a great *comfort*[4] to know that *you are able to*[5] get such good *warders*[6],' said Lady Moping; 'people who don't know, say such *foolish*[7] things about asylums.'

'Oh, but Loveday isn't a warder,' said the doctor.

'You don't *mean*[8] he's cuckoo, too?' said Angela.

The doctor corrected her.

'He is an *inmate*. It is *rather*[9] an interesting case. He has been here for thirty-five years.'

'But I've never seen anyone *saner*[10],' said Angela.

'He certainly has that air,' said the doctor, 'and in the last twenty years we have treated him *as such*[11]. He is *the life and soul*[12] of the *place*[13]. Of course he is not one of the private patients, but we allow him to *mix freely with*[14] them. He plays billiards excellently, does *conjuring*[15] *tricks*[16] at the concert, *mends*[17] their gramophones, valets them, helps them in their crossword puzzles and various—er—hobbies. We allow them to give him small *tips*[18] for services rendered, and he must by now have amassed quite a little fortune. He has a *way*[19] with even the most *troublesome*[20] of them. An invaluable man about the place.'

---

1. **loves**: love, *aimer* (qqn. d'amour), *adorer* (qqch.); like, *aimer bien*.
2. **alike**: *de la même manière, pareillement*; like, *comme*.
3. **I remember him well**: notez bien la place de l'adverbe well.
4. **comfort**: 1. (ici) *réconfort*. 2. *confort*; comfort (v.), *réconforter*.
5. **you are able to**: be able to = can (employé surtout au futur et au conditionnel).
6. **warders**: warder, *gardien, surveillant* (de prison, de musée...).
7. **foolish**: *stupide, bête*; a fool, *un imbécile*; play the fool, *faire l'imbécile*.
8. **mean**: mean, meant, meant, *signifier*; meaning, *signification, sens*.
9. **rather**: 1. (ici) *très, extrêmement, tout à fait*. 2. *assez, plutôt*.
10. **saner**: comparatif de **sane**, 1. *sain d'esprit*. 2. *sensé*. (idée).

104

Tout le monde l'adore, le personnel comme les patients. »

« Je me souviens bien de lui. C'est un grand réconfort de savoir que vous disposez d'aussi bons surveillants, » dit Lady Moping ; « les gens qui ne sont pas au courant disent de telles sottises sur les asiles ! »

« Oh, mais, c'est que Loveday n'est pas un surveillant », dit le docteur.

« Vous ne voulez pas dire qu'il est piqué, lui aussi ? » dit Angela. Le docteur la reprit :

« C'est un *pensionnaire*. C'est un cas très intéressant. Il est ici depuis trente-cinq ans. »

« Mais je n'ai jamais vu personne plus sain d'esprit, » dit Angela.

« Il en a certainement l'air, » dit le docteur, « et depuis vingt ans nous le traitons comme tel. Il est l'âme de la maison. Naturellement, il ne fait pas partie des malades du secteur privé mais nous le laissons se mêler librement à eux. Il joue très bien au billard, il fait des tours de prestidigitation au concert, répare leur phonographe, leur sert de valet de chambre, les aide dans leurs mots croisés et autres... heu... distractions... Nous les autorisons à lui donner de petits pourboires pour les services rendus et il a déjà dû se faire une bonne petite fortune. Il a la manière, même avec les plus difficiles d'entre eux. C'est un homme précieux dans la maison. »

---

11. **as such** : as if he was sane ; such (adj.), *tel que, comme*.
12. **the life and soul** : m.à.m. *la vie et l'âme*.
13. **place** : ▲1. (ici) *endroit, lieu* (c.à.d. l'asile). 2. *maison, logement ;* **come to my place**, *viens chez moi ;* **square, place**.
14. **mix freely with** : notez la préposition **with** ; **freely**, dérivé de **free**, *libre ;* **he's a good mixer**, *il est très liant*.
15. **conjuring** : conjure, *faire apparaître* (par la prestidigitation) ; **conjure up**, *évoquer* (souvenir) ; **conjurer**, *prestidigitateur*.
16. **trick :** 1. (ici) *tour, ruse*. 2. *levée* (cartes). 3. *astuce ;* **he played a dirty trick on me**, *il m'a joué un sale tour*.
17. **mends** : mend 1. (ici) *réparer*. 2. *guérir*. 3. *corriger*.
18. **tips** : tip, *pourboire ;* **tip (v.)**, *donner un pourboire à*.
19. **way** : *moyen, méthode, manière ;* **that's the way !** *voilà ! c'est bien*.
20. **troublesome** : dérivé de **trouble**, *ennui, dérangement, tracas*.

'Yes, but why is he here ?'

'Well, it is rather sad. When he was a very young man he killed somebody—a young woman quite *unknown to him* [1], whom he *knocked off her bicycle* [2] and then *throttled* [3]. He *gave himself up* [4] immediately afterwards and has been here ever since.'

'But *surely* [5] he is perfectly *safe* [6] now. Why is he not *let out* [7] ?'

'Well, I suppose if it was *to anyone's interest* [8], he would be. He has no *relatives* [9] except a *step-sister* [10] who lives in Plymouth. She *used to visit* [11] him *at one time* [12], but *she hasn't been* [13] for years now. He's perfectly happy here and I can assure you we aren't going to *take the first steps* [14] in turning him out. He's *far* [15] too useful to us.'

'But it doesn't seem *fair* [16],' said Angela.

'Look at your father,' said the doctor. 'He'd be quite lost without Loveday to act as his secretary.'

'It doesn't seem fair.'

2

Angela left the asylum, oppressed by a sense of injustice. Her mother was *unsympathetic* [17].

---

1. **unknown to him** : *inconnu(e) de lui* (notez l'emploi de to), know, knew, known, *connaître, savoir*.
2. **knocked off her bicycle** : knock, *frapper ;* off indique que la jeune femme n'est plus sur la bicyclette.
3. **throttled** : throttle, *étrangler ;* syn. strangle (cf. p. 118).
4. **gave himself up** : notez le rôle de la particule adverbiale : **give** (v.), gave, given, *donner ;* **give oneself up,** *se livrer à la police*.
5. **surely** : *sûrement, assurément ;* **sure,** *sûr, certain*.
6. **safe** : *sûr, sans risque ;* **safe and sound,** *sain et sauf*.
7. **let out** : let, let, let, *laisser, permettre, autoriser*.
8. **to anyone's interest** : notez l'emploi de la préposition to *(dans l'intérêt de qui que ce soit)*.
9. **relatives** : *parents* (oncles...) ; **parents,** *père et mère*.
10. **step-sister** : step, préfixe marquant la parenté créée par le second mariage de l'un des parents (**stepmother...**).
11. **used to visit** : used to indique que l'habitude antérieure (**visit,** *rendre visite à)* est maintenant abandonnée.
12. **at one time** : notez ce sens de **time,** *époque, moment*.

« Oui, mais pourquoi est-il ici ? »

« Eh bien, c'est une assez triste histoire. Quand il était très jeune il a tué quelqu'un, une jeune femme parfaitement inconnue de lui, qu'il a renversée de sa bicyclette et qu'il a étranglée ensuite. Il s'est livré immédiatement après à la police et il est ici depuis. »

« Mais de toute évidence il est tout à fait hors d'état de nuire maintenant ? Pourquoi ne le relâche-t-on pas ? »

« Eh bien, je suppose que s'il y allait de l'intérêt de qui que ce soit, il serait relâché. Il n'a aucun parent à part une demi-sœur qui habite à Plymouth. Elle venait le voir à une certaine époque mais elle n'est plus revenue depuis des années maintenant. Il est parfaitement heureux ici et je puis vous assurer que ce n'est pas nous qui allons faire le premier pas pour le congédier. Il nous est bien trop utile ici. »

« Mais cela ne semble pas juste, » dit Angela.

« Regardez votre père, » dit le docteur. « Il serait complètement perdu sans Loveday comme secrétaire. »

« Cela ne semble pas juste. »

2

Angela quitta l'asile, accablée par un sentiment d'injustice. Sa mère était indifférente.

---

13. **she hasn't been :** notez ce sens de **be** qui équivaut à **come, go ; I've never been to London,** *je ne suis jamais allé...*
14. **take the first steps :** take a step 1. (ici) *faire une démarche.* 2. *faire un pas ;* **step (v.)** (cf. p.116), *faire un pas, des pas.*
15. **far :** notez cet emploi ; **far too busy,** *bien trop occupé.*
16. **fair :** fair play, *franc jeu ;* **fair enough !** *d'accord* (≠ **unfair**).
17. **unsympathetic :** ≠ sympathetic, *compatissant* et non pas sympathique (nice) ; **to sympathize (with),** *compatir (à).*

'*Think of being*[1] *locked up*[2] in a *looney bin*[3] all one's life.'

'He attempted to hang himself in the orangery,' replied Lady Moping, '*in front of the Chester-Martins*[4].'

'I don't mean Papa. I mean Mr. Loveday.'

'I don't think I know him.'

'Yes, the looney they have put to *look after*[5] Papa.'

'Your father's secretary. A very *decent*[6] sort of man, I thought, and eminently *suited to*[7] his work.'

Angela left the question for the time, but returned to it again at luncheon *on the following day*[8].

'*Mums*[9], what does *one*[10] *have to*[11] do to get *people*[12] out of the bin ?'

'The bin ? *Good gracious*[13], child, I hope that you do not *anticipate*[14] your father's return *here*.'

'No, no. Mr. Loveday.'

'Angela, you seem to me to be totally *bemused*[15]. I see it was a mistake to *take*[16] you with me on our little visit yesterday.'

After luncheon Angela disappeared to the library and was soon *immersed*[17] in the *lunacy*[18] *laws*[19] as represented in the encyclopedia.

---

1. **think of being** : think of, thought, thought *penser à* ; **being** : cf. note 14 p. 93.
2. **locked up** : lock up, *fermer à clé* ; a lock, *une serrure*.
3. **looney bin** : looney ou loony (adj. et n.) (argot), *fou, dingue*. bin 1. (ici, en argot) *asile*, 2. *boîte, coffre*. 3. *poubelle*.
4. **Martins** : N.B. The Martins (notez le s), *les Martin* ; les italiques soulignent le ton indigné de Lady Moping (qui plus est devant...).
5. **look after** : *prendre soin de, s'occuper de*. Aussi : **take care of** ; take, took, taken, *prendre*.
6. **decent** : ∆1. (ici) *décent, convenable*. 2. *assez bon*.
7. **suited to** : aussi **suited for**, *adapté à, fait pour*.
8. **on the following day** : m.à.m. *le jour suivant* ; follow, *suivre*.
9. **Mums** : syn. Mum, Mummy, Mother, Mamma (cf. Papa, note 18 p. 101).
10. **one** : *on* ; one has to pay one's taxes, *on doit payer ses impôts*.
11. **have to** : remplace **must** surtout au futur et au conditionnel. **I'll have to work hard**, *il faudra que je travaille dur*.

« Imaginez être enfermé dans une maison de fous toute sa vie ! »

« Il a essayé de se pendre dans l'orangerie », répondit Lady Moping, « *devant les Chester-Martin.* »

« Je ne parle pas de Papa. Je parle de Mr. Loveday. »

« Je ne pense pas le connaître. »

« Si, le fou qu'ils ont mis au service de Papa. »

« Le secrétaire de votre père. Un monsieur d'un très bon genre, j'ai trouvé, et parfaitement à la hauteur de sa tâche. »

Pour l'heure Angela laissa tomber la question, mais revint à la charge le lendemain au déjeuner.

« Maman, comment faut-il s'y prendre pour faire sortir les gens d'une maison de fous ? »

« D'une maison de fous ? Bonté divine, j'espère, mon enfant, que vous ne comptez pas sur le retour de votre père *ici* ? »

« Non. Non. Je pense à Mr. Loveday. »

« Angela, vous me semblez complètement égarée. Je vois que j'ai commis une erreur de vous emmener faire notre petite visite hier. »

Après le déjeuner Angela disparut dans la bibliothèque et fut bientôt plongée dans les lois touchant la folie telles qu'elles étaient présentées dans l'encyclopédie.

---

12. **people :** pas d's dans le sens de « *gens* », mais notez : **these people are English** ; par contre : **the peoples of Africa**, *les peuples d'Afrique.*

13. **Good gracious :** aussi **Good gracious me !**, **Good Heavens !** *Ciel !*

14. **anticipate :** *anticiper, prévoir, escompter, attendre.*

15. **bemused :** *stupéfié, hébété* ; syn. **bewildered, confused, lost.**

16. **take :** (ici) *conduire, mener, emmener* ; **I'll take you to town centre**, *je vais vous emmener au centre de la ville.*

17. **immersed :** *plongé, absorbé* ; syn. **deep in, intent on, absorbed.**

18. **lunacy :** *aliénation mentale, folie.* **It's sheer lunacy,** *c'est de la folie pure.*

19. **laws :** law, *loi.* **He lays down the law,** *c'est lui qui fait la loi* ; **lawful,** *légal, licite, permis.*

She did not *reopen*[1] the subject with her mother, but a fortnight later, when there was a question of taking some pheasants over to her father for his eleventh Certification Party she showed an unusual *willingness*[2] *to run*[3] over with them. Her mother was occupied with *other*[4] interests and *noticed*[5] nothing suspicious.

Angela drove her small car to the asylum and, after *delivering*[6] the *game*[7], asked for Mr. Loveday. He was busy at the time making a crown for one of his companions who expected *hourly*[8] to be annointed Emperor of Brazil, but he *left*[9] his work and *enjoyed*[10] several *minutes'*[11] conversation with her. They spoke about her father's health and *spirits*[12]. After a time Angela remarked, 'Don't you *ever*[13] want to get away ?'

Mr. Loveday looked at her with his gentle, blue-grey eyes. 'I've got very well *used to*[14] the *life*[15], miss. I'm fond of the poor people here, and I think that several of them are quite fond of me. *At least*[16], I think they would *miss*[17] me if I were to go[18].'

'But don't you ever think of *being free again*[19] ?'

'Oh yes, miss, I think of it—almost all the time I think of it.'

'What would you do if you got out ? There must be something *you would sooner do*[20] than stay here.'

---

1. **reopen** : m. à m. 1. *rouvrir*. 2. *recommencer*.
2. **willingness** : willing, *prêt, disposé (à)* ; I'm willing to help, *je veux bien aider* ; will (n.), *bon plaisir, gré* ; at will, *à volonté*.
3. **to run** : 1. (ici) *aller en voiture*. 2. *courir*.
4. **other** : adj. invariable ; the others, variable (pronom).
5. **noticed** : notice, *remarquer* ; remark (v.), *remarquer, observer, dire*.
6. **delivering** : deliver, *livrer* (marchandises) ; delivery, *livraison*.
7. **game** : *gibier* ; game birds, *gibier à plumes* ; gamekeeper, *garde-chasse*.
8. **hourly** : ou any time, *d'un instant à l'autre* ; hour, *heure*.
9. **left** : leave, left, left, 1. *laisser, abandonner*. 2. *quitter*.
10. **enjoyed** : enjoy, *jouir de, aimer* ; même construction que like, *aimer* ; I enjoyed that film very much.
11. **minutes'** : cas possessif dans les expressions de temps et de distance ; N.B. apostrophe seule, minutes se terminant

Elle n'aborda plus le sujet avec sa mère mais, une quinzaine de jours plus tard, quand il fut question de porter des faisans à son père pour le Banquet du onzième anniversaire de son admission, elle manifesta un empressement inaccoutumé pour y aller. Sa mère était prise par d'autres affaires et ne remarqua rien de suspect.

Angela se rendit à l'asile dans sa petite voiture et après avoir déposé les faisans demanda à voir Mr. Loveday. Il était alors occupé à confectionner une couronne pour un de ses compagnons qui s'attendait d'une heure à l'autre à être sacré Empereur du Brésil, mais il abandonna son travail et eut avec elle une conversation de plusieurs minutes. Ils parlèrent de la santé de son père et de son moral. Au bout d'un moment Angela dit : « N'avez-vous jamais envie de vous en aller ? »

Mr. Loveday la regarda de ses yeux doux, gris-bleu.

« Je me suis très bien habitué à la vie ici, mademoiselle. J'aime beaucoup ces pauvres malheureux et je crois que plusieurs d'entre eux sont très attachés à moi. Du moins je pense que je leur manquerais si je devais m'en aller. »

« Mais vous n'envisagez jamais de retrouver la liberté ? »

« Oh si, mademoiselle, j'y pense... j'y pense presque tout le temps. »

« Que feriez-vous si vous sortiez ? Il doit bien y avoir *quelque chose* que vous aimeriez mieux faire plutôt que de rester ici. »

---

par s.
12. **spirits :** in high spirits, *plein d'entrain* (≠ in low spirits, *déprimé*).
13. **ever :** *jamais* dans une question.
14. **used to :** I got used to it, *je m'y suis habitué.*
15. **the life :** la vie ici à l'asile (≠ life, *la vie* en général).
16. **at least :** *du moins, au moins ;* **at the least,** *au bas mot.*
17. **miss :** *regretter l'absence de ;* **I miss you,** *vous me manquez.*
18. **if I were to go :** were, subjonctif hypothétique ; **be to** + verbe exprime un projet, un plan établi à l'avance. **I'm to go to London,** *je dois aller à Londres* (c'est prévu).
19. **being free again :** m. à m. *(le fait d') être libre de nouveau ;* **freedom,** *liberté.*
20. **you would sooner do :** ou **you had rather do** (sans to !), *(que) vous aimeriez mieux faire,* **I had rather play than work,** *je préférerais jouer plutôt que de travailler.*

The old man *fidgeted*[1] *uneasily*[2]. 'Well, miss, it *sounds*[3] *ungrateful*[4], but I can't deny I should *welcome*[5] a little outing, once, before I *get too old*[6] to enjoy it. I expect we all have our *secret*[7] ambitions, and there *is one thing*[8] I often wish I could do. You mustn't ask me what... It wouldn't take long. But *I do feel*[9] that if I had done it, just for a day, an afternoon even, then I would die quiet. I could *settle down*[10] again *easier*[11], and devote myself to the poor *crazed*[12] people here with a better *heart*[13]. Yes, I do feel that.'

There were tears in Angela's eyes that afternoon as she drove away. 'He *shall*[14] have his little outing, *bless him*[15],' she said.

3

From that day *onwards*[16] for many weeks Angela had a new *purpose*[17] in life. She *moved*[18] about the ordinary routine of her home with an abstracted air and an *unfamiliar*[19], reserved courtesy which greatly disconcerted Lady Moping.

'I believe the child's *in love*[20]. I only pray that it isn't that *uncouth*[21] Egbertson boy.'

She read a great deal in the library, she *cross-examined*[22]

---

1. **fidgeted** : fidget, *remuer continuellement ;* fidgety, *remuant.*
2. **uneasily** : uneasy, *gêné, mal à l'aise ;* ease, *paix de l'esprit.*
3. **it sounds...** : *ça paraît...* (à entendre) ; it looks... *ça paraît* (à voir).
4. **ungrateful** : ≠ grateful (to) *reconnaissant (envers).*
5. **welcome** : *bien accueillir, souhaiter la bienvenue à.*
6. **get too old** : get ou grow, ou become + adj. : *devenir, se faire.*
7. **secret** : adj. *secret ;* top secret, *ultra-secret.*
8. **one thing** : *une seule et unique chose,* pas deux !
9. **I do feel** : forme d'insistance (d'où « *vraiment* »).
10. **settle down** : 1. *se calmer, se ranger* 2. *s'habituer, à.*
11. **easier** : comparatif de easy (≠ uneasy, cf. note 2).
12. **crazed** : crazed with grief, *fou de douleur ;* craze, *rendre fou ;* crazy (adj.), *fou.*
13. **heart** : 1. (ici) *courage ;* lose heart, *se décourager.* 2. *cœur.*

Le vieillard, tourmenté, s'agita. « Eh bien, mademoiselle, cela paraît ingrat, mais je ne puis nier que j'accepterais volontiers une petite sortie, une fois, avant que je ne me fasse trop vieux pour en profiter. Je suppose que nous avons tous des ambitions cachées, et il y a une chose que je souhaite souvent pouvoir faire. Il ne faut pas me demander quoi... Cela ne prendrait pas longtemps. Mais j'ai vraiment le sentiment qu'après l'avoir faite, ne serait-ce qu'un jour, un après-midi même, alors je mourrais tranquille. Je pourrais reprendre les choses plus calmement et me consacrer aux pauvres fous ici avec davantage de courage. Oui, j'ai vraiment ce sentiment. »

Angela avait les larmes aux yeux cet après-midi-là lorsqu'elle repartit dans sa voiture. « *Il l'aura* sa petite sortie, Dieu le bénisse ! » dit-elle.

3

A partir de ce jour-là, pendant de nombreuses semaines, Angela eut un nouveau but dans la vie. Elle vaquait au train-train quotidien de la maison d'un air absent et avec une courtoisie discrète et inhabituelle qui déconcertaient beaucoup Lady Moping.

« Je crois que cette enfant est amoureuse. Je prie seulement le Ciel que ce ne soit pas du fils Egbertson, ce balourd ! »

Angela lisait beaucoup à la bibliothèque, elle pressait de questions

---

14. **shall** : shall (et non will) accentue la volonté d'Angela.
15. **bless him** : bless, *bénir, protéger ;* sous-entendu : **may God bless him**.
16. **onwards** : ou onward ; from this time onwards, *dorénavant.*
17. **purpose** : for this purpose, *dans ce but ;* on purpose, *exprès.*
18. **moved** : move 1. (ici) *bouger, se déplacer.* 2. *déménager, emménager.*
19. **unfamiliar** : *peu (ou mal) connu, inconnu ;* this face is not unfamiliar to me, *j'ai déjà vu ce visage quelque part.*
20. **in love** : be (fall) in love with, *être (tomber) amoureux de.*
21. **uncouth** : adj. *gauche, fruste, lourd* (personne).
22. **cross-examined** : cross-examine, *soumettre à un interrogatoire serré.*

*any guests*¹ who had pretensions to legal or medical *knowledge*², she showed extreme *goodwill*³ to old Sir Roderick Lane-Foscote, their *Member*⁴. The *names*⁵ 'alienist,' 'barrister' or 'government *official*⁶' now had for her the *glamour*⁷ that *formerly*⁸ surrounded film actors and professional *wrestlers*⁹. She was a woman with a cause, and before the end of the *hunting*¹⁰ season she had triumphed. Mr. Loveday *achieved*¹¹ his liberty.

The doctor at the asylum showed *reluctance*¹² but no real opposition. Sir Roderick wrote to the Home Office. The necessary papers were signed, and *at last*¹³ the day came when Mr. Loveday *took leave*¹⁴ of the home where he had spent such long and *useful*¹⁵ years.

His departure was marked by some ceremony. Angela and Sir Roderick Lane-Foscote *sat*¹⁶ with the doctors on the stage of the gymnasium. *Below them*¹⁷ *were assembled everyone*¹⁸ in the institution *who was thought*¹⁹ to be stable enough to endure the *excitement*²⁰.

Lord Moping, with a few suitable expressions of regret, *presented*²¹ Mr. Loveday on behalf of the wealthier lunatics with a gold cigarette case ; those who supposed themselves to be emperors *showered*²² him with decorations and titles of honour.

---

1. **any guests** : any, *n'importe quel,* dans une phrase affirmative.
2. **knowledge** : *savoir ;* to my knowledge, *à ma connaissance.*
3. **goodwill** : 1. *bon vouloir, zèle,* 2. *bienveillance.*
4. **Member** : Member of Parliament ; on dit souvent M.P. [,em'pi:].
5. **names** : syn. (ici) words, *mots ;* my name is, *je m'appelle.*
6. **official (n.)** : *fonctionnaire ;* minor officials, *petits fonctionnaires.*
7. **glamour** : *éclat, fascination ;* glamorous, *fascinant, prestigieux.*
8. **formerly** : former, *précédent ;* in former times, *autrefois.*
9. **wrestler** : *lutteur, catcheur ;* wrestle with, *lutter contre ;* wrestling, *la lutte.*
10. **hunting** : hunt, *chasser à courre ;* shoot, *chasser.*
11. **achieved** : achieve (ici), *remporter* (victoire, succès...).

tous les invités qui se piquaient d'avoir des connaissances en droit ou en médecine, elle faisait preuve de la plus grande gentillesse à l'égard du vieux Sir Roderick Lane-Foscote, leur député au Parlement. Les termes « aliéniste », « avocat », « fonctionnaire de l'Administration » avaient désormais pour elle l'auréole dont elle avait jadis entouré les acteurs de cinéma et les lutteurs professionnels. C'était la femme d'une cause et avant la fin de la saison de chasse elle avait triomphé. Mr. Loveday recouvrait la liberté.

Le docteur de l'asile manifesta de la réticence, mais pas de véritable opposition. Sir Roderick écrivit au ministère de l'Intérieur. On signa les papiers nécessaires et enfin le jour arriva où Mr. Loveday quitta la maison où il avait passé tant d'années si bien remplies.

Son départ fut fêté avec un certain éclat. Angela et sir Roderick Lane-Foscote prirent place avec les docteurs sur la scène du gymnase. Plus bas étaient assemblés tous ceux de l'institution qu'on avait estimés assez solides pour supporter l'effervescence.

Lord Moping, exprimant ses regrets en quelques formules de circonstance, offrit à Mr. Loveday, de la part des aliénés les plus fortunés, un étui à cigarettes en or ; ceux qui se prenaient pour des empereurs le couvrirent de décorations et de titres honorifiques.

---

12. **reluctance :** *répugnance ;* **reluctant,** *qui agit à contre-cœur.*
13. **at last :** *enfin, à la fin ;* **at long last,** *enfin* (ouf !).
14. **took leave :** **take French leave,** *filer à l'anglaise.*
15. **useful :** *utile ;* **useless,** *inutile ;* **use,** *usage, utilité.*
16. **sat :** **sit, sat, sat,** *être assis ;* **sit down,** *s'asseoir.*
17. **below them :** m.à.m. *sous eux* (c.à.d. dans la salle).
18. **were assembled everyone :** notez l'inversion et l'emploi de **were** avec **everyone** ; ou : **everyone (everybody) was assembled.**
19. **who was thought :** m. à m. *qui était pensé* (notez le passif) ; **think, thought, thought,** *penser.*
20. **excitement :** *excitation, agitation ;* **get excited,** *s'exciter.*
21. **presented :** **present somebody with something,** *offrir qqch. à qqn.*
22. **showered :** **shower with,** *combler de* (cadeaux...), *accabler de* (coups...) ; **shower.** 1. *avalanche* (cadeaux...) 2. *ondée, averse.* 3. *douche* (aussi **shower-bath**).

The warders gave him a silver watch and many of the *non-paying*[1] inmates were in tears *on the day*[2] of the *presentation*[3].

The doctor made the main speech of the afternoon. 'Remember,' he remarked, 'that you leave behind you nothing *but*[4] our warmest good *wishes*[5]. You are *bound*[6] to us by ties that *none*[7] will forget. Time will only *deepen*[8] our sense of *debt*[9] to you. If at any time in the future you *should*[10] grow *tired of your life in the world*[11], *there will always be a welcome for you*[12] here. Your post will be open'.

A dozen or so variously afflicted lunatics hopped and skipped after him down the *drive*[13] until the iron gates opened and Mr. Loveday stepped *into*[14] his freedom. His small trunk had already gone to the station ; he *elected*[15] to walk. He had been reticent about his plans, but he was well *provided with*[16] money, and the general impression was that he would go to London and enjoy himself a little before visiting his step-sister.

It was *to the surprise*[17] of all that he returned *within*[18] two hours of his liberation. He was smiling *whimsically*[19], a gentle, *self-regarding*[20] smile of reminiscence.

'I have come back,' he informed the doctor. 'I think that now I *shall*[21] be here for good.'

---

1. **non-paying :** *qui ne paie pas* (les frais de pension ici).
2. **on the day :** notez la préposition on ; on Monday, *lundi*.
3. **presentation : ▲** *remise du cadeau* (ici) ; **present**, *cadeau*.
4. **but :** syn. plus courant : **except** ; nothing but, *rien d'autre que*.
5. **wishes :** n. pl. *vœux, amitiés, pensées ;* with best (ou all good) wishes from, *bien amicalement* (à la fin d'une lettre).
6. **bound :** bind, bound, bound, *lier ;* syn. **tie.** cf. « ties », *liens*.
7. **none :** ou **no one, nobody** (+ verbe à la forme affirmative).
8. **deepen :** *approfondir ;* **deep**, *profond ;* **depth**, *profondeur*.
9. **debt :** [det], *dette ;* **debt-ridden**, *criblé de dettes*.
10. **should :** exprime ici l'éventualité, la possibilité.
11. **tired of your life in the world :** m. à m. *fatigué de*

Les surveillants lui donnèrent une montre en argent et plusieurs pensionnaires recueillis par charité versèrent des larmes le jour de la cérémonie.

Le docteur prononça le grand discours de l'après-midi. « Souvenez-vous », fit-il remarquer « que vous ne laissez derrière vous que nos vœux les plus chaleureux. Vous êtes uni à nous par des liens que nul n'oubliera. Le temps ne fera que renforcer notre sentiment de reconnaissance à votre égard. Si à l'avenir, à quelque moment que ce soit, il vous arrive d'en avoir assez de vivre à l'extérieur, vous serez toujours le bienvenu ici. Nous vous garderons votre poste. »

Environ une douzaine d'aliénés atteints à des degrés divers se mirent à sautiller et bondir à sa suite dans l'allée jusqu'à ce que le portail de fer s'ouvrît et que Mr. Loveday franchît le pas qui lui rendit la liberté. Sa petite malle était déjà à la gare ; il décida de partir à pied. Il avait été discret sur ses projets mais il ne manquait pas d'argent et le sentiment général était qu'il irait à Londres et qu'il se paierait un peu de bon temps avant de rendre visite à sa demi-sœur.

A la surprise de tous il revint moins de deux heures après sa libération. Il souriait étrangement, d'un sourire doux, satisfait, de quelqu'un qui se souvient.

« Je suis revenu », apprit-il au docteur. « Je crois que maintenant je vais vraiment rester ici pour de bon. »

---

votre vie dans le monde (**grow** ou **get** + adjectif : *devenir*).
12. **there will always be a welcome for you** : m. à m. *il y aura toujours une bienvenue pour vous.* (cf. note 5 page 112).
13. **drive** : *allée privée* (d'une résidence) ; syn. **driveway**.
14. **into** : marque ici le changement de lieu.
15. **elected** : elect ; syn. plus courants : **choose, decide**.
16. **provided with** : *pourvu en ;* provide somebody with something... *fournir qqch. à qqun.*
17. **to the surprise** : much to my surprise, *à ma grande surprise* (notez la construction).
18. **within** : 1. (ici) *à* ou *en moins de.* 2. *en, dans.*
19. **whimsically** : whimsical : 1. *capricieux.* 2. *bizarre ;* whim, *caprice.*
20. **self-regarding** : self-regard, self-respect, *amour-propre, fierté.*
21. **shall** : marque le caractère définitif, rendu par « *vraiment* » et renforcé par « **for good** » (*pour de bon*).

'But, Loveday, *what a*[1] short holiday. I'm afraid that you have *hardly*[2] enjoyed yourself at all.'

'Oh yes, sir, thank you, sir, I've enjoyed myself *very much*. I'd been promising myself one little *treat*[3] all these years. It was short, sir, but *most*[4] *enjoyable*[5]. Now I shall be able to settle down again to my work here *without any regrets*[6].'

Half a mile[7] up the road from the asylum gates, they later discovered an abandoned bicycle. It was a lady's machine of some antiquity. *Quite near it*[8] in the ditch *lay*[9] the strangled body of a young woman, who, *riding*[10] home to her tea, had *chanced*[11] to overtake Mr. Loveday, as he *strode*[12] along, *musing*[13] on his *opportunities*[14].

© The Estate of Evelyn Waugh

---

1. **what a** : a, an après **what** + nom dénombrable singulier.
2. **hardly** : *à peine* ; ne pas confondre avec **hard** (adj.), *dur*.
3. **treat** : 1. *régal, festin*. 2. *fête*. 3. *plaisir* ; it's my treat, *c'est moi qui régale* ; I want to give you a treat, *je veux vous faire plaisir* ; treat somebody to something, *régaler qqn. de qqch.*
4. **most** : ou **very** ; it's a most interesting short story.
5. **enjoyable** : *agréable* ; enjoy, *aimer, apprécier* ; I enjoy music ; syn. like.
6. **without any regrets** : notez l'emploi de **any** après **without**.
7. **half a mile** : notez la place de **a** avec **half**. 1 mile = 1,609 km ; 5 miles = 8 km.
8. **quite near it** : close to it, *tout près* (it = bicycle).
9. **lay** : lie, lay, lain : *être étendu*. N.B. participe présent : lying ; ne pas confondre avec lay, laid, laid, *mettre, poser à plat*.
10. **riding** : ride, rode, ridden, *aller à bicyclette, à cheval, en voiture, en bus, en moto...* (Notez la chute du e dans riding).
11. **chanced** : to chance, *venir à* (par hasard) ; I chanced to meet him, *je l'ai rencontré par hasard*. ▲ chance, *le hasard*.
12. **strode** : stride, strode, stridden, *marcher à grands pas* ; stride (n.), *grand pas, enjambée*.
13. **musing** : to muse, *méditer, rêver, songer, réfléchir*.

« Mais, Loveday, quelles courtes vacances ! Je crains que vous n'en ayez à peine profité. »

« Oh si, monsieur, merci, je me suis *beaucoup* amusé. Je me promettais une petite partie de plaisir depuis des années. Ce fut bref, monsieur, mais *très* agréable. Maintenant je vais pouvoir me remettre à mon travail ici sans regret. »

A un demi-kilomètre du portail de l'asile, sur la route, on découvrit plus tard une bicyclette abandonnée. C'était un vélo de femme assez vétuste. Tout près, dans le fossé, gisait le corps d'une jeune femme étranglée qui, rentrant chez elle pour le thé, avait par hasard dépassé Mr. Loveday alors qu'il marchait à grandes enjambées, ruminant ses chances.

---

14. **opportunities :** ▲ opportunity, *occasion, chance ;* **he took the opportunity of doing it,** *il a profité de l'occasion pour le faire.*

Révisions

Vous avez rencontré dans la nouvelle que vous venez de lire l'équivalent des expressions françaises suivantes.

Vous en souvenez-vous ?

1. Tu ne le trouveras pas énormément changé.
2. Il est tout à fait disposé à vous voir.
3. Il avait un assez mauvais rhume il y a quelque temps.
4. Est-ce que tu as tapé cette lettre à la machine ?
5. Je pense qu'il faudra refaire toute la lettre.
6. Vous m'avez demandé d'examiner les chiffres d'abord.
7. Je n'ai pas eu le temps d'y accorder toute mon attention.
8. Il prend du poids.
9. Il ne faut pas faire attention à lui.
10. Je n'ai pas été en mesure de faire taper tous ces rapports.
11. Il fait des tours de prestidigitation.
12. Il répare leur phonographe et les aide à faire leurs mots croisés.
13. La visite se faisait sur la propre initiative d'Angela.
14. Le temps demeura clair jusqu'à l'arrivée des premiers invités.

1. You will not find him greatly changed.
2. He is quite ready to see you.
3. He had a rather nasty cold some time ago.
4. Have you typed out this letter ?
5. I think the whole letter will have to be redrafted.
6. You asked me to look up the figures first.
7. I haven't had time to give my full attention to it.
8. He is putting on weight.
9. You mustn't mind him.
10. I haven't been able to get all these reports typed.
11. He does conjuring tricks.
12. He mends their gramophones and helps them in their crossword puzzles.
13. The visit was being made at Angela's own suggestion.
14. The weather remained clear until the arrival of the first guests.

ELIZABETH TAYLOR (1912-1975)

First Death of Her Life

Première mort de sa vie

Auteur de douze romans et de cinq recueils de nouvelles, Elizabeth Taylor est née à Reading, dans le sud-est de l'Angleterre. Avant de se consacrer à la littérature, elle a travaillé comme préceptrice et comme bibliothécaire. Elle excelle dans la description minutieuse de scènes de la vie de tous les jours au sein des classes moyennes ; à son sens aigu de l'observation s'ajoute une délicate ironie. *First Death of Her Life* est extrait de *Hester Lily and other stories* (Peter Davies, London 1954). *The Devastating Boys and other stories*, publié en 1972, doit paraître en livre broché (Virago Modern Classics) en 1984.

Suddenly tears *poured*[1] from her eyes. She *rested*[2] her forehead against her mother's hand, and *let the tears soak*[3] into the counterpane.

« *Dear Mr Wilson*[4], », she began, *for her mind*[5] was always composing letters, « I shall not be at the shop *for the next four days*[6], as my mother has passed away and I shall not be *available*[7] *until*[8] after the funeral. My mother passed away very peacefully... »

The nurse came in. She took her patient's wrist for a moment, replaced it, removed a jar of forced lilac from beside the bed *as if this were*[9] no longer necessary and went out again.

The *girl*[10] kneeling by the bed had *looked up*[11].

« Dear Mr Wilson, » she *resumed*[12], her face returning to the counterpane, « My mother has died. I shall come back to work the day after tomorrow. *Yours sincerely*[13], Lucy Mayhew. »

Her father was late. She imagined him *hurrying*[14] from work, *bicycling through the darkening*[15] streets, dogged, hunched-up, *slush*[16] *thrown up*[17] by his wheels. Her mother did not move. She stroked her hand with its *loose*[18] gold ring, the calloused palms, the fine, long fingers. Then she stood up *stiffly*[19], her knees *bruised*[20] from the waxed floor, and went to the window.

---

1. **poured :** pour, *couler à flots ;* v. transitif : *verser* (liquide). He poured some tea into the cup.
2. **rested :** rest, *appuyer* (contre) ; v. intransitif, *se reposer*.
3. **let the tears soak :** m. à m. *laissa les larmes tremper*.
4. **dear Mr Wilson :** il n'y a ici rien de familier dans dear. On trouve dans les lettres d'affaire : Dear Sir, Monsieur.
5. **for her mind.... :** m. à m. *car son esprit*... **have in mind to do,** *avoir l'intention de faire* ; **mindless,** *irréfléchi(e)*.
6. **for the next four days :** m. à m. *pendant les quatre jours suivants ;* **next week** (sans article !), *la semaine prochaine*.
7. **available :** 1. *disponible* (marchandise). 2. *libre* (personne).
8. **until :** (un seul l !) *jusqu'à* (prépos. de temps) ; syn. **till**.
9. **as if this were :** were, subjonctif, exprime l'hypothèse.
10. **girl :** 1. *fillette*. 2. *jeune fille* (ici), *jeune femme*.
11. **looked up :** look up, *lever les yeux,* look down, *baisser les yeux*.
12. **resumed :** ▲ resume, *reprendre* (une activité) ; sum

Soudain des larmes coulèrent de ses yeux. Elle posa son front contre la main de sa mère et les larmes se répandirent sur le couvre-pied.

« Cher Monsieur », commença-t-elle, car, mentalement, elle était toujours en train de rédiger des lettres, « Je ne viendrai pas au magasin d'ici quatre jours puisque ma mère est décédée et je ne serai libre qu'après l'enterrement. Ma mère s'est éteinte paisiblement... »

L'infirmière entra. Elle prit un instant le poignet de la malade, le relâcha, enleva un vase de lilas de serre, placé près du lit, comme s'il ne servait plus à rien et ressortit.

La jeune fille agenouillée près du lit avait levé les yeux.

« Cher Monsieur », reprit-elle, posant à nouveau son visage sur le couvre-pied, « ma mère est morte. Je reprendrai le travail après-demain. Veuillez croire à mes sentiments les meilleurs. Lucy Mayhew. »

Son père avait du retard. Elle l'imaginait revenant du travail à la hâte, pédalant dans les rues à la nuit tombante, opiniâtre, courbé sur sa bicyclette, la neige fondue giclant sous les roues. Sa mère était immobile. Lucy caressa la main à l'anneau d'or, devenu trop grand, les paumes rugueuses, les longs doigts fins. Puis elle se leva, engourdie, les genoux marqués par le parquet ciré, et elle se dirigea vers la fenêtre.

---

up, *résumer*.

13. **yours sincerely :** s'utilise à la fin d'une lettre à une personne connue ; à un ami : **yours (ever)**, *bien cordialement*.

14. **hurrying :** hurry (up), *se presser ;* be in a hurry, *être pressé*.

15. **bicycling through the darkening streets :** notez le v. **to bicycle** ou **cycle** ; **through**, *à travers*, évoque ici la difficulté (fatigue, neige) ; **darken,** (s') *assombrir* ; **dark,** *sombre*.

16. **slush :** 1. (ici) *neige fondue*. 2. *boue*. 3. (fam.) *sensiblerie*.

17. **thrown up :** *projeté(e) ;* **throw, threw, thrown,** *jeter, lancer*.

18. **loose :** [lu:s], *vague, ample* (vêtements). N.B. **lose** [lu:z], **lost, lost,** *perdre*.

19. **stiffly :** **stiff,** *raide, rigide, dur ;* **stiff neck,** *torticolis*.

20. **bruised :** **bruise,** *meurtrir, contusionner ;* **bruise** (n.), *contusion, bleu*.

Snowflakes turned *idly*[1], *drifting*[2] down over the hospital *gardens*[3]. It was *four o'clock in the afternoon*[4] and already the day seemed over. So *few*[5] sounds came from this *muffled*[6] and *discoloured*[7] world. In the hospital itself there was a deep silence.

Her thoughts came to her in words, as if her mind spoke them first, understood them later. She tried to *think of*[8] her childhood : little scenes, she selected, to prove how they had loved one another. Other scenes, especially last week's quarrel, she *chose*[9] to forget, not knowing that in this moment she *sent them away*[10] for ever. Only *loving-kindness*[11] remained.

But, all the same, intolerable pictures *broke through*[12] — her mother at the sink ; her mother ironing ; her mother standing between the lace curtains *staring*[13] out at the *dreary*[14] street with a wounded look in her eyes ; her mother *tying*[15] the same lace curtains with yellow ribbons ; *attempts at*[16] lightness, gaiety, which came to nothing ; her mother *gathering*[17] her *huge*[18] black cat to her, *burying*[19] her face in its fur and a great shivering sigh of despair, of *boredom*[20] escaping her.

She no longer sighed. She lay very still and sometimes took a little *sip*[21] of air.

---

1. **idly :** idle 1. *oisif, désœuvré.* 2. *arrêté, en chômage* (usine).
2. **drifting :** drift, *aller à la dérive, être charrié.*
3. **gardens :** *jardin public* (notez le pluriel dans ce sens).
4. **four o'clock in the afternoon :** notez l'emploi de in ; de même : he came at six in the morning.
5. **few :** *peu de ;* they were few, *ils étaient peu (nombreux).*
6. **muffled :** 1. (ici) *amorti, étouffé* (son). 2. *emmitouflé.*
7. **discoloured :** go ou become discoloured, *se décolorer, se ternir.*
8. **think of :** *penser à ;* notez l'emploi de of ; think, thought, thought.
9. **chose :** choose, chose, chosen, *choisir ;* choose to + v., *décider de.*
10. **sent them away :** send, sent, sent, *envoyer ;* away, *loin, au loin.*
11. **loving-kindness :** loving 1. *tendre, affectueux, aimant.* 2. *d'amour, d'amitié ;* kind, *bon, aimable, bienveillant ;* loving-kindness, *miséricorde, charité, bonté.*
12. **broke through :** break through, broke, broken, 1.

Des flocons de neige tourbillonnaient paresseusement au-dessus du jardin de l'hôpital, entraînés par le vent. Il était quatre heures de l'après-midi et déjà la journée semblait terminée, si rares étaient les bruits qui montaient de cet univers feutré, terne. Dans l'hôpital même régnait un profond silence.

Ses pensées lui venaient sous forme de mots, comme si son esprit les formulait d'abord et les comprenait plus tard. Elle essaya de penser à son enfance, à des scènes brèves qu'elle sélectionnait pour se prouver combien elles s'étaient aimées. D'autres scènes, en particulier de la querelle de la semaine précédente, elle décidait de les oublier, ignorant qu'en cet instant elle les chassait à jamais. Seuls demeuraient l'amour et la bonté.

Mais malgré tout, des images insupportables s'imposaient — sa mère à l'évier ; sa mère en train de repasser ; sa mère debout entre les rideaux de dentelle, fixant la rue grise de son regard blessé ; sa mère nouant les mêmes rideaux de dentelle avec des rubans jaunes ; efforts pour trouver l'insouciance, la gaieté, qui se réduisaient à néant ; sa mère prenant contre elle son gros chat noir, cachant son visage dans la fourrure, laissant échapper, tremblante, un soupir de désespoir, d'ennui.

Elle ne soupirait plus. Elle reposait, parfaitement immobile, et de temps en temps aspirait une petite bouffée d'air.

---

enfoncer (une barrière) 2. *se frayer* (un chemin) 3. (soleil) *percer* (les nuages). 4. (armée) *percer* (en dépit d'une résistance).

13. **staring :** stare at, *regarder fixement* ; **stare**, *regard fixe*.

14. **dreary :** ['drɪərɪ], *triste, morne, lugubre* ; syn. **drab**.

15. **tying :** tie, *nouer*. NB. -ie final devient -y devant -ing.

16. **attempts at :** attempt, *tentative* ; notez la préposition at ; attempt (v.), *essayer*.

17. **gathering :** gather 1. *ramasser*. 2. *cueillir*, 3. *rassembler*.

18. **huge :** *énorme* ; *immense, vaste* ; syn. **enormous, immense, mammoth**.

19. **burying :** m. à m. *enterrant* ; **bury**, *enterrer* ; **burial**, *enterrement*.

20. **boredom :** *ennui* ; **bore**, *ennuyer, raser* ; **get bored**, *s'ennuyer*.

21. **sip :** *petit coup, petite gorgée* ; **sip (v.)**, *boire à petits coups*.

Her arms were *neatly*[1] at her side. Her eyes, which all day long had been turned to the white lilac, were closed. Her cheekbone *rose*[2] *sharply*[3] from her bruised, *exhausted*[4] face. She *smelt* faintly *of*[5] wine.

A small lilac-flower floated on a glass of champagne, now *discarded*[6] on the table *at her side*[7].

The champagne, with which they hoped to *stretch out*[8] the thread of her life minute by minute ; the lilac ; *the room of her own*[9], coming to her at the end of a life of *drabness*[10] and *denial*[11], just as, all along the *mean*[12] street where they lived, the *dying*[13] and the dead *might*[14] claim a life-time's *savings*[15] from *the bereaved*[16].

« She is no longer there », Lucy thought, standing beside the bed.

All day her mother had stared at the white lilac ; now she had *sunk away*[17]. Outside, *beyond*[18] the hospital gardens, mist *settled*[19] over the town, blurred the street-lamps.

The nurse returned with the *matron*[20]. Ready to be on her best *behaviour*[21], Lucy tautened. In her heart she trusted her mother to die without frightening her, and when the matron, *deftly*[22] drawing Lucy's head to rest on her own shoulder, said in her calm voice : « She has gone », she felt *she had met this happening half-way*[23].

---

1. **neatly :** *d'une manière soignée, ordonnée, impeccablement ;* **neat,** *net, ordonné, bien tenu.*
2. **rose :** rise, rose, risen (ici) *se dresser, apparaître en relief.*
3. **sharply :** *distinctement, clairement ;* **sharp,** *saillant.*
4. **exhausted :** *épuisé, très fatigué ;* **exhaustion,** *épuisement.*
5. **smelt... of :** smell, smelt, smelt, *sentir ;* notez la préposition of.
6. **discarded :** discard, *laisser de côté, mettre au rebut.*
7. **at her side :** m. à m. *à son côté ;* **by my side,** *à côté de moi.*
8. **stretch out :** stretch, 1. *tendre, étirer.* 2. *déployer* (ailes).
9. **the room of her own :** own, *propre, en propre ;* **I have a house of my own, it's my own house,** *j'ai une maison à moi, c'est ma maison personnelle ;* **own** (v.), *posséder.*
10. **drabness :** drab, *terne, gris, monotone, morne* (vie).
11. **denial :** (=self-denial) *abnégation ;* **deny oneself,** *se*

Ses bras étaient plaqués contre son corps. Ses yeux, tournés tout le jour durant vers le lilas blanc, étaient fermés. Sa pommette ressortait nettement dans le visage meurtri, défait. Elle sentait légèrement le champagne.

Une petite fleur de lilas flottait dans un verre de champagne désormais abandonné sur la table, près d'elle.

Le champagne qui, espéraient-ils, allongerait le fil de sa vie minute par minute, le lilas, la chambre pour elle toute seule, tout cela lui arrivait à la fin d'une existence faite de monotonie et d'abnégation, absolument comme si, d'un bout à l'autre de la rue misérable où ils habitaient, les agonisants et les morts réclamaient aux survivants les économies d'une vie entière.

« Elle n'est plus de ce monde, » songea Lucy, debout près du lit.

Toute la journée sa mère avait fixé du regard le lilas blanc ; voilà qu'elle avait sombré dans l'au-delà. Au-dehors, par-delà le jardin de l'hôpital, la brume s'accumulait au-dessus de la ville, estompait les réverbères.

L'infirmière revint, accompagnée de sa supérieure. Résolue à se comporter de son mieux, Lucy se raidit. Au fond de son cœur elle faisait confiance à sa mère pour mourir sans la terroriser et lorsque l'infirmière en chef, attirant délicatement son visage contre son épaule, dit d'une voix calme : « Elle nous a quittés », Lucy éprouva le sentiment d'avoir parcouru la moitié du chemin qui la séparait de l'événement.

---

priver.
12. **mean** : (ici) *pauvre, minable* ; syn. **shabby**.
13. **dying** : die, *mourir* ; **die of cancer** ; **be dead**, *être mort*.
14. **might** : prétérit de **may** exprimant ici l'éventualité.
15. **savings** : *économies* ; **save up**, *économiser*.
16. **the bereaved** : *la famille du défunt* ; **bereaved**, *endeuillé*.
17. **sunk away** : sink, sank, sunk, *(faire) couler (navire)* ; **away**, *loin* ; *au loin*.
18. **beyond** : *au-delà de* ; **beyond doubt**, *hors de doute*.
19. **settled** : settle (down), *s'établir, s'installer, se fixer*.
20. **matron** : ▲ 1. *infirmière en chef*. 2. *directrice*.
21. **behaviour** : *comportement* ; **behave**, *se comporter*.
22. **deftly** : *adroitement, habilement* ; **deft**, *adroit, preste*.
23. **she had met this happening half-way** : m. à m. *elle avait rencontré cet événement à mi-chemin.*

A little *bustle*¹ began, quick footsteps along the *empty*² passages, and for a moment *she was left alone*³ with her dead mother. She laid her hand *timidly*⁴ on her soft dark hair, so often touched, *played with*⁵ when she was a little girl, standing on a stool behind her mother's chair while she *sewed*⁶.

There was *still*⁷ the smell of wine and the hospital smell. It was *growing dark*⁸ in the room. She went to the dressing-table and took her mother's handbag, very *worn*⁹ and *shiny*¹⁰, and a book, a *library*¹¹ book which she had chosen carefully for her, believing she would read it.

Then she had a quick sip from the glass on the table, a *mouthful*¹² of champagne, which she had never tasted before, and, looking *wounded*¹³ and *aloof*¹⁴, walked down the middle of the corridor, *feeling*¹⁵ the nurses *falling away*¹⁶ to left and right.

Opening the glass doors *on to*¹⁷ the snowy gardens, she thought that it was like the end of a film. But no music rose up and engulfed her. *Instead*¹⁸ there was her father turning in at the gates. He propped his bicycle against the wall and began to run *clumsily*¹⁹ across the wet gravel.

© Elizabeth Taylor

---

1. **bustle** : [bʌsl], *remue-ménage, affairement ;* bustle (v.), *s'affairer.*
2. **empty** : *vide, inoccupé ;* on an empty stomach, *à jeun ;* empty (v.), *vider.*
3. **she was left alone** : m. à m. *elle fut laissée seule ;* leave, left, left, *laisser.*
4. **timidly** : timid, *timide, peureux, craintif ;* shy, *timide, réservé ;* bashful, *timide, intimidé.*
5. **played with** : (= which was played with), m. à m. *joué(s) avec :* un v. intransitif peut s'employer à la forme passive, mais il faut conserver la préposition (**you are spoken to,** *on vous parle*).
6. **sewed** : sew [səu], sewed [səud], sewn [səun], *coudre.*
7. **still** : *encore* (continuation) ; again, *encore* (répétition).
8. **growing dark** : grow + adj., *devenir ;* grow old, *vieillir.*
9. **worn** : usé. wear, wore, worn, *porter* (vêtements, barbe).
10. **shiny** : shiny coat, *habit râpé ;* shine, shone, shone, *briller.*

Une légère agitation commença de naître, quelques pas précipités dans les couloirs déserts, et, pendant un moment, Lucy se retrouva seule avec la morte. Craintive, elle posa sa main sur les cheveux bruns, souples, si souvent caressés, avec lesquels elle avait tant joué quand elle était petite fille, debout sur un tabouret, derrière la chaise de sa mère pendant qu'elle cousait.

Il y avait toujours cette odeur de champagne et l'odeur de l'hôpital. Il faisait de plus en plus sombre dans la chambre. Elle se dirigea vers la coiffeuse et prit le sac à main de sa mère, tout défraîchi, lustré, et un livre, un livre de bibliothèque, qu'elle avait choisi avec soin pour elle, croyant qu'elle le lirait.

Puis elle but rapidement une goutte dans le verre posé sur la table, une gorgée de champagne, auquel elle n'avait jamais goûté auparavant et, l'air blessée, absente, elle marcha au milieu du couloir non sans remarquer les infirmières qui s'effaçaient à droite et à gauche.

Ouvrant la porte de verre qui donnait sur le jardin enneigé, elle se dit que cela ressemblait à la fin d'un film. Mais nulle musique ne s'éleva pour l'emporter. Il y avait, par contre, son père qui entrait par le portail. Il appuya sa bicyclette contre le mur et se mit à courir lourdement sur le gravier humide.

---

11. **library :** ▲ *bibliothèque* (de prêt) ; **bookshop,** *librairie.*
12. **mouthful :** *bouchée ;* **mouth,** *bouche ;* **full (of)** *plein (de) ;* notez la chute d'un l dans les mots composés : **careful, hopeful**...
13. **wounded:** [wu:ndɪd] **to wound,** *blesser ;* **a wound,** *une blessure.*
14. **aloof :** **keep aloof,** *se tenir à l'écart, ne pas se mêler de.*
15. **feeling : feel, felt, felt,** *sentir, éprouver des sentiments.*
16. **falling away : fall away** 1. *s'affaisser* (sol). 2. *déserter* (un parti). 3. *disparaître* (préjugés) ; ici, les infirmières, discrètes, s'écartent pour laisser passer Lucy affligée.
17. **on to :** ou **onto** ; **a room that looks on to the street,** *une pièce qui donne sur la rue* (aussi, **that overlooks the street**).
18. **instead : instead of,** *au lieu de, à la place de.*
19. **clumsily :** *maladroitement ;* **clumsy,** *gauche, maladroit(e).*

Révisions

Vous avez rencontré dans la nouvelle que vous venez de lire l'équivalent des expressions françaises suivantes.
Vous en souvenez-vous ?

1. Je retournerai au travail après-demain.
2. Mon père est en retard.
3. Je ne serai pas disponible pendant les quatre jours à venir.
4. L'infirmière saisit le poignet de la patiente.
5. La jeune fille leva les yeux.
6. Il revenait en hâte de son travail.
7. Elle n'est plus là.
8. On la laissa seule.
9. Il commençait à faire sombre.
10. Elle avait choisi un livre pour sa mère pensant qu'elle le lirait.
11. Il était quatre heures de l'après-midi et la journée semblait déjà terminée.
12. Elle essaya de penser à son enfance.

1. I shall come back (go back) to work the day after tomorrow.
2. My father is late.
3. I shall not be available for the next four days.
4. The nurse took the patient's wrist.
5. The girl looked up.
6. He was hurrying from work.
7. She is no longer there.
8. She was left alone.
9. It was growing dark.
10. She had chosen a book for her mother, believing she would read it.
11. It was four o'clock in the afternoon and already the day seemed over.
12. She tried to think of her childhood.

W. Somerset MAUGHAM (1874-1966)

HOME [1]

La Maison

Romancier (*Of Human Bondage*), dramaturge (*A Man of Honour*) et nouvelliste anglais, Somerset Maugham est né à Paris où il a vécu jusqu'à l'âge de dix ans. Après des études secondaires à King's School, Canterbury, il étudia la médecine à Heidelberg et à St-Thomas's Hospital à Londres.

Il vécut à Cap Ferrat à partir de 1930. Son expérience de médecin et de grand voyageur (en Extrême-Orient en particulier) est reflétée dans son œuvre. Ses nouvelles sont réunies en quatre volumes en Penguin Books (livres de poche anglais) ; les volumes 1, 2, 4 contiennent des nouvelles courtes, d'un niveau accessible ; en quelques lignes, deux ou trois personnages sont campés, un problème psychologique est posé ; le plus souvent l'auteur adresse à son lecteur un malicieux clin d'œil, comme dans *Home*.

The farm *lay*[2] in a *hollow*[3] among the *Somersetshire*[4] hills, an *old-fashioned*[5] stone house surrounded by barns and pens and outhouses. Over the *doorway*[6] the date *when*[7] it was built had been carved in the elegant *figures*[8] of the period, 1673, and the house, grey and *weather-beaten*[9], *looked*[10] as much a part of the landscape as the trees that *sheltered*[11] it. An *avenue*[12] of splendid elms that would have been the pride of *many a*[13] squire's mansion led from the road to the trim garden. The people who lived here were as *stolid*[14], sturdy, and unpretentious as the house ; their only *boast*[15] was that ever since it was built from father to son in one *unbroken*[16] line they *had been born*[17] and died in it. For three hundred years they had *farmed*[18] the *surrounding*[19] land. George Meadows was now a man of fifty, and his wife was a year or two younger. They were both fine, upstanding people *in the prime of life*[20] ; and their children, two sons and three girls, were handsome and strong. They had no *new-fangled*[21] *notions*[22] about being gentlemen and ladies ; they knew their place and were proud of it. I have never seen a more united *household*[23]. They were merry, industrious, and kindly. Their life was patriarchal. It had a *completeness*[24] that gave it a beauty as definite as that of a symphony by

---

1. **home :** *maison, foyer, chez soi ;* **house,** *maison.*
2. **lay :** *lie, lay, lain, être situé (à plat), être allongé.*
3. **hollow :** *m.à.m. creux ;* **small valley, dale,** *vallon.*
4. **Somersetshire :** *comté (shire) de Somerset.*
5. **old-fashioned :** 1. *à l'ancienne mode* (fashion). 2. *démodé.*
6. **doorway :** 1. *embrasure de porte.* 2. *porche.*
7. **when :** notez l'emploi de **when : the day when.**
8. **figures :** ▲ **figure** 1. *chiffre.* 2. *silhouette ;* **face,** *figure.*
9. **weather-beaten :** **weather,** *temps (intempéries) ;* **weather forecast,** *bulletin météorologique ;* **beat,** *battre.*
10. **looked :** **look,** *paraître, sembler ;* **he looks tired,** *il a l'air fatigué ;* **look at,** *regarder ;* **look like,** *ressembler.*
11. **sheltered :** **shelter (v.),** *abriter ;* **shelter (n.)** 1. *abri, couvert.* 2. *refuge.*
12. **avenue :** ou **drive,** *allée privée (qui conduit à une maison).*

La ferme se trouvait dans un vallon au milieu des collines du Somerset, vieille maison de pierre entourée de granges, d'enclos et de dépendances. Au-dessus de la porte d'entrée la date à laquelle elle fut bâtie avait été gravée en chiffres élégants de l'époque, 1673, et la maison, grise et patinée par le temps, semblait faire partie du paysage autant que les arbres qui l'entouraient. Une allée d'ormes splendides qui aurait fait l'orgueil de maint château de seigneur conduisait de la route au jardin bien tenu. Les gens qui vivaient ici étaient aussi paisibles, aussi solides et simples que la maison elle-même ; leur seul sujet de fierté c'était que depuis qu'elle avait été construite, de père en fils, en une ligne ininterrompue, ils y naissaient et ils y mouraient. Depuis trois cents ans ils exploitaient les terres environnantes. George Meadows était à présent un homme de cinquante ans et sa femme était plus jeune d'un an ou deux. Ils étaient beaux l'un et l'autre, bien bâtis, à la fleur de l'âge ; et leurs enfants, deux fils et trois filles, étaient élégants et vigoureux ; ils n'avaient pas de ces prétentions modernes à passer pour de beaux messieurs et de belles dames ; ils connaissaient leur rang et en étaient fiers. Je n'ai jamais vu de famille plus unie. Ils étaient joyeux, actifs et pleins de gentillesse. Ils menaient une vie patriarcale d'une plénitude qui lui donnait une beauté aussi nette qu'une symphonie de

---

13. **many a :** *bien des... plus d'un(e), maint(s), maintes.*
14. **stolid :** *impassible, flegmatique, imperturbable.*
15. **boast :** 1. *vantardise.* 2. *sujet d'orgueil ;* **boast (v.),** *se vanter (de).*
16. **unbroken :** break, broke, broken (ici) 1. *rompre, interrompre.* 2. *casser, briser.*
17. **had been born :** be born, *naître ;* I was born on December 12th, *je suis né le 12 décembre.*
18. **farmed :** farm, *cultiver ;* **farmer,** *fermier.*
19. **surrounding :** surround, *entourer.*
20. **in the prime of life :** *dans la force de l'âge ;* **prime,** *apogée.*
21. **new-fangled :** (péjoratif) *dernier cri, nouveau genre.*
22. **notion(s) :** △ 1. *idée* (projet), 2. *idée* (opinion). 3. *intention.*
23. **household :** *occupants d'une maison, famille, maisonnée.*
24. **completeness :** complete, 1. *complet.* 2. *achevé.* 3. *total, parfait.*

Beethoven or a picture by *Titian*[1]. They were happy and they deserved their happiness. But the master of the house was not George Meadows (*not by a long chalk*[2], they said in the village) ; it was his mother. She was *twice*[3] the man her son was, they said. She was a woman of seventy, tall, upright, and dignified, with grey *hair*[4], and though her face was much *wrinkled*[5], her eyes were bright and *shrewd*[6]. Her *word*[7] was law in the house and *on the farm*[8] ; but she had *humour*[9], and if her *rule*[10] was despotic it was also kindly. People laughed at her jokes and repeated them. She was a good business woman and you had to get up very early *in the morning*[11] *to best*[12] her in *a bargain*[13]. She was *a character*[14]. She combined in a rare degree goodwill with an *alert*[15] sense of the ridiculous.

One day[16] Mrs George stopped me *on my way home*[17]. She was *all in a flutter*[18]. (Her mother-in-law was the only Mrs Meadows we knew ; George's wife was only known *as*[19] Mrs George.)

'*Whoever*[20] do you think *is coming*[21] here today ?' she asked me. 'Uncle George Meadows. You know, him *as was*[22] in China.'

'*Why*[23], I thought he was dead.'

'We all thought he was dead.'

I had heard the story of Uncle George Meadows a dozen

---

1. **Titian :** ['tɪʃn], Titien, peintre italien du 16ᵉ siècle.
2. **not by a long chalk :** m.à.m. *pas par une longue craie*.
3. **twice :** *deux fois* ; **once,** *une fois* ; **three times...**
4. **hair :** *cheveux* ; notez : **her hair is grey,** *ses cheveux sont gris*.
5. **wrinkled :** syn. **wrinkly** ; **wrinkle** (v.), *rider* ; **a wrinkle,** *une ride*.
6. **shrewd :** *sagace, fin, perspicace* ; **shrewdness,** *perspicacité*.
7. **word :** 1. *mot.* 2. *parole* ; **a man of his word,** *un homme de parole*.
8. **on the farm :** *à la ferme* ; notez l'emploi de **on** (*sur*).
9. **she had humour :** ou **she had a sense of humour**.
10. **rule :** *règle, règlement* ; **as a rule,** *en règle générale*.
11. **in the morning :** *le matin, dans la matinée* : notez l'emploi de **in** ; de même, **in the afternoon**.
12. **to best :** (fam.) *battre, l'emporter sur* ; **the best,** *le*

Beethoven ou qu'un tableau du Titien. Ils étaient heureux et méritaient leur bonheur. Mais le maître de maison n'était pas George Meadows (loin de là, disait-on au village) ; c'était sa mère. Elle valait deux fois son fils, prétendait-on. C'était une femme de soixante-dix ans, grande, droite et digne, aux cheveux gris, et bien que son visage fût très ridé, elle avait un regard vif et pénétrant. Ses paroles avaient force de loi dans la maison et à la ferme ; mais elle avait de l'humour et si son autorité était absolue elle n'était pas dénuée de bonté. Les gens riaient de ses plaisanteries et se les répétaient. C'était une excellente femme d'affaires et il fallait se lever de très bonne heure le matin pour la rouler quand une bonne occasion se présentait. C'était un personnage ! Elle alliait, à un degré rare, la bienveillance à un sens aigu du ridicule.

Un jour Mrs George m'arrêta alors que je rentrais chez moi. Elle était tout en émoi. (Sa belle-mère était la seule Mrs Meadows que nous connaissions ; la femme de George était seulement connue sous le nom de Mrs George.)

« Et qui, croyez-vous, doit venir ici aujourd'hui ? » me demanda-t-elle. L'oncle George Meadows. Vous savez, celui qui était en Chine. »

« Mais je croyais qu'il était mort. »

« Nous croyions tous qu'il était mort. »

J'avais entendu raconter l'histoire de l'oncle George Meadows une douzaine

---

meilleur (superlatif de **good**).
13. **bargain** : *marché, affaire,* (bonne occasion) ; **bargain (v.)**, *marchander*.
14. **character** : (ici) *numéro, phénomène, personnage*.
15. **alert** : *alerte, vif* ; **alert** (n.) *alerte* ; **on the alert**, *sur le qui-vive*.
16. **one day** : *un jour* ; notez l'emploi de **one** (pas **a, an** !).
17. **on my way home** : **way**, *chemin, route, direction* ; pas de prép. devant **home** ; **this way**, *par ici*.
18. **all in a flutter** : *tout en émoi* ; **flutter**, *agitation*.
19. **as** : *comme, en tant que* ; **as a poet**, *en tant que poète*.
20. **whoever** : **whoever told you that ?** *qui donc vous a dit ça ? qui a bien pu vous dire ça ?* ; **whoever ?** est une forme emphatique de **who ?**
21. **is coming** : notez le sens futur de la forme progressive.
22. **him as was** : parler campagnard, incorrect (= **the one who was**).
23. **why** : (ici) *eh bien ! mais ! voyons !* **Why ?** *pourquoi ?*

times[1], and it had amused me because it had the *savour of* [2] an old ballad : it was *oddly*[3] touching to *come across*[4] it in real life. For Uncle George Meadows and Tom, his younger brother, had both courted Mrs Meadows when she was Emily Green, fifty years and more ago, and when she married Tom, George had *gone away to sea*.[5]

They *heard of*[6] him on the China coast. For twenty years *now and then*[7] he sent them presents ; then there was no more *news*[8] of him ; when Tom Meadows *died*[9] his widow wrote and told him, but received no answer ; and at last they came to the conclusion that *he must be dead*[10]. But two or three days ago *to their astonishment*[11] they had received a letter from the matron of the sailors' *home*[12] at Portsmouth. It appeared that for the last ten years George Meadows, *crippled*[13] with rheumatism, had been an *inmate*[14] and now, feeling that he had not much longer to live, wanted to see once more the house in which he was born. Albert Meadows, his *great-nephew*[15], had gone over to Portsmouth in the Ford to fetch him and *he was to arrive*[16] that afternoon.

'Just fancy,' said Mrs George, '*he's not been here*[17] for more than fifty years. He's never even seen my George,

---

1. **times :** (ici) *fois ;* three times a day, *trois fois par jour.*
2. **savour of :** *sentir quelque chose ;* his attitude savours of snobbishness, *son attitude sent le snobisme ;* savour, *saveur, goût.*
3. **oddly :** *étrangement ;* odd, *étrange ;* syn. strange ; oddity, *bizarrerie.*
4. **come across :** *rencontrer, trouver par hasard, tomber sur.*
5. **gone away to sea :** NB. go to sea, *devenir ou se faire marin ;* put to sea, *prendre la mer ;* in the open sea, *en pleine mer.*
6. **heard of :** hear of, about, *avoir des nouvelles de, entendre parler de ;* hear from, *recevoir des nouvelles* (lettre...) *de ;* hear, heard, heard, *entendre.*
7. **now and then :** ou now and again, *de temps en temps.*
8. **news :** *des nouvelles ;* no news is good news, *pas de nouvelles bonnes nouvelles ;* a piece of news, *une nouvelle.*
9. **died :** die, *mourir* (action) ; be dead, *être mort* (état).
10. **he must be dead :** must exprime ici la quasi-certitude.

de fois et elle m'avait amusé car elle avait le charme d'une vieille ballade ; il était étrangement touchant de la trouver dans la réalité. L'oncle George Meadows, en effet, et Tom, son jeune frère, avaient tous deux courtisé Mrs Meadows au temps où elle était encore Emily Green, il y avait cinquante ans et plus ; et quand elle avait épousé Tom, George s'était fait marin.

Ils apprirent qu'il était sur la côte chinoise. Pendant vingt ans, de temps à autre, il leur envoya des cadeaux ; puis il n'y eut plus de nouvelles de lui ; quand Tom Meadows mourut, sa veuve écrivit pour le lui annoncer mais elle ne reçut aucune réponse ; et finalement ils en arrivèrent à la conclusion qu'il devait être mort. Mais depuis deux ou trois jours, ils avaient reçu, à leur étonnement, une lettre de la directrice du foyer de marins de Portsmouth. Il apparut que depuis dix ans George Meadows, perclus de rhumatismes, y était pensionnaire et que maintenant, sentant qu'il n'avait plus pour très longtemps à vivre, il voulait voir une fois encore la maison où il était né. Albert Meadows, son petit-neveu, était allé le chercher à Portsmouth avec la Ford et il devait arriver cet après-midi-là.

« Imaginez un peu », dit Mrs George, « il n'est pas venu ici depuis plus de cinquante ans. Il n'a même jamais vu mon George

---

11. **to their astonishment :** notez l'emploi de **to** ; de même, **much to my surprise**, *à ma grande surprise ;* **astonish**, *étonner*.

12. **home :** (ici) *maison, institution ;* **maternity home**, *maternité ;* **old people's home**, *maison de retraite* (pour le 3ᵉ âge)...

13. **crippled :** **cripple**, *estropier, paralyser ;* **a cripple**, *un infirme*.

14. **inmate :** *pensionnaire* (hôpital, asile, foyer), *détenu* (prison).

15. **great-nephew :** *petit-neveu ;* **great grandfather**, *arrière-grand-père*.

16. **he was to arrive :** **be to** + verbe : indique un plan établi à l'avance ; **I'm to go to London next week**, *je dois aller à Londres la semaine prochaine*.

17. **he's not been here :** notez ce sens de **be** ; **have you ever been to England ?** *Êtes-vous jamais allé en Angleterre ?*

who's fifty-one *next birthday.*'[1]

'And what does Mrs Meadows think of it ?' *I asked*[2].

'Well, you know what she is. She *sits*[3] there and *smiles to herself*[4]. All she says is, "He was a good-looking young *fellow*[5] when he left, but not so *steady*[6] as his brother." That's why she chose my George's father. "But he's probably *quietened down*[7] *by now*,"[8] she says.'

Mrs George asked me *to look in*[9] and see him. With the simplicity of a country woman who had never been *further*[10] from her home than London, she thought that because we had both been in China we must have something in common. Of course I accepted. I found *the whole family*[11] assembled when I arrived ; they were sitting in the *great*[12] old kitchen, with its stone floor, Mrs Meadows in her usual chair *by*[13] the fire, very upright, and I was amused to see that she had *put on*[14] *her best silk dress*[15], while her son and his wife sat at the table with their children. On the other side of the *fireplace*[16] sat an old man, *bunched up*[17] in a chair. He was very thin and his skin *hung*[18] on his bones like an old suit much too large for him ; his face was wrinkled and yellow and he had lost nearly all his teeth.

I shook hands *with him*[19].

---

1. **who's fifty-one next birthday** : m. à m. *qui a cinquante ans (au) prochain anniversaire ;* notez le sens futur du présent (is).

2. **I asked** : *demandais-je.* NB. pas de forme interrogative en anglais dans ces cas ; de même « yes », he said, « *Oui* », *dit-il.*

3. **sits** : sit, sat, sat, *être assis(e) ;* sit down, *s'asseoir.*

4. **smiles to herself** : m.à.m. *sourit à elle-même ;* on a aussi : this old man talks to himself, *ce vieil homme parle seul.*

5. **fellow** : *gaillard, garçon, homme, type ;* syn. **chap, guy** (amér.).

6. **steady** : 1. *stable, solide, ferme.* 2. (ici) *calme, pondéré.*

7. **quietened down** : quieten down, *se calmer, s'apaiser ;* quiet, *calme.*

8. **by now** : he should be there by now, *il devrait être là déjà.*

9. **to look in** : syn. **drop in**, *faire un saut, passer voir* (qqn.).

qui va sur ses cinquante et un ans. »

« Et qu'en pense Mrs Meadows ? » demandai-je.

« Oh, vous savez comment elle est. Elle reste là assise et sourit toute seule. Tout ce qu'elle dit c'est : « C'était un beau gars lorsqu'il est parti mais pas aussi stable que son frère. » C'est pour ça qu'elle a choisi le père de mon George. « Mais il s'est probablement calmé depuis » dit-elle.

Mrs George me proposa de passer le voir. Avec la candeur d'une femme de la campagne qui n'est jamais allée plus loin que Londres, elle pensait que parce que nous avions tous deux vécu en Chine nous devions avoir quelque chose en commun. Naturellement j'acceptai. Je trouvai toute la famille rassemblée lorsque j'arrivai ; ils étaient assis dans la vieille et vaste cuisine au sol de pierre ; Mrs Meadows, très droite, occupait sa chaise habituelle au coin du feu, (cela m'amusa de voir qu'elle avait mis sa plus belle robe de soie) tandis que son fils et sa belle-fille étaient autour de la table avec leurs enfants. De l'autre côté de la cheminée était assis un vieil homme, recroquevillé sur une chaise. Il était très maigre et la peau pendait sur ses os comme un vieux costume beaucoup trop grand pour lui ; son visage était ridé et jaune et il avait perdu presque toutes ses dents.

Je lui serrai la main.

---

10. **further** : ou **farther**, comparatif de **far**, *loin, au loin*.
11. **the whole family** : *la famille entière* (l'ensemble) ; **whole**, *entier* ; **all the members of the family**, *tous les membres* (séparément).
12. **great** : 1. (ici) *grand* (dimension). 2. *célèbre*. 3. *magnifique*.
13. **by** : *près de* ; syn. **near** ; **close by**, *tout près de*.
14. **put on** : put on, put, put, *mettre* (un vêtement).
15. **her best silk dress** : m.à.m. *sa meilleure robe de soie* ; **he was dressed in his Sunday best**, *il était sur son trente et un*.
16. **fireplace** : *cheminée, foyer* ; **chimney**, *cheminée* (sur le toit).
17. **bunched up** : *groupé, serré, entassé* ; ou **bunched together** ; **bunch** 1. *bouquet* (fleurs). 2. *botte* (radis). 3. *trousseau* (clés).
18. **hung** : hang, hung, hung 1. *pendre, accrocher*. 2. *être suspendu*.
19. **I shook hands with him** : *je lui serrai la main* ; notez **with** et le pluriel de **hand** ; shake, shook, shaken, *secouer*.

'Well, I'm glad to see you've *got*[1] here *safely*[2], Mr Meadows,' I said.

'Captain,' he corrected.

'He walked here', Albert, his great-nephew, told me. 'When he got to the gate *he made me stop*[3] the car and said he wanted to walk.'

'And *mind you*[4], I've not *been out of my bed*[5] for two years. They *carried*[6] me down and put me in the car. I thought I'd never walk again, but *when I see them elm trees*[7], I remember my father *set a lot of store by*[8] them elm trees, I *felt*[9] I could walk. I walked *down that drive*[10] fifty-two years ago when I went away and now I've walked back again.'

'*Silly, I call it,*'[11] said Mrs Meadows.

'It's *done me good*[12]. I feel *better*[13] and stronger than I have for ten years. I'll see you *out*[14] *yet*[15], Emily.'

'*Don't you be too sure*[16]', she answered.

I suppose no one had called Mrs Meadows by her *first name*[17] for a generation. It gave me a little shock, *as though the old man were*[18] taking a liberty with her. She looked at him with a *shrewd*[19] smile

---

1. **got** : get, got, got (ici) *arriver, atteindre* (après un effort).
2. **safely** : *sans danger, sans risque ;* **safe** 1. *sain, sauf ;* safe and sound, *sain et sauf.* 2. *en sécurité.* 3. *sûr, sans risque.*
3. **he made me stop** : base verbale (stop), sans to, après make et let, *laisser, permettre.*
4. **mind you** : ou mind, *faites attention, notez bien, remarquez.* Mind the steps ! *attention aux marches !*
5. **I haven't been out of my bed** : notez encore ce sens de be (*aller*). I haven't been there, *je n'y suis pas allé.* (n.17 p. 137).
6. **carried** : carry, *porter, transporter ;* carrycot, *porte-bébé.*
7. **when I see them elm trees** : = when I *saw those* elm trees : notez encore ce parler campagnard incorrect et savoureux.
8. **set a lot of store by** : set store by, *faire grand cas de.*
9. **felt** : feel, felt, felt (ici), *avoir le sentiment que.*
10. **I walked down that drive** : down (ici) *le long de ;* up and down 1. *de long en large.* 2. *de haut en bas.*

« Eh bien, je suis content de voir que vous êtes arrivé sain et sauf, Mr Meadows. »

« Capitaine Meadows, » rectifia-t-il.

« Il a marché jusqu'ici, » me dit Albert, son petit neveu. « Quand il s'est trouvé au portail, il m'a fait arrêter la voiture et il m'a dit qu'il voulait marcher. »

« Et, notez bien, je ne suis pas sorti de mon lit depuis deux ans. Ils m'ont descendu et ils m'ont déposé dans la voiture. Je croyais que je ne marcherais plus jamais, mais quand j'ai vu ces ormes, je me rappelle que mon père aimait beaucoup ces ormes, j'ai senti que je pourrais marcher. J'ai descendu cette allée à pied il y a cinquante-deux ans quand je suis parti et cette fois encore je l'ai remontée à pied. »

« Stupide ! voilà ce que je pense, » dit Mrs Meadows.

« Ça m'a fait du bien. Je me sens mieux et plus solide que je ne me suis jamais senti depuis dix ans. C'est encore moi qui t'enterrerai, Emily. »

« Oh, ne t'avance pas trop ! » répondit-elle.

Je suppose que personne n'avait jamais appelé Mrs Meadows par son prénom depuis une génération. Cela me choqua un peu, comme si le vieil homme prenait avec elle des libertés. Elle le regarda avec un sourire malicieux

---

11. **« Silly, I call it »** : m. à m. *« Stupide, j'appelle ça »*.
12. **it's done me good** : do somebody good, *faire du bien à qqn*.
13. **better** : comparatif irrégulier de **good, well** ; *superlatif* : **the best**.
14. **I'll see you out** : m. à m *je te verrai (au de)hors (de cette vie)* ; outlive somebody, *survivre à quelqu'un*.
15. **yet** : *encore* ; as yet, *jusqu'alors* ; not... yet, *ne pas... encore*.
16. **don't you be too sure** : m. à m. *ne sois pas trop sûr*, plus emphatique que « don't be... »
17. **first name** : m.à.m. *premier nom* (aussi : **Christian name**) ; surname, *nom de famille*.
18. **as though the old man were...** : ou, en moins littéraire, as if the old man was... ; were, subjonctif, exprime l'hypothèse.
19. **shrewd** : [ʃruːd], *sagace, fin, perspicace, subtil, malin*.

in her eyes and he, talking to her, *grinned*[1] with his *toothless*[2] gums. It was strange to look at them, these two old *people*[3] who had not seen one another for *half a century*[4], and to think that all that long time ago he had loved her and she had loved another. *I wondered*[5] if they remembered what they had felt then and what they had said to one another. I wondered if it seemed to him strange now that for that old woman he had left the home of his fathers, his *lawful*[6] *inheritance*[7], and lived an exile's life.

'Have you *ever*[8] been married, Captain Meadows ?' I asked.

'Not me,' he said, in his quavering voice, with a grin. 'I know too much about women for that'.

'That's what you say,' retorted Mrs Meadows. 'If the *truth*[9] was known I shouldn't be surprised to *hear*[10] *as*[11] how you'd had half a dozen black *wives*[12] in your *day*[13].'

'They're not black in China, Emily, *you ought to know better than that*[14], they're yellow'.

'Perhaps that's why you've *got so yellow*[15] yourself. When I saw you, I said to myself, why, he's got jaundice.'

'I said I'd never marry anyone *but you*[16], Emily, and I never have.'

---

1. **grinned** : grin, *sourire largement* ; a grin, *un large sourire*.
2. **toothless** : *sans dents* ; tooth (plur. teeth), *dent* ; toothache, *mal de dents* ; toothpaste, *dentifrice* ; toothpick, *cure-dents*.
3. **people** : *personnes, gens*. How many people ? *combien de personnes ?* There are three people here, *il y a trois personnes ici* (N.B. verbe au pluriel).
4. **half a century** : *un demi-siècle* ; notez la place de a.
5. **I wondered** : ou I asked myself ; wonder, *se demander*.
6. **lawful** : *légal* ; law, *loi* ; law and order, *l'ordre public*.
7. **inheritance** : *héritage* ; inherit (a house...), *hériter (d'une maison...)*.
8. **ever** : *jamais* (à un moment quelconque), dans une phrase interrogative ou affirmative. Have you **ever** been there ? No, I've **never** been, *y es-tu déjà allé ? Non, je n'y suis jamais allé*.
9. **truth** : *vérité* ; truthful 1. *qui dit la vérité*. 2. *exact, vrai*.

dans les yeux et lui, tout en parlant, sourit largement de ses gencives édentées. Il était étrange de les regarder, ces deux vieillards qui ne s'étaient pas vus depuis un demi-siècle, et de penser que si longtemps auparavant il l'avait aimée et elle en avait aimé un autre. Je me demandais s'ils se souvenaient de ce qu'ils avaient ressenti alors et de ce qu'ils s'étaient dit. Je me demandais s'il lui semblait bizarre maintenant que pour cette vieille femme il eût abandonné la maison de ses ancêtres, son héritage légitime, et vécu la vie d'un exilé.

« Avez-vous jamais été marié, Capitaine Meadows ? » demandai-je.

« Moi, non », dit-il de sa voix chevrotante et avec un large sourire. « J'en sais trop long sur les femmes pour cela. »

« C'est ce que tu dis, » rétorqua Mrs Meadows. « Si on savait la vérité, je ne serais pas étonnée d'apprendre que tu as eu une demi-douzaine de femmes noires dans ta vie. »

« Elles ne sont pas noires en Chine, Emily, tu devrais savoir ça, elles sont jaunes. »

« C'est peut-être pour ça que tu es devenu si jaune toi-même. Quand je t'ai vu, je me suis dit, mais il a la jaunisse. »

« J'avais dit que je n'épouserais jamais personne d'autre que toi, Emily, et je ne l'ai jamais fait. »

---

10. **hear** : hear, heard, heard 1. *apprendre* (une nouvelle) 2. *entendre*.

11. **as** : employé ici pour **that**, dans le parler campagnard.

12. **wives** : plur. de **wife**, *femme, épouse* (**woman**, femme en général) ; notez le plur. en **-ves** des noms terminés par **-f**, **-fe**, sauf **handkerchiefs** (*mouchoirs*), **roofs** (*toits*).

13. **day** : (ici) période d'activité, de prospérité, *temps, vie* ; **he has had his day**, *il a fait son temps, il a eu son temps*.

14. **you ought to know better than that** : m. à m. *tu devrais savoir mieux que ça* : **ought to**, **should** exprime l'obligation.

15. **you've got so yellow** : **get**, **got**, **got** suivi d'un adjectif signifie *devenir* (**become**) ; **he's getting old**, *il vieillit*.

16. **I'd never marry anyone but you** : *je n'épouserais jamais personne d'autre que toi* ; **but** (ici) *sauf, hormis, excepté, si ce n'est*.

He said this not with pathos or *resentment*[1], but as a *mere*[2] *statement*[3] of fact, as a man *might*[4] say, 'I said I'd walk twenty miles and I've done it.' There was a *trace*[5] of satisfaction in the *speech*[6].

'Well, you might have regretted it if you had,' she answered.

I talked a little with the old man about China.

'There's not a port in China that I don't know better than you know your *coat pocket*[7]. *Where*[8] a ship can go I've been. I could keep you sitting here all day *long*[9] for six months and not tell you half the things I've seen in my day.'

'Well, one thing you've not done, George, as far as I can *see*[10],' said Mrs Meadows, the mocking but not *unkindly*[11] smile still in her eyes, 'and that's to make a *fortune.*'[12]

'I'm not *one*[13] *to save*[14] money. *Make*[15] it and spend it ; that's my motto. But one thing I can say *for myself*[16] : if I had the *chance*[17] of going *through*[18] my life again I'd take it. And there's not many *as'*[19] ll say that.'

'No, *indeed*[20],' I said.

I looked at him with admiration and respect. He was a toothless, crippled, penniless old man, but he had made a success of life, for he had *enjoyed*[21] it.

---

1. **resentment :** *ressentiment ;* resent, *s'offenser de, prendre ombrage de ;* I strongly resent it, *j'en suis fort indigné ;* resentful, *froissé.*
2. **mere :** *pur, simple, rien que ;* by a mere chance, *par pur hasard.*
3. **statement :** *déclaration ;* state (v.), *déclarer, affirmer.*
4. **might :** prétérit de **may,** exprime ici l'éventualité.
5. **trace :** 1. *trace.* 2 (ici) *soupçon, pointe* (syn. **shade**).
6. **speech :** 1. *parole.* 2. *discours ;* speech therapist, *orthophoniste.*
7. **your coat pocket :** m. à m. *votre poche de manteau.* Aussi : I know it like the back of my hand, *je connais ça comme ma poche.*
8. **where :** ici adverbe et veut dire « *là où* ».
9. **all day long :** ou all day, ou throughout the day, *toute la journée ;* all the year round, *toute l'année.*
10. **as far as I can see :** m. à m. *aussi loin que je puisse voir.*

Il dit ceci sans emphase ni ressentiment, mais comme une simple constatation d'un fait, comme on pourrait dire : « J'ai dit que je ferais vingt miles à pied et je l'ai fait. » Il y avait un soupçon de satisfaction dans ses paroles !

« Eh bien, tu l'aurais peut-être regretté si tu m'avais épousée, » répondit-elle.

Je parlai un peu de la Chine avec le vieil homme.

« Il n'y a pas un port en Chine que je ne connaisse pas comme ma poche. Là où un navire peut aller, j'y suis allé. Je pourrais vous tenir là toute la journée pendant six mois et je ne vous aurais pas raconté la moitié de ce que j'ai vu pendant ma vie. »

« Eh bien, il y a une chose que tu n'as pas faite, George, pour autant que je sache, » dit Mrs Meadows, avec toujours ce sourire moqueur mais sans malice dans le regard, « tu n'as pas fait fortune. »

« Je ne suis pas du genre à économiser de l'argent. Le gagner et le dépenser, voilà ma devise. Mais il y a une chose que je peux dire pour ma défense : si j'avais la possibilité de recommencer ma vie je ne la laisserais pas passer. Et il n'y en a pas beaucoup qui vous diront ça. »

« Non, sûrement pas, » dis-je.

Je le regardais avec admiration et respect. C'était un vieil homme sans dents, estropié, sans le sou, mais il avait réussi sa vie car il avait été heureux de vivre.

---

11. **unkindly** : syn. unkind, *méchant* ; kind, *gentil*.
12. **to make a fortune** : *faire fortune* ; notez l'emploi de a.
13. **I'm not one** : m. à m. *je ne suis pas un* (de ceux qui...).
14. **save** : 1. (ici) *mettre de côté, économiser*. 2. *sauver*.
15. **make** : notez l'emploi de **make** dans **make** (ou **earn**) **money**, *gagner de l'argent*.
16. **for myself** : m. à m. *pour moi-même* (« pour ma défense »).
17. **chance** : ▲ 1. (ici) *chance, occasion*. 2. *hasard*. 3. *risque* ; by chance, *par hasard* ; luck, *la chance* ; lucky, *chanceux, veinard*.
18. **going through** : go through, *subir, endurer, vivre*.
19. **there's not many as** : (corrigeons !) **there are not many who**.
20. **indeed** : (ici) *en effet, vraiment* ; yes indeed, *mais certainement*.
21. **enjoyed** : enjoy (se construit comme like), *aimer, apprécier*.

When I left him he asked me to *come and see him*[1] again next day. If I was *interested in*[2] China he would tell me all the stories I wanted to hear.

Next morning[3] I thought I would go and ask if the old man would like to see me. I *strolled*[4] down the magnificent avenue of elm trees and when I came to the garden saw Mrs Meadows *picking*[5] flowers. I *bade*[6] her good morning and she *raised*[7] herself. She had a huge *armful*[8] of white flowers. I glanced at the house and I saw that the blinds were drawn : I was surprised, for Mrs Meadows liked the sunshine.

'Time enough to live in the dark when you're *buried*[9],' she always said.

'How's *Captain Meadows*[10] ?' I asked her.

'He always was a *harum-scarum*[11] fellow', she answered. 'When Lizzie *took him a cup of tea*[12] this morning she found he was dead.'

'Dead ?'

'Yes. *Died in his sleep*[13]. I was *just*[14] picking these flowers to put in the room. Well, I'm glad he died in that old house. It always *means*[15] a lot to them Meadows to do that.'

They had had *a good deal of*[16] difficulty in[17] persuading him

---

1. **come and see him** : m. à m. *venir et le voir* ; notez cet emploi de **and** entre deux verbes, comme dans « **I would go and ask** » (*j'irais demander*) deux lignes plus bas (cf. **wait and see**).
2. **interested in** : be interested **in**, *s'intéresser à*.
3. **next morning** : m. à m. *le matin suivant* (cf. **next day** plus haut).
4. **strolled** : stroll, *flâner, se promener sans se presser*.
5. **picking** : pick 1. (ici) *cueillir* (fleurs, fruits). 2. *choisir*.
6. **bade** : bid, bade ou bid, bidden ou bid 1. (ici) *dire* ; **bid somebody goodbye**, *dire au revoir à qqn*. 2. *ordonner, commander*.
7. **raised** : raise, *(sou)lever* ; rise, rose, risen, *se lever* (soleil...)
8. **armful** : *brassée* ; arm, *bras* ; full, *plein*. (un **l** dans les composés : **wonderful**, **joyful**...).
9. **buried** : bury, *enterrer* : **y** précédé d'une consonne se change en **i** (bury → buries, buried) ; **burial**, *enterrement*.
10. **how's Captain Meadows ?** : *Comment va le Capitaine*

Quand je le quittai il me demanda de venir le voir le lendemain. Si je m'intéressais à la Chine, il me raconterait toutes les histoires que je voudrais.

Le lendemain matin je me dis que j'irais demander si le vieil homme voulait bien me recevoir. Je marchais tranquillement le long de la magnifique allée d'ormes et quand j'arrivai à la hauteur du jardin je vis Mrs Meadows qui cueillait des fleurs. Je lui souhaitai le bonjour et elle se redressa. Elle tenait une immense brassée de fleurs blanches. Je jetai un coup d'œil à la maison et je vis que les stores étaient tirés : je fus surpris car Mrs Meadows aimait le soleil.

« Il sera toujours assez tôt de vivre dans le noir quand on sera enterré » disait-elle toujours.

« Comment va le Capitaine Meadows ? » lui demandai-je.

« Ça a toujours été un hurluberlu, » répondit-elle. « Quand Lizzie lui a apporté une tasse de thé ce matin, elle l'a trouvé mort. »

« Mort ? »

« Oui. Il est mort dans son sommeil. J'étais justement en train de cueillir ces fleurs pour les mettre dans sa chambre. Eh bien, je suis contente qu'il soit mort dans cette vieille demeure. Ils attachent toujours énormément d'importance à cela, les Meadows. »

Ils avaient eu beaucoup de mal à le persuader

Meadows ? Notez l'absence de **the** quand on a : titre + nom propre (**President Reagan**...).

11. **harum scarum :** (nom *et* adjectif) *étourdi, écervelé.*

12. **took him a cup of tea :** notez ce sens de **take** *(porter...à)* ; **take, took, taken,** *prendre.*

13. **died in his sleep :** notez l'absence du sujet (**he**) assez fréquente à l'oral.

14. **just :** (adverbe) 1. *exactement, précisément.* 2. *tout à fait.* **Just the thing !** *tout à fait ce qu'il faut.* 3. *tout juste, sans plus.* 4. *à l'instant.* **He's just arrived,** *il vient d'arriver.*

15. **means :** mean, meant, meant. 1. (ici) *avoir de l'importance.* 2. *signifier, vouloir dire* ; **meaning,** *signification, sens.*

16. **a good deal of :** ou **a lot of, lots of,** *beaucoup de.*

17. **difficulty in :** notez **have difficulty in persuading,** *avoir des difficultés à persuader.*

to go *to bed*[1]. He had talked to them of all the things that had happened to him in his long *life*[2]. He was happy to be *back*[3] in his old home. He was *proud*[4] that he had walked up the drive without *assistance*[5], and he boasted that he would live for *another twenty years*[6]. But *fate*[7] had been kind : death had written the *full-stop*[8] in the *right*[9] place.

Mrs Meadows *smelt*[10] the white flowers that she *held*[11] in her arms.

'Well, I'm glad he came back', she said. '*After I married*[12] Tom Meadows and George went away, the fact is I was never *quite*[13] sure that I'd married the *right one.*'[14]

© William Heinemann, Ltd, Londres

---

1. **to go to bed** : *aller se coucher ;* go to sleep, *s'endormir.*
2. **life** : [laɪf] (plur. lives), *la vie ;* live (v.) [lɪv], *vivre.*
3. **back** : *de retour ;* he ran back, *il est revenu en courant.*
4. **proud (of)** : *fier (de) ;* proudly, *fièrement ;* pride, *orgueil, fierté.*
5. **assistance** : *aide ;* syn. help ; assist (v.), *aider, assister, secourir.*
6. **another twenty years** : m. à m. *un(e) autre (période de) vingt ans.*
7. **fate** : 1. *destin.* 2. *sort ;* stroke of fate, *coup du destin.*
8. **full-stop** : (ponctuation), *point final ;* comma, *virgule.*
9. **right** : (ici) *approprié, qui convient.* He's the right man in the right place, *c'est l'homme qu'il nous faut.*
10. **smelt** : smell, smelt, smelt, *sentir.* I smell a rat, *je soupçonne qqch. ;* smell of garlic, *sentir l'ail.*
11. **held** : hold, held, held, *tenir.* Hold on !, *conservez !* (téléphone) *Ne quittez pas !*
12. **after I married Tom** : ici after est conjonction *(après que).*
13. **quite** : *tout à fait.* Ne pas confondre avec **quiet**, *calme.*
14. **the right one** : one, pronom, remplace ici man. Which dress do you prefer, the blue one or the red one ? *Quelle robe préfères-tu, la bleue ou la rouge ?*

d'aller se coucher. Il leur avait parlé de tout ce qui lui était arrivé au cours de sa longue existence. Il était heureux d'être de retour dans sa vieille maison. Il était fier d'avoir remonté l'allée à pied, sans aide, et il se vantait de devoir vivre encore vingt ans. Mais le destin avait fait preuve de clémence : la mort avait mis le point final au bon endroit.

Mrs Meadows huma les fleurs blanches qu'elle tenait dans ses bras.

« Eh bien, je suis contente qu'il soit revenu », dit-elle. « Après mon mariage avec Tom Meadows et le départ de George, le fait est que je n'ai jamais été tout à fait sûre d'avoir épousé le bon. »

Révisions

Vous avez rencontré dans la nouvelle que vous venez de lire l'équivalent des expressions françaises suivantes.
Vous en souvenez-vous ?

1. Les gens riaient à ses plaisanteries.
2. J'échangeai une poignée de main avec lui.
3. Je me demandais s'ils se rappelaient ce qu'ils s'étaient dit.
4. Je pensais que je ne marcherais plus jamais.
5. Je me sens mieux que je ne l'ai été depuis dix ans.
6. Avez-vous jamais été marié ?
7. Je ne suis pas quelqu'un qui économise.
8. Faire de l'argent et le dépenser, voilà ma devise.
9. Je suis heureux qu'il soit revenu.
10. Les gens qui vivaient ici étaient aussi solides que la maison elle-même.
11. Je n'ai jamais vu de famille plus unie que celle-ci.
12. Ses cheveux étaient gris ; c'était une femme de soixante-dix ans.
13. Et qui, croyez-vous, doit venir ici aujourd'hui ?
14. Le capitaine Meadows devait arriver cet après-midi-là.

1. People laughed at her (his) jokes.
2. I shook hands with him.
3. I wondered if they remembered what they had said to one another.
4. I thought I'd never walk again.
5. I feel better than I have for ten years.
6. Have you ever been married ?
7. I'm not one to save money.
8. Make money and spend it ; that's my motto.
9. I'm glad he came back.
10. The people who lived here were as sturdy as the house itself.
11. I have never seen a more united household than this one.
12. Her hair was grey ; she was a woman of seventy.
13. Whoever do you think is coming here to day ?
14. Captain Meadows was to arrive that afternoon.

PATRICIA HIGHSMITH

The Silent Mother-in-Law

La belle-mère silencieuse

Née à Forth Worth, dans le Texas, en 1921, Patricia Highsmith a remporté en 1948 un grand succès avec son premier roman, *Strangers on a Train*, (L'Inconnu du Nord-Express) qui, porté à l'écran par Alfred Hitchcock, deviendra un classique du cinéma. Avec *L'amateur d'escargots*, recueil de nouvelles publié en anglais sous le titre *Eleven* (Penguin Books) et préfacé par Graham Greene, elle obtient le Grand Prix de l'Humour Noir en 1975. Passionnée de jardinage, de menuiserie, de peinture et de sculpture, Patricia Highsmith a le goût du détail significatif, comme en témoigne *The Silent Mother-in-Law*, tiré de *Little Tales of Misogyny*. L'auteur qui vit actuellement en Suisse, dit qu'elle s'intéresse à « l'effet que produit sur ses héros le sentiment de culpabilité ». Plusieurs autres films ont été tirés de ses œuvres, entre autres *L'Ami Américain* et *Eaux Profondes* (respectivement *Ripley's Game* et *Deep Water*, publiés en Penguin Books).

This mother-in-law, Edna, has heard all the jokes about *mothers-in-law*[1], and she had no intention of being the butt of such jests, or falling into any of the traps with which her path is so amply *sprinkled*[2]. First of all, she lives with her daughter and son-in-law, so she's *got to be*[3] doubly or triply *careful*[4]. She would never *dream of*[5] criticizing anything. The young people could come home *dead*[6] drunk, and Edna would never *comment*[7]. They could smoke *pot*[8] (in fact they do sometimes), they could fight and *throw crockery at each other*[9], and Edna wouldn't open her mouth. She's *heard* enough *about*[10] mothers-in-law *intruding*[11], and *she keeps* a *buttoned lip*[12]. In fact, *the oddest*[13] thing *about*[14] Edna is her silence. *She does say*[15], 'Yes, thank you' to a second cup of coffee, and 'Good night, sleep well', but *that's about it*[16].

The second *outstanding*[17] thing about Edna is her *thriftiness*[18]. *Little does she suspect*[19] that it gives Laura and Brian *a pain in the neck*[20], because they are also trying to make the best of it, trying to be polite, and would never dream of saying that her thriftiness gives them a pain in the neck.

---

1. **mothers-in-law :** c'est mother qui prend -s ; law, *loi*.

2. **sprinkled :** sprinkle (with), *asperger, saupoudrer, arroser* (de).

3. **she's got to be :** ou she has to be ; **have to** remplace **must** (nécessairement au futur et au conditionnel).

4. **careful :** *prudent, circonspect, attentif ;* **care,** *soin, attention.*

5. **dream of :** m. à m. *rêver de ;* **dream, dreamt, dreamt,** *rêver ;* **dream,** *rêve.*

6. **dead :** (ici) *complètement ;* **dead certain,** *parfaitement sûr ;* **dead** (adj.) *mort ;* **be dead,** *être mort ;* **die,** *mourir.*

7. **comment :** to comment, *commenter ;* a comment, *un commentaire.*

8. **pot :** (fam.) 1. *marijuana.* 2. *cigarette de marijuana, joint.*

9. **throw crockery at each other :** m. à m. *se jeter de la vaisselle l'un à l'autre ;* **washing up,** *la vaisselle* (que l'on fait).

10. **heard... about :** hear about, *entendre parler (de) ;* à ne pas confondre avec **hear from,** *recevoir des nouvelles de.*

La belle-mère en question, Edna, connaît toutes les plaisanteries sur les belles-mères et elle n'a nulle intention d'être la cible de telles moqueries ni de tomber dans les pièges dont le chemin est amplement semé. D'abord, elle vit avec sa fille et son gendre, donc il faut qu'elle soit doublement ou triplement vigilante. Il ne lui viendrait jamais à l'idée de critiquer quoi que ce soit. Les jeunes pourraient rentrer ivres morts, et Edna ne ferait jamais de commentaires. Ils pourraient fumer de la marijuana (en fait ils le faisaient quelquefois), ils pourraient se battre et se lancer la vaisselle à la figure, Edna n'ouvrirait pas la bouche. Elle en a suffisamment entendu sur les belles-mères envahissantes et elle reste bouche cousue. En fait, ce qu'il y a de plus étrange chez Edna c'est son silence. Elle dit bien « Oui, merci » quand on lui propose une seconde tasse de café et « Bonne nuit, dormez bien », mais c'est à peu près tout.

Le second trait dominant chez Edna c'est son sens de l'économie. Elle est loin de soupçonner que cela tape sur le système de Laura et de Brian parce que eux aussi essaient de s'accommoder au mieux de la situation, s'efforçant d'être polis, et il ne leur viendrait jamais à l'esprit de dire que son sens de l'économie leur tape sur le système.

---

11. **intruding** : intrude upon, *s'imposer à* ; **an intruder**, *un intrus*.
12. **she keeps a buttoned lip** : m. à m. *elle garde une lèvre boutonnée* ; **keep, kept, kept**, *garder* ; **button**, *boutonner* ; **a button**, *un bouton*.
13. **the oddest** : superlatif de **odd**, *étrange* ; syn. **strange**.
14. **about** : (ici) *au sujet de, concernant, touchant, à propos de*.
15. **she does say** : *en fait elle dit* (forme d'insistance).
16. **that's about it** : ou **that's about all** ; **about** (ici), *à peu près*.
17. **outstanding** : *saillant* ; **stand out**, *se détacher, être en relief*.
18. **thriftiness** : ou **thrift**, *économie, épargne* ; **thrifty**, *économe*.
19. **little does she suspect** : **little** (*peu*) placé en tête de phrase entraîne la forme interrogative du v., comme **never, hardly**, *à peine*... (adverbes).
20. **a pain in the neck** : (fam.) m.à m. *une douleur dans le cou*.

For one thing[1], thrift *obviously*[2] gives Edna so much pleasure. She exhibits a huge ball of *saved*[3] string as other mothers-in-law *might*[4] show *a quilt they had made*[5]. She puts *every last orange pip*[6] into a plastic bag *destined for*[7] the compost heap. It would cost Laura and Brian *about*[8] three hundred dollars *a month*[9] to set Edna up in a flat *by herself*[10]. Edna has some money which she contributes to their *household*[11], but if she lived alone, Laura and Brian would have to contribute more than she costs them now, so they *let well enough alone*[12].

Edna is fifty-six, rather lean and *wiry*[13], with short curly hair of *mixed*[14] grey and black. *Due to*[15] her habit of *scurrying about*[16] doing things, she has a *humped*[17] posture and gait. She is never idle, and seldom sits. When she does sit, it is usually because someone has *asked her to*[18], then she *flings*[19] herself into a chair, and *folds*[20] her hands with an attentive expression. She nearly always has *something useful*[21] *stewing*[22] on the stove, like apple sauce. Or she has started to clean the oven with some chemical product, which means

---

1. **for one thing** : *pour commencer ;* s'emploie pour présenter un argument. For one thing... for another... *(premièrement... deuxièmement).*
2. **obviously** : *évidemment, manifestement ;* obvious, *évident.*
3. **saved** : save. 1. (ici) *économiser, épargner.* 2. *sauver.*
4. **might** : prétérit de **may**, marque ici l'éventualité.
5. **a quilt (which) they had made** : notez la suppression du relatif, très courante en anglais.
6. **every last orange pip** : m. à m. *chaque dernier pépin d'orange.*
7. **destined for** : ou intended for, *destiné à ;* notez l'emploi de for.
8. **about :** (ici) *environ, à peu près, approximativement.*
9. **a month :** *par mois* ou per month, ou every month ; notez ce sens de a, an ; monthly, *mensuel.*
10. **by herself :** by + réfléchi exprime l'idée de solitude.
11. **household :** 1. (ici) *frais, dépenses du ménage,* de la maison. 2. *maisonnée, personnes demeurant dans une même maison.*

Et, d'abord, faire des économies procure de toute évidence tant de plaisir à Edna. Elle exhibe une énorme pelote de ficelle récupérée comme d'autres belles-mères montreraient un édredon qu'elles auraient fait. Elle met chaque pépin d'orange jusqu'au dernier dans un sac de plastique destiné au tas de compost. Cela reviendrait à Laura et Brian environ trois cents dollars par mois pour installer Edna dans un appartement à elle toute seule. Edna dispose de quelque argent avec lequel elle participe aux frais de la maison mais si elle vivait seule, Laura et Brian auraient à débourser plus qu'elle ne leur revient actuellement, aussi ils ne font rien.

Edna a cinquante-six ans ; elle est assez maigre et sèche ; elle a des cheveux courts, bouclés, brun mêlé de blanc. Avec son habitude de trotter quand elle vaque à ses occupations elle est voûtée dans son attitude et dans sa démarche. Elle n'est jamais inactive et reste rarement assise. Quand il lui arrive de s'asseoir c'est habituellement parce que quelqu'un le lui a demandé, alors elle se jette dans un fauteuil, joint les mains et prend un air concentré. Elle a presque toujours quelque chose qui mijote sur la cuisinière en cas de besoin, comme de la compote de pommes. Ou elle a commencé à nettoyer le four avec un produit chimique quelconque, ce qui veut dire que

---

12. **they let well enough alone** : let alone, *laisser tranquille, de côté ;* let well alone, *ne touchez pas à ce qui est bien.*
13. **wiry** : *sec et nerveux ;* wire, *fil métallique, fil de fer.*
14. **mixed** : mix (with), *mêler, mélanger* (à) ; mixture, *mélange.*
15. **due to** : aussi on account of, because of, *à cause de.*
16. **scurrying about** : scurry, *se précipiter ;* about, *de-ci, de-là.*
17. **humped** : hump, *arrondir, voûter ;* a hump, *une bosse.*
18. **asked her to** (sit) : effacement courant pour éviter la répétition. Do you want to come ? No I don't want to (come).
19. **flings** : fling, flung, flung, *jeter, lancer violemment.*
20. **folds** : fold. 1. (ici) *croiser* (bras, mains). 2. *replier, plier ;* fold (n.), *pli.*
21. **something useful** : *qqch. d'utile ;* notez la place de l'adj. avec something (anything, nothing).
22. **stewing** : stew, *mijoter ;* stewed fruit, *compote de fruits.*

Laura can't use the oven for at least the *next*[1] hour.

Laura and Brian have no children *as yet*[2], because they are foresighted people, and *in the back of their minds*[3] they are trying to think how to install Edna somewhere *graciously*[4] and comfortably, *even*[5] at their own expense, and after that they'll *think of*[6] *raising a family*[7]. All this causes a strain. Their house is a *two-storey affair*[8] in a suburb, twenty-five minutes' *drive*[9] from the city where Brian works as an electronic engineer. He has good hopes for advancement, and is studying in his *spare time*[10] at home. Edna *takes a swat*[11] at the garden and *lawn-mowing*[12], *so*[13] Brian hasn't too much to do on weekends. But he has a *feeling*[14] Edna is listening *through*[15] the walls. Edna's room is *next to*[16] their bedroom. There is an attic, which is *unheated*[17]. In the attic, which Brian and Laura would *gladly*[18] make habitable, Edna is collecting jam jars, cartons, *wooden*[19] crates, old Christmas boxes and *wrapping paper*[20], and other things which might come in *handy*[21] one day. Brian can't get a foot in the door now without knocking something down. He wants to have a look at the attic

---

1. **next :** (adj.) *prochain, suivant ;* he lives next door, *il habite la maison à côté ;* **next to,** *à côté de, tout contre.*
2. **as yet :** *jusqu'alors ;* not just yet, *pas pour l'instant.*
3. **in the back of their minds :** back, *arrière ;* mind, *esprit ;* I've it at the back of my mind, *j'ai ça derrière la tête.*
4. **graciously :** ▲ gracious (ici), *agréable, raffiné* (vie, confort...)
5. **even :** *même ;* even if (even though) you come, *même si tu viens.*
6. **think of :** notez l'emploi de **of** ; think of me !, *pensez à moi ;* think, thought, thought, *penser.*
7. **raising a family : raise** (ici) ou **bring up,** *élever* (enfants).
8. **two-storey affair : storey** ou **story** (amér.) ou **floor,** *étage ;* pas de s à **storey,** two-storey étant adj. ; **first floor** (U.S.) = *rez-de-chaussée* (d'où la traduction) ; **affair,** *chose, truc.*
9. **drive :** *trajet en voiture ;* drive, drove, driven, *conduire.*
10. **spare time : spare,** *libre* (temps) ; **spare time,** *loisir.*

Laura ne peut pas utiliser le four pendant au moins l'heure qui suit.

Laura et Brian n'ont pas d'enfants jusqu'à présent, car ce sont des gens prévoyants, et secrètement ils essaient d'imaginer comment installer Edna quelque part dans un élégant confort, même à leurs propres frais, et après cela ils envisageront d'élever une famille. Tout ceci crée une tension. Leur maison, qui fait un étage, est située dans une banlieue, à vingt-cinq minutes de voiture de la ville où Brian travaille comme ingénieur en électronique. Il a de sérieux espoirs d'obtenir de l'avancement et il étudie durant ses heures de loisir à la maison. Edna donne un coup de main au jardin et tond la pelouse, si bien que Brian n'a pas trop à faire pendant le week-end. Mais il a l'impression qu'Edna écoute l'oreille collée aux murs. La chambre d'Edna est contiguë à la leur. Il y a un grenier qui n'est pas chauffé. Dans le grenier, que Brian et Laura seraient heureux d'aménager, Edna collectionne des pots à confiture, des cartons, des cageots en bois, de vieilles boîtes pour les cadeaux de Noël et du papier d'emballage et d'autres choses qui pourraient servir un jour. Maintenant Brian ne peut pas passer un pied dans l'entrebâillement de la porte sans renverser quelque chose. Il veut jeter un coup d'œil au grenier

---

11. **takes a swat** : (fam.) ou **gives a hand**, *donne un coup de main*.
12. **lawn-mowing** : **lawn**, *pelouse* ; **mow, mowed, mown**, *tondre, faucher*.
13. **so** : ou **so that**, *si bien que* ; **that** souvent omis en amér.
14. **feeling** : *sentiment, impression* ; notez **have a feeling**.
15. **through** : *à travers* (une épaisseur), *au travers de, par*.
16. **next to** : voir note 1 p. 156.
17. **unheated** : *non chauffé* ; **heated**, *chauffé* ; **heat** (v.), *chauffer* ; **heat** (n.), *chaleur*.
18. **gladly** : *avec plaisir, avec joie* ; **glad**, *content, heureux*.
19. **wooden** : *en bois* ; **woody**, *boisé* ; **wood**. 1. *du bois*. 2. *bois, forêt*.
20. **wrapping paper** : ou **wrapper**, *papier d'emballage* ; **wrap**, *emballer, envelopper*.
21. **handy** : *commode, pratique* ; **come in handy**, *être utile*.

to see how difficult it *might be*[1] to insulate and all that. The attic *has become*[2] Edna's property, somehow.

'If she'd only *say* something — *even now and then*[3]', Brian said *one day*[4] to Laura. 'It's like *living*[5] with a robot.'

Laura knew. She had *assumed*[6] a *chatty*[7], *extra*[8] pleasant manner with her mother in hopes of *drawing her out*[9]. 'I'll just put this here — mm-m — and the *ashtray*[10] can just as well go here,' Laura *would*[11] say as she *pottered about*[12] the house.

Edna would nod and smile a *tense*[13] *approval*[14] and say nothing, though she would be *hovering*[15] to help.

The atmosphere *was driving Brian round the bend*[16]. He frequently *muttered*[17] *curses*[18]. One night when he and Laura were at a party in the *neighbourhood*[19], an idea *struck*[20] Brian. He told Laura his plan, and she *agreed*[21]. She'd had a few drinks, and Brian told her to have another.

Laura and Brian drove home after the party, *undressed*[22] in their car, walked up to the front door and pushed the bell. A long *wait*[23]. They giggled.

---

1. **it might be :** m. à m. *cela pourrait être* (s'il l'isolait).
2. **has become :** NB. **have** sert d'auxiliaire aux verbes anglais sauf à la forme passive ; he **has** gone, *il est parti.*
3. **even now and then :** ou *even from time to time* ; even, *même.*
4. **one day :** notez one (pas a !) ; one day in May, *un jour en mai.*
5. **living :** l'action, *le fait de vivre* (gérondif) ; live, *vivre ;* life, *la vie.*
6. **assumed :** assume (ici), *se donner, prendre* (un air...).
7. **chatty :** *enclin au papotage ;* to have a chat, to chat, *papoter.*
8. **extra :** (adverbe) *plus que d'habitude, exceptionnellement, particulièrement.*
9. **drawing her out :** draw out ou bring out, *faire parler* (qqn.) ; draw, drew, drawn, *tirer.*
10. **ashtray :** *cendrier ;* **ash(es),** *cendre(s) ;* **ashen,** *cendreux, blême.*
11. **would :** sert à montrer qu'Edna avait pris cette habitude.
12. **pottered about :** potter, *bricoler ;* about, *ici et là.*

pour voir si ce serait difficile de l'isoler et cætera. Le grenier est devenu la propriété d'Edna en quelque sorte.

« Si seulement, elle disait quelque chose, ne serait-ce que de temps en temps, » dit Brian à Laura un jour. « C'est comme si on vivait avec un robot. »

Laura savait ce qu'il voulait dire. Elle s'était montrée causante, plus agréable dans ses façons avec sa mère, dans l'espoir de la tirer de son mutisme. « Je vais juste mettre ça là — mm-m, voilà ! — et le cendrier peut aussi bien aller ici, » disait Laura en faisant des petits travaux dans la maison.

Edna faisait un signe de tête et souriait d'un sourire crispé pour approuver mais ne disait rien, tout en rôdant par là, prête à aider.

L'atmosphère rendait Brian complètement fou. Il marmonnait fréquemment des jurons. Un soir, alors que Laura et lui étaient à une réception dans les environs, une idée traversa l'esprit de Brian. Il fit part à Laura de son projet et elle acquiesça. Elle avait bu quelques verres et Brian lui dit d'en prendre un autre.

Laura et Brian rentrèrent chez eux après la soirée, se déshabillèrent dans leur voiture, marchèrent jusqu'à la porte d'entrée et appuyèrent sur la sonnette. Il y eut une longue attente. Ils riaient nerveusement.

---

13. **tense** : *tendu,* ce mot fait écho à « **strain** », *tension* (p. 156).
14. **approval** : *approbation ;* **approve of,** *approuver* (qqn., qqch.)
15. **hovering** : hover. 1. *planer* (oiseau). 2. (ici) *rôder.*
16. **was driving Brian round the bend** : *rendait Brian dingue, lui tapait sur le système ;* **go round the bend** (m. à m. *tourner le tournant*), *devenir fou.*
17. **muttered** : mutter, *marmonner, marmoter, grommeler.*
18. **curses** : let out a curse, *lâcher un juron ;* curse (v.), *jurer.*
19. **neighbourhood** : *voisinage, proximité ;* **a neighbour,** *un voisin.*
20. **struck** : strike, struck, struck, *frapper* (ici) *l'esprit.*
21. **agreed** : agree (with), *être d'accord* (avec) (≠ **to disagree**)
22. **undressed** : undress (sans pronom réfléchi !), *se déshabiller* (≠ **dress**).
23. **wait** : notez le nom, wait, *attente ;* **wait for,** *attendre.*

It was after 2 *a.m.*[1], and Edna was *in bed*[2]. Edna *at last*[3] arrived and opened the door.

'*Howdy doody*[4], Edna !' said Brian, *waltzing in*[5].

'*Evening*[6], mama,' said Laura.

Flustered[7] and horrified, Edna blinked, but *soon*[8] *recovered*[9] enough to laugh and smile politely.

'Well, aren't you surprised ? *Say* something !' Brian cried, but not being as drunk then as Laura, he seized a sofa *pillow*[10] and held it *so as to*[11] cover his nakedness, *hating himself*[12] *as he did so*[13], for it was rather as if he had lost his *guts*[14].

Laura was executing a solo ballet, *quite*[15] *uninhibited*[16].

Edna had *vanished*[17] into the kitchen. Brian pursued her and saw that she was making *instant*[18] coffee.

'Listen, Edna !' he shouted. 'You might *at least*[19] *talk* to us, no ? It's simple, isn't it ? Please, *for the love of God*[20], say something to us !' He was *still*[21] *clutching*[22] the pillow against himself, but he gesticulated with a *fist*[23] of his other hand.

'It's true, mama !' Laura said from the doorway. Her eyes were full of tears. She was hysterical with conviction. '*Speak* to us !'

---

1. **a.m.** : **a**nte meridiem, *du matin* (≠ **p**ost **m**eridiem, p.m., *de l'après-midi*).
2. **in bed** : *au lit, couché(e)* ; go to bed, *aller se coucher*.
3. **at last** : *enfin, à la fin* ; at long last, *à la fin des fins*.
4. **howdy doody** : (amér. fam.) *ça gaze ?* how do you do ? *ça va ?*
5. **waltzing in** : waltz, *valser* ; waltz (n.), *valse* (voir traduction).
6. **evening** : good evening ; de même : « Morning ! » (Good morning !).
7. **flustered** : fluster, *troubler* ; in a fluster, *tout en émoi*.
8. **soon** : *bientôt* ; as soon as you come, *dès que vous viendrez*.
9. **recovered** : recover from, *se remettre de* (maladie, émotion...).
10. **pillow** : *oreiller* ; pillowcase, pillowslip, *taie d'oreiller*.
11. **so as to** : ou in order to, ou to, *pour, afin de* (marque le but).
12. **hating himself** : m. à m. *se détestant* ; to hate, *détester* ; hate (n.), hatred, *haine*.

Il était plus de deux heures du matin et Edna était couchée. Elle arriva enfin et ouvrit la porte.

« Salut, comment ça va, Edna ? » dit Brian en entrant sur un pas de valse.

« B'soir, maman, » dit Laura.

Agitée, horrifiée, Edna clignait des yeux mais bientôt elle se reprit suffisamment pour rire et sourire poliment.

« Alors, vous n'êtes pas surprise ? *Dites donc* quelque chose ! » s'écria Brian, mais n'étant pas alors aussi soûl que l'était Laura, il saisit un coussin du canapé et le tint de manière à cacher sa nudité tout en s'en voulant d'agir ainsi car c'était un peu comme s'il avait perdu son sang-froid.

Laura exécutait un ballet solo, sans la moindre inhibition.

Edna avait disparu dans la cuisine. Brian la poursuivit et vit qu'elle faisait du café soluble.

« Écoutez, Edna ! » cria-t-il. « Vous pourriez au moins nous *parler*, non ? C'est pas difficile, non ? Je vous en prie, pour l'amour de Dieu, dites-nous quelque chose. » Il serrait toujours le coussin contre lui mais il gesticulait en brandissant le poing de l'autre main.

« C'est vrai, Maman », dit Laura dans l'embrasure de la porte. Elle avait les yeux pleins de larmes. Elle était hors d'elle-même à force de vouloir convaincre. « *Parle*-nous ! »

---

13. **as he did so :** m. à m. *comme il faisait ainsi* (so = cover his nakedness...).
14. **guts :** 1. (ici) **have guts**, *avoir du cran*. 2. *boyaux, intestins*.
15. **quite :** *tout à fait ;* ne pas confondre avec **quiet,** *calme.*
16. **uninhibited :** *sans inhibitions, non refréné* (≠ **inhibited**).
17. **vanished :** **vanish into thin air,** *se volatiliser.*
18. **instant :** *instantané, soluble, en poudre* (café, potage...).
19. **at least :** *au moins ;* **at the (very) least,** *au bas mot.*
20. **for the love of God :** ou **for God's sake, for Heaven's sake,** *pour l'amour de Dieu.*
21. **still :** *encore* (continuation) ; **again,** *encore* (répétition).
22. **clutching :** **clutch,** *saisir, empoigner ;* **clutch (n.),** *prise, étreinte ;* **be in somebody's clutches,** *être au pouvoir de quelqu'un.*
23. **fist :** *poing ;* **shake one's fist at,** *menacer du poing ;* **clench one's fists,** *serrer les poings.*

'I think it is *disgraceful*[1], *if you want me to say*[2] something,' said Edna, the longest sentence she had *uttered*[3] *in years*[4]. 'Drunk and naked *besides*[5] ! *I am ashamed*[6] of you *both*[7] !. Laura, take a raincoat from the downstairs hall, take *anything*[8] ! And *you* — my son-in-law !' Edna was shrieking.

The kettle water *seethed*[9]. Edna *fled past*[10] Brian and scurried upstairs to her room.

Neither Brian *nor*[11] Laura remembered much of the hours after that. If they hoped they had *broken*[12] Edna's silence permanently, they soon found *they were wrong*[13]. Edna was *just*[14] as silent as ever the next morning, Sunday, *though she* did *smile*[15] a little — almost as if nothing had happened.

Brian went to work on Monday as usual, and when he came home, Laura told him that Edna had been unusually busy all day. She had also been silent.

'I think she's ashamed of herself,' Laura said. 'She *wouldn't*[16] even have lunch with me.'

Brian *gathered*[17] that Edna had been busy

---

1. **disgraceful** : *honteux, infâme* ; disgrace, *honte, déshonneur*.
2. **you want me to say** : notez la proposition infinitive avec want, *vouloir :* pronom personnel complément (**me**) + infinitif (de même avec **expect, like**...).
3. **uttered** : utter, *émettre* (son, cri, parole) ; she did not utter a word, *elle n'a pas desserré les dents.*
4. **in years** : se dit surtout aux U.S.A. (en G.B. **for years**).
5. **besides** : *en outre* ; ne pas confondre avec **beside**, *à côté de.*
6. **I'm ashamed** : *j'ai honte* ; notez l'emploi de **be** ; shame, *honte*.
7. **both** : *tous les deux, l'un et l'autre*. Notez : Both John and Peter are English = they are both English = both are English.
8. **anything** : *n'importe quoi* ; anybody, *n'importe qui* ; anywhere, *n'importe où* : **any**, *n'importe*, dans une phrase affirmative.
9. **seethed** : seethe. 1. *bouillir, bouillonner*. 2. *être en effervescence* (la bouilloire, elle aussi, s'emballe, comme Edna !) ; m. à m. : *l'eau de la bouilloire bouillait.*

« Je trouve que c'est une honte, si vous voulez que je dise quelque chose, » dit Edna, la plus longue phrase qu'elle eût prononcée depuis des années. « Soûls et nus par-dessus le marché ! Vous me faites honte tous les deux ! Laura, prends un imperméable dans le vestibule au rez-de-chaussée, prends n'importe quoi ! Et *vous*, mon *gendre* ! » hurlait Edna.

La bouilloire s'emballait. Edna passa vite devant Brian et fila dans les escaliers jusqu'à sa chambre.

Ni Brian ni Laura ne se rappelèrent grand-chose des heures qui suivirent. S'ils espéraient avoir rompu le silence d'Edna d'une façon définitive, ils s'aperçurent bientôt qu'ils s'étaient trompés. Edna fut tout aussi muette que jamais le lendemain matin, dimanche, bien qu'elle esquissât un sourire, pratiquement comme si rien ne s'était passé.

Le lundi, Brian se rendit au travail comme d'habitude et, quand il rentra, Laura lui dit qu'Edna avait été exceptionnellement occupée toute la journée. Elle avait été silencieuse aussi.

« Je crois quelle a honte, » dit Laura. « Elle n'a même pas voulu déjeuner avec moi. »

Brian comprit qu'Edna avait été occupée

---

10. **fled past :** flee, fled, fled, *(s'en)fuir ;* **past,** *près de ;* he ran past the house, *il est passé devant la maison en courant.*
11. **nor :** neither... nor, *ni... ni ;* either... or, *ou bien... ou bien.*
12. **broken :** break, broke, broken. 1. (ici) *interrompre.* 2. *casser ;* break (n.). 1. *interruption, pause, récréation.* 2. *brèche, trouée.*
13. **they were wrong :** be wrong ou be in the wrong, *avoir tort* (≠ be right, be in the right).
14. **just :** (ici) *exactement, précisément, absolument.*
15. **though she did smile :** though ou although, *bien que ;* did smile, forme d'instance, implique qu'Edna souriait bel et bien.
16. **wouldn't :** would, passé de **will,** exprime ici la volonté.
17. **I gathered :** gather. 1. (ici) *déduire, comprendre.* 2. *ramasser, rassembler.*

*stacking firewood*¹, cleaning the barbecue *pit*², peeling green apples, *sewing*³, polishing *brass*⁴, searching *through*⁵ a large *garbage bin*⁶ — for God knew what.

'What is she doing now ?' Brian asked with a *prickle*⁷ of alarm.

At the same moment, he knew. Edna was in the attic. There was an *occasional*⁸ *creak*⁹ of floor wood from *way*¹⁰ upstairs, a *clunk* as she set down a carton of glass jars or *some such*¹¹.

'We should leave her alone for a bit,' said Brian, feeling he was being *manly*¹² and *sensible*¹³.

Laura agreed.

They didn't see Edna at dinner. They went to *bed*¹⁴. Edna seemed to work *through*¹⁵ the night, judging *from*¹⁶ the noises on the stairs and in the attic. Around dawn, a terrible *crash*¹⁷ occurred, against which Brian had once warned Laura : the attic floor was made of laths *after all, just nailed*¹⁸ to rafters. Edna fell through the floor *along with*¹⁹ jam jars, crates, raspberry *preserves*²⁰, rocking chairs, an old sofa, a trunk and a sewing machine. Crash, bang, tinkle !

---

1. **stacking firewood** : stack, *empiler* ; a stack, a pile, *un tas* ; firewood, composé de fire. 1. (ici) *feu*. 2. *incendie*.
2. **pit** : *fosse, trou*, (ici) l'endroit même où se fait le feu.
3. **sewing** : sew [səʊ], sewed [səʊd], sewn [səʊn], *coudre* ; voir sewing machine, *machine à coudre*.
4. **brass** : 1. (ici) *les cuivres*. 2. *cuivre jaune*. 3. (fam.) *fric*.
5. **through** : *dans tout, d'un bout à l'autre de* ; through indique ici l'application avec laquelle Edna fouille la poubelle.
6. **garbage bin** : *poubelle* ; syn. garbage can, dustbin (G.B.) ; garbage. 1. (ici amér.) *ordures ménagères*. 2. *détritus, déchets*.
7. **prickle** : *picotement, fourmillement* ; prickle (v.), *piquer, picoter*.
8. **occasional** : *espacé, qui se produit de temps en temps*.
9. **creak** : *craquement, grincement* ; creak (v.), *craquer, grincer*.
10. **way** : (surtout amér.) *très loin*, dans l'espace ou le temps ; way down South, *(tout) là-bas dans le Sud*.

à empiler du bois de chauffage, à nettoyer le barbecue, à peler des pommes vertes, à coudre, à astiquer les cuivres, à fouiller dans une grande poubelle à la recherche de Dieu sait quoi.

« Qu'est-ce qu'elle fait en ce moment ? » demanda Brian avec un frisson d'inquiétude.

A l'instant même il comprit. Edna était au grenier. Il y avait de temps en temps le bois du plancher qui craquait là-haut, un *boum !* lorsqu'elle posait un carton de pots en verre ou quelque chose de ce genre.

« Nous devrions la laisser tranquille un peu, » dit Brian avec le sentiment d'agir en homme, comme quelqu'un qui a du bon sens.

Laura approuva.

Ils ne virent pas Edna au moment du dîner. Ils allèrent se coucher. Edna sembla s'activer toute la nuit, à en juger aux bruits qu'on entendait dans l'escalier et au grenier. Au petit matin, un terrible choc se produisit ; Brian avait un jour mis Laura en garde : le plancher du grenier était fait de lattes simplement clouées aux poutres, sans plus. Edna passa à travers le plancher entraînant avec elle des pots à confiture, des cageots, des bocaux de framboises, des fauteuils à bascule, un vieux canapé, une malle et une machine à coudre. Crac, bang, ding !

---

11. **some such :** ou **something like that ; such,** *sus-dit, de la nature ci-dessus indiquée, du même genre que* (les cartons, ici).
12. **manly :** *virile, mâle ;* **manhood.** 1. *âge d'homme.* 2. *virilité.*
13. **sensible :** ▲ *raisonnable, doué de bon sens ;* **sensitive,** *sensible.*
14. **bed :** *lit ;* **go to bed,** *aller se coucher ;* **go to sleep,** *s'endormir.*
15. **through :** (ici) aussi **throughout,** *pendant tout(e la nuit).*
16. **from :** (ici) *d'après, suivant ;* **I could tell from his accent that he was English...** *je me suis rendu compte d'après son accent qu'il était anglais.*
17. **crash :** 1. *fracas.* 2. *collision ;* **crash (v.),** *s'écraser* (avion).
18. **after all, just nailed :** m. à m. *après tout, juste clouées.*
19. **along with :** ou **together with,** *en même temps que.*
20. **preserves :** n. pl. 1. *fruits en conserve.* 2. *confiture.*

. Brian and Laura, who had been *cringing*[1] in their bed, *sprang*[2] up *at once*[3] to rescue Edna from the débâcle, but they knew *before*[4] they touched her that *all was up*[5]. *Poor Edna*[6] *was dead*[7]. Perhaps she had not died from the fall, even, but she was dead. *Thus*[8] was the rather *noisy*[9] end of Brian's silent mother-in-law.

© 1975, Diogenes Verlag, AG Zürich, 100/75/W/1

---

1. **cringing** : cringe. 1. (ici) *se faire tout petit, se tapir* (de peur) 2. *se mettre à plat ventre devant quelqu'un, ramper.*
2. **sprang** : spring, sprang, sprung. 1. (ici) *bondir.* 2. *jaillir* ; spring (n.). 1. *bond, saut.* 2. *ressort.* 3. *source.* 4. *printemps.*
3. **at once** : *tout de suite* ; all at once, *soudain, tout d'un coup.*
4. **before** : (ici) (conjonction) *avant que* ; before they touched her, m. à m. : *avant qu'ils ne la touchèrent* ; ne pas confondre avec **before**, préposition : **before touching her**, *avant de la toucher.*
5. **all was up** : up marque ici l'achèvement ; eat it up, *mangez le tout, finissez de le manger* ; time's up ! *fini, c'est l'heure !*
6. **poor Edna** : *la pauvre Edna* : notez l'absence d'article en anglais, avec un prénom, un nom de personne, précédé d'une appellation familière, d'un titre : **little John, King George V.**
7. **was dead** : be dead ; *être mort* (état) ; die (v.), *mourir* (action).
8. **thus** : 1. (ici) *ainsi, de cette façon.* 2. *ainsi, donc* ; on pourrait avoir aussi : **such was the noisy end** (such, *tel, telle*).
9. **noisy** : *bruyant* ; noise, *bruit, son* ; make a noise, *faire du bruit.*

Brian et Laura, qui s'étaient faits tout petits dans leur lit, se levèrent d'un bond immédiatement pour sauver Edna du désastre mais ils comprirent avant même de la toucher que tout était fini. La pauvre Edna était morte. Peut-être n'était-elle même pas morte de la chute, mais elle était bien morte. Telle fut la fin plutôt bruyante de la silencieuse belle-mère de Brian.

Révisions

Vous avez rencontré dans la nouvelle que vous venez de lire l'équivalent des expressions françaises suivantes.
Vous en souvenez-vous ?

1. Elle vit avec sa fille et son gendre.
2. Le mieux est l'ennemi du bien.
3. Ils n'ont pas encore d'enfants.
4. Ils rentrèrent chez eux en voiture après la soirée.
5. Elle avait bu quelques verres, et elle était ivre.
6. Ils découvrirent bientôt qu'ils se trompaient (qu'ils avaient tort).
7. Elle n'a même pas voulu déjeuner avec moi.
8. Cela leur coûterait trois cents dollars par mois de l'installer toute seule dans un appartement.
9. Elle dit bien « Oui, merci » quand on lui propose une seconde tasse de café.
10. Brian travaille comme ingénieur en électronique, dans une banlieue, à vingt-cinq minutes de voiture du centre ville.
11. Je trouve que c'est une honte, si vous voulez que je dise quelque chose.
12. Ni Brian ni Laura ne se souvenaient de grand-chose.

1. She lives with her daughter and son-in-law.
2. Let well enough alone.
3. They have no children as yet.
4. They drove home after the party.
5. She'd had a few drinks, and she was drunk.
6. They soon found they were wrong.
7. She wouldn't even have lunch with me.
8. It would cost them three hundred dollars a month to set her up in a flat by herself.
9. She does say « Yes, thank you » to a second cup of coffee.
10. Brian works as an electronic engineer in a suburb, twenty five-minutes' drive from town-centre.
11. I think it's disgraceful, if you want me to say something.
12. Neither Brian nor Laura remembered much.

O'HENRY (1862-1910)

After twenty years

Vingt ans après

La réputation de O'Henry, auteur américain né en Caroline du Nord, repose uniquement sur la nouvelle ; il en a écrit dix volumes, de 1904 à 1910 ; les plus connus, publiés en livre de poche (Minster Classics, Pan Books) sont *Cabbages and Kings, The Four Million, The Voice of the City*. Les scènes sont empruntées tantôt à la vie rude et simple de l'Ouest et du Sud, tantôt à celle des grandes villes, New York notamment. Les personnages, souvent des vauriens sans morale, sont croqués sur le vif ; la fin de la nouvelle, savamment construite, est toujours inattendue, comme celle de *After twenty years*, extrait de *O'Henry's Stories* (Minster Classics, London).

The policeman on the beat moved up the avenue impressively. The impressiveness was habitual and not for *show*[1], for spectators were few. The time was barely 10 o'clock at night, but *chilly*[2] gusts of wind with a *taste*[3] of rain in them had *well nigh*[4] *depeopled*[5] the streets.

Trying doors as he went[6], twirling his club with many intricate and artful movements, *turning*[7] *now and then*[8] to cast his *watchful*[9] eye adown the pacific thoroughfare, the officer, with his stalwart form and *slight*[10] swagger, made a fine picture of a guardian of the peace. The *vicinity*[11] was one that *kept early hours*[12]. Now and then you might see the lights of a cigar *store*[13] or of an all-night lunch *counter*[14]; but the majority of the doors belonged to business places that had long since been closed.

When about *midway*[15] of a certain *block*[16] the policeman suddenly *slowed*[17] his walk. In the doorway of a *darkened*[18] hardware store a man leaned, with an unlighted cigar in his mouth. As the policeman walked up to him the man spoke up quickly.

'It's all right, officer,' he said, reassuringly. 'I'm just waiting for a friend. It's an appointment made twenty years ago. *Sounds*[19] a little funny to you, doesn't it ? Well, I'll explain if you'd like to make certain it's all *straight*[20]. About *that*[21] long ago

---

1. **show** : étalage, parade ; show off (v.) : *se donner des airs, crâner ;* show, showed, shown, *montrer*.
2. **chilly** : *frisquet ;* chill, *refroidissement, coup de froid*.
3. **taste** : 1. *goût*. 2. (ici) *soupçon, trace ;* taste, *goûter*.
4. **well nigh** : (rare) *presque ;* syn. almost, nearly.
5. **depeopled** : composé de **people**, *les gens* (pas d's à people !)
6. **trying doors as he went** : m. à m. *essayant les portes comme il allait ;* try 1. *essayer*. 2. *mettre à l'épreuve*.
7. **turning** : notez : he turned round, *il se retourna*.
8. **now and then** : *de temps en temps*.
9. **watchful** : *attentif ;* watch, *surveillance, guet, quart*.
10. **slight** : *léger ;* a slight improvement, *un léger mieux*.
11. **vicinity** : *voisinage, proximité, alentours*.
12. **kept early hours** : veut dire que les habitants du quartier se couchaient de bonne heure et que les magasins fermaient tôt ; keep, kept, kept, *garder, tenir ;* **early** (adj. ici), *précoce, prématuré*.

L'agent de police au cours de sa ronde remontait l'avenue d'un air imposant. Cet air lui était habituel et n'était pas destiné à épater la galerie car les spectateurs étaient rares. Il était tout juste dix heures du soir mais des rafales de vent froid avec des menaces de pluie avaient presque dépeuplé les rues.

Inspectant les portes l'une après l'autre, faisant tournoyer sa matraque d'un mouvement complexe et savant, se retournant de temps en temps pour jeter un regard vigilant le long de la paisible avenue, l'agent, d'une solide corpulence, à la démarche légèrement conquérante, offrait une belle image du gardien de la paix. Dans le quartier la vie s'arrêtait de bonne heure. De temps à autre, on voyait peut-être les lumières d'un bureau de tabac ou d'un snack-bar ouvert toute la nuit ; mais la majeure partie des portes appartenait à des commerces qui étaient fermés depuis longtemps.

Arrivé à peu près à mi-hauteur d'un certain pâté de maisons, l'agent ralentit soudain sa marche. Dans l'entrée d'une quincaillerie obscure un homme était penché, un cigare non allumé à la bouche. Quand l'agent de police arriva jusqu'à lui, l'homme s'empressa de parler.

« Tout va très bien, monsieur l'agent, » dit-il d'un ton rassurant. « J'attends simplement un ami. C'est un rendez-vous fixé il y a vingt ans. Ça vous semble un peu bizarre, n'est-ce pas ? Eh bien, je vais vous expliquer si vous voulez être sûr que tout est en règle. Ça fait à peu près le même nombre d'années

---

13. **store :** magasin aux U.S.A., grand magasin en G.B.
14. **counter :** *comptoir* (auquel on prend son déjeuner, **lunch**).
15. **midway :** composé de **mid** (**middle**, *milieu*) et **way**, *chemin, voie*.
16. **block :** sens courant aux U.S.A.
17. **slowed :** slow (down) *ralentir* ; adj. **slow**, *lent* (≠ **fast**).
18. **darkened :** darken, (s') *assombrir* ; **dark** 1. *sombre*. 2. *foncé*.
19. **sounds :** (it) sounds : omission courante du sujet du verbe en langage parlé ; **sound**, *sembler* (au son, à entendre), cf. n.18 p. 173.
20. **straight :** aussi **all right, alright** ; **in order**, *en ordre, normal.*
21. **that :** représente ici « **twenty years** », deux lignes plus haut.

there used to be[1] a restaurant where this store stands — 'Big Joe' Brady's restaurant.'

'*Until five years ago*'[2], said the policeman. 'It was torn down then.'

The man in the doorway struck a match and lit his cigar. The light showed a pale, *square-jawed*[3] face *with keen eyes*[4], and a little white scar near his right eyebrow. His scarfpin was a large diamond, oddly set.

'Twenty years ago to-night' said the man, 'I dined here at *'Big Joe' Brady's*[5] with Jimmy Wells, my best chum, and the finest chap in the world. He and I were *raised*[6] here in New York, just like two brothers, together. I was eighteen and Jimmy was twenty. *The next morning*[7] *I was to start*[8] for the West to make my fortune. You couldn't have *dragged*[9] Jimmy out of New York; he thought it was *the only place on earth*[10]. Well, we *agreed*[11] that night that we would meet here again exactly twenty years from that date and time, *no matter*[12] what our *conditions*[13] might be or from what distance we might *have to*[14] come. *We figured*[15] that in twenty years each of us ought to have our destiny *worked out*[16] and our fortunes made, *whatever*[17] they were going to be.'

'*It sounds pretty interesting,*'[18] said the policeman. '*Rather*[19] a long time between *meets*[20], *though*[21],

---

1. **there used to be :** there was, *il y avait* (mais il n'y en a plus) ; used to marque une rupture avec le passé.
2. **until five years ago :** m. à m. *jusqu'à il y a cinq ans.*
3. **square-jawed :** with square jaws ; comparez ; **long-haired,** *aux cheveux longs.*
4. **with keen eyes :** ∆emploi de with (*aux yeux...*).
5. **Big Joe Brady's :** notez l'omission de « restaurant » après 's ; de même avec shop, house, church.
6. **raised :** raise, *soulever, lever ;* ne confondez pas avec rise, rose, risen, *se lever.*
7. **the next morning :** ou **the following morning.**
8. **I was to start :** be to + verbe indique un projet, un plan établi à l'avance.
9. **dragged :** drag 1. *tirer avec effort.* 2. *entraîner, traîner.*
10. **the only place on earth :** m. à m. *le seul endroit sur terre.*
11. **agreed :** v. agree, *être d'accord ;* N.B. **I agree,** *je suis d'accord* (≠ disagree).

il y avait un restaurant à l'endroit où se trouve ce magasin — « Chez le grand Joe Brady. »

« Ça fait cinq ans, » rectifia l'agent. « Le restaurant a été démoli à ce moment-là. »

L'homme qui se tenait dans l'entrée craqua une allumette et alluma son cigare. La flamme dévoila un visage pâle à la mâchoire carrée, aux yeux perçants, avec une petite cicatrice blanche près du sourcil droit. L'épingle de sa cravate était formée d'un gros diamant étrangement serti.

« Il y a vingt ans ce soir, » dit l'homme, « j'ai dîné ici, "Chez le Grand Joe Brady", avec Jimmy Wells, mon meilleur ami, le type le plus merveilleux au monde. Lui et moi nous avons été élevés ici à New York, exactement comme deux frères, ensemble. J'avais dix-huit ans et Jimmy en avait vingt. Le lendemain matin je devais partir dans l'Ouest pour chercher fortune. Personne n'aurait pu forcer Jimmy à quitter New York ; il pensait qu'il n'y avait pas meilleur endroit au monde. Eh bien, nous sommes convenus ce soir-là que nous nous retrouverions ici dans exactement vingt ans à partir de ce jour et de cette heure, quelles que puissent être nos conditions de vie ou la distance que nous aurions à parcourir. Nous avons estimé qu'en vingt ans chacun de nous devrait avoir sa destinée tracée et sa fortune faite, quelles qu'elles puissent être. »

« Voilà qui paraît bien intéressant, » dit l'agent. « Ça fait un peu long, cependant, entre les deux rendez-vous,

---

12. **no matter** : no matter what you think, *quoi que tu en penses*.
13. **conditions** : ici, *état de santé, condition sociale...*
14. **have to** : remplace **must** (surtout au futur et au cond.).
15. **we figured** : figure, guess (amér.), think, *croire, penser (que)*.
16. **worked out** : work out, *résoudre, débrouiller* (une difficulté).
17. **whatever** : whatever you say, *quoi que tu dises*.
18. **it sounds pretty interesting** : *cela semble assez intéressant* (à l'entendre) ; **it looks interesting** (*cela semble...* à le voir) ; **pretty** (adv. ici) *assez, plutôt* ; syn. **quite**.
19. **rather** : sous-entendu « **it's rather** » (style parlé cf. n. 19 p. 171).
20. **meets** : meet (n.), *rencontre* ; meet, met, met, *rencontrer*.
21. **though** : (adverbe ici) *cependant, pourtant* ; **it's good though**, *c'est pourtant bon* ; (conjonction) *bien que*.

it seems to me. Haven't you *heard from*[1] your friend since you left ?'

'Well, yes, for a time we corresponded,' said the other. 'But after a year or two *we lost track of each other*[2]. You see, the West is a pretty big *proposition*[3], and I kept *hustling*[4] around *over it*[5] pretty *lively*[6]. But I know Jimmy will meet me here if he's alive, for he always was the truest, *stanchest*[7] old chap in the world. He'll never forget. I came a thousand *miles*[8] to stand in this door to-night, and *it's worth it*[9] if my old partner turns up.'

The waiting man pulled out a handsome watch, the *lids*[10] of it set with small diamonds.

'Three minutes to ten,' he announced. 'It was exactly ten o'clock when we parted here at the restaurant door.'

'*Did pretty well*[11] out West, didn't you ?' asked the policeman.

'*You bet*[12] ! I hope Jimmy has done half as well. He was a kind of *plodder*[13], though, *good fellow as he was*[14]. I've had to compete with some of the *sharpest*[15] *wits*[16] *going*[17] *to get*[18] my *pile*[19]. A man gets in a *groove*[20] in New York. *It takes the West*[21] to put a *razor-edge*[22] on him.'

The policeman twirled his club and took a step or two.

'I'll be on my way. Hope your friend comes around all right.

---

1. **heard from** : hear from, heard, heard, *recevoir des nouvelles de ;* hear of, about, *entendre parler de.*
2. **we lost track of each other** : track (ici), *trace, piste ;* lose, lost, lost, *perdre..*
3. **proposition** : ▲ (fam.) *affaire, question souvent difficile.*
4. **hustling** : hustle, *se dépêcher, se presser, se bousculer.*
5. **over it** : all over it, *partout* (it se rapportant à West).
6. **lively** : *plein d'entrain, plein d'allant, vivant, animé.*
7. **stanchest** : stanch (amér.), staunch, *sûr, dévoué* (ami...).
8. **miles** : 1 mile = 1 609 m. ; 5 miles = 8 km, à peu près.
9. **it's worth it** : it's worth coming, *ça vaut la peine de venir.*
10. **lids** : m. à m. *couvercles ;* the lids of it, the lids of which.
11. **(you) did pretty well** : notez ce sens de do, *réussir.*

il me semble. Vous n'avez jamais reçu de nouvelles de votre ami depuis que vous êtes parti ? »

« Eh bien, si, pendant quelque temps nous avons correspondu, dit l'autre. Mais après un an ou deux, nous nous sommes perdus de vue. Voyez-vous, l'Ouest, ce n'est pas une petite affaire et je n'ai pas cessé de me démener d'un bout à l'autre comme un beau diable. Mais je sais que Jimmy me rejoindra ici s'il est en vie car il a toujours été le gars le plus sincère et le plus fidèle au monde. Il n'oubliera jamais. J'ai fait mille kilomètres pour être ici devant cette porte ce soir et ça vaut la peine si mon vieux copain s'amène. »

L'homme qui attendait sortit une belle montre dont le boîtier était orné de diamants.

« Dix heures moins trois, annonça-t-il. Il était exactement dix heures quand nous nous sommes séparés ici à la porte du restaurant. »

« Vous n'avez pas mal réussi dans l'Ouest, n'est-ce pas ? » demanda l'agent de police.

« Et comment ! Si seulement Jimmy avait fait la moitié de ce que j'ai fait ! Il était plutôt lent, cependant, tout brave qu'il était. J'ai dû me battre avec quelques-uns des filous les plus rusés pour ramasser mon magot. Un homme s'encroûte à New York. Il lui faut l'Ouest pour l'aiguillonner. »

L'agent de police fit tournoyer sa matraque et avança d'un pas ou deux.

« Je vais continuer. J'espère que votre ami va bien arriver.

---

12. **you bet !** : m. à m. *tu paries* ; bet, bet, bet, *parier*.
13. **plodder** : *travailleur assidu mais lent, bûcheur* ; plod, *marcher lourdement* ; plodding, *lourd* (pas).
14. **good fellow as he was** : m. à m. *bon type comme il était* ; équivaut à « il avait beau être... »
15. **sharpest** : sharp 1. *tranchant* (d'où razor-edge, *fil du rasoir* ; cf. note 22). 2. (ici) *rusé, astucieux, vif*.
16. **wits** : wit, *homme d'esprit* ; wits (n. plur.) *intelligence*.
17. **going** : △(adj.) *existant, actuel, courant* (prix...).
18. **to get** : to, *pour, afin de* ; aussi in order to, so as to.
19. **pile** : 1. *pile, tas* (syn. heap) 2. (ici, familier) *fortune* ; he must have made a pile, *il a dû ramasser un paquet*.
20. **groove** : 1. *rainure*. 2. *ornière*. 3. *routine* (aussi rut).
21. **it takes the west** : notez cet emploi de take.
22. **razor-edge** : 1. *tranchant de rasoir*. 2. *extrême limite*.

Going to call time on him *sharp* ?'[1]

'I should say not !' said the other. 'I'll give him half an hour at least. If Jimmy is *alive*[2] on earth he'll be here by that time. So long, *officer.*'[3]

'Good-night, sir', said the policeman, *passing on*[4] along his beat, trying doors as he went.

There was now a *fine*[5], cold drizzle falling, and the wind had risen from its uncertain *puffs*[6] into a steady blow. The few *foot passengers*[7] *astir*[8] in that *quarter*[9] hurried dismally and silently along with coat collars turned high and *pocketed hands*[10]. And in the door of the hardware store the man who had come a thousand miles to fill an appointment, uncertain almost to absurdity, with the friend of his youth, smoked his cigar and *waited*[11].

About twenty minutes he waited, and then a tall man in a long overcoat, with collar turned up to his ears, *hurried*[12] across from the opposite side of the street. He went directly to the waiting man.

'Is that you, Bob ?' he asked, *doubtfully*[13].

'Is that you, Jimmy Wells ?' cried the man in the door.

'*Bless my heart !*'[14] exclaimed the new *arrival*[15], grasping both the other's hands with his own. 'It's Bob, *sure as fate*[16]. I was certain I'd find you here if you were *still*[17] in existence. Well, well, well ! — *twenty years is a long time*[18].

---

1. **sharp** : exactement ; at two o'clock sharp, *à deux heures pile.*
2. **alive** : syn. living, *en vie ;* voir p. 54-55, notes 12-13.
3. **officer** : notez comment on s'adresse à un agent de police.
4. **passing on : on** indique la continuation ; **go on**, *continuer.*
5. **fine** : 1. *beau.* 2. (ici) *fin, menu ;* **fine rain**, *pluie fine.*
6. **puffs** : syn. gusts of wind (voir 4ᵉ ligne de la nouvelle)
7. **foot passengers** : syn. pedestrians ; pl. de foot (pied), feet.
8. **astir** : 1. (ici) *éveillé et levé.* 2. *excité, en émoi.*
9. **quarter** : the Latin Quarter, *Le Quartier latin ;* syn. district.
10. **(with) pocketed hands** : ou with their hands in their pockets ; notez pocket (v.) : he pocketed the note, *il empocha le billet.*

Vous ne lui laisserez aucune marge ? »

« Oh, si, dit l'autre, je lui laisserai une demi-heure au moins. Si Jimmy est de ce monde, il sera arrivé d'ici là. Au revoir, monsieur l'agent. »

« Bonsoir, monsieur, » dit l'agent, poursuivant sa ronde, vérifiant les portes l'une après l'autre.

Il tombait maintenant une petite bruine froide et le vent s'était levé, un souffle continu succédant à des rafales irrégulières. Les rares piétons encore debout dans ce quartier se hâtaient, tristes et silencieux, le col de leur manteau bien relevé, les mains dans les poches. Et dans l'entrée de la quincaillerie, l'homme qui avait parcouru mille kilomètres pour honorer un rendez-vous, d'une improbabilité presque absurde, avec son ami de jeunesse, fumait son cigare et attendait.

Pendant vingt minutes environ il attendit et puis un homme grand, vêtu d'un long pardessus au col relevé jusqu'aux oreilles, arriva précipitamment de l'autre côté de la rue. Il alla droit vers celui qui attendait.

« C'est toi, Bob ? » demanda-t-il, hésitant.

« C'est toi, Jimmy Wells ? » s'écria l'homme posté dans l'entrée.

« Pas possible ! » s'exclama le nouveau venu, saisissant les deux mains de l'autre dans les siennes. « C'est Bob aussi sûr que deux et deux font quatre. J'étais certain que si tu étais en vie je te trouverais ici. Eh oui, oui, vingt ans c'est long.

---

11. **waited** : for s'emploie avec wait seulement s'il y a un complément : I waited for him, *je l'ai attendu*.
12. **hurried** : hurry, *se hâter ;* notez le changement d'y en i devant une consonne. Hurry up !, *dépêchez-vous !*
13. **doubtfully** : doubtful, *douteux ;* doubt [daut], *doute*.
14. **bless my heart !** : aussi Bless my soul ! Bless me !, *vraiment !* ; bless, *bénir*.
15. **arrival** : 1. *arrivée*. 2 (ici) *arrivant ;* the new arrival, syn. the newcomer, *le nouveau venu ;* arrival est dérivé de arrive (at, in), *arriver*.
16. **sure as fate** : mis pour as sure as fate, m. à m. *aussi sûr que le destin ;* meet one's fate, *trouver la mort*.
17. **still** : *encore* (continuation) ; always, *encore* (répétition).
18. **twenty years is a long time** : is est employé ici car twenty years est considéré comme un tout, une quantité globale (une période de vingt ans).

The old restaurant's gone, Bob ; I wish it had *lasted*[1], *so we could have had another dinner*[2] there. How has the West treated you, *old man ?'*[3]

'*Bully*[4] ; it has given me everything *I asked it for*[5]. You've changed *lots*[6], Jimmy. I never thought you were so tall *by*[7] two or three inches.'

'Oh, I grew a bit after I was twenty.'

'*Doing well*[8] in New York, Jimmy ?'

'Moderately. I have a position in one of the city departments. Come on, Bob ; we'll go around to a place I know of, and have a good long talk about *old times.*'[9]

The two men started up the street, arm in arm. The man from the West, his egotism *enlarged*[10] by success, was beginning to outline the history of his career. The other, *submerged*[11] in his overcoat, *listened*[12] with interest.

At the corner stood a drug store, brilliant with electric lights. When they came into this *glare*[13] each of them turned simultaneously to *gaze upon*[14] the other's face.

The man from the West stopped *suddenly*[15] and *released*[16] his arm.

'You're not Jimmy Wells', he *snapped*[17]. 'Twenty years is a long time, but not *long enough*[18] to change a man's nose from a *Roman*[19] to a pug.'

'It sometimes changes a good man *into*[20]

---

1. **lasted** : p.p. de last (v.), *durer ;* lasting, *durable.*
2. **so we could have had another dinner** : (amér.) omission de that dans so that, *afin que ;* have dinner, dine, *dîner.*
3. **old man** : (fam.) *vieux frère ;* ou old chap, old stick, brother.
4. **bully** : (argot) fine, excellent, super, smashing, *sensationnel.*
5. **I asked it for** : it représente l'Ouest ; ask somebody for something, *demander qqch. à qqn.*
6. **lots** : plus familier que a lot ; aussi : a good deal.
7. **by** : notez ce sens : taller by an inch, *plus grand de 2,5 cm.*
8. **doing well** : (are you) doing well ; notez encore ce sens de do, *réussir.*
9. **old times** : ou the past, the good old days, *le bon vieux temps.*
10. **enlarged** : enlarge 1. *agrandir, étendre.* 2. *agrandir*

Le vieux restaurant a disparu, Bob ; j'aurais aimé qu'il soit encore là, comme ça nous aurions pu y dîner encore. Et l'Ouest, comment ça t'a réussi, vieux frère ? »

« Formidable ; j'y ai trouvé tout ce que j'en attendais. Tu as beaucoup changé, Jimmy. Je me suis toujours figuré que tu étais plus petit de deux ou trois pouces. »

« Oh, j'ai grandi un peu après mes vingt ans. »

« Tu réussis bien à New York, Jimmy ? »

« Modérément. J'ai un emploi dans un des services de la ville. Viens, Bob, on va aller dans un endroit que je connais ; on va parler tranquillement du bon vieux temps. »

Les deux hommes commencèrent à remonter la rue, bras dessus bras dessous. L'homme venu de l'Ouest dont l'égocentrisme était accentué par le succès, se mit à raconter dans ses grandes lignes l'histoire de sa carrière. L'autre, emmitouflé dans son pardessus, écoutait avec intérêt.

Au coin de la rue se tenait un drugstore brillamment éclairé par des ampoules électriques. Quand ils arrivèrent sous cette lumière éblouissante chacun d'eux se retourna simultanément pour examiner le visage de l'autre.

L'homme venu de l'Ouest s'arrêta soudainement et libéra son bras.

« Vous n'êtes pas Jimmy Wells, » dit-il sèchement. « Vingt ans c'est long, mais pas assez pour transformer un nez aquilin en nez épaté. »

« Ça suffit parfois pour changer un homme honnête en

(un cliché) ; dérivé de **large**, *grand* et non pas large ! (**wide, broad**).

11. **submerged :** plus couramment : **wrapped in his overcoat**.

12. **listened :** to s'emploie avec **listen** seulement s'il y a un complément : **I listened to her**, *je l'ai écoutée*.

13. **glare :** 1. (ici) *éclat aveuglant*. 2. *regard furieux*.

14. **gaze upon :** (aussi **gaze at**) : *regarder fixement*.

15. **suddenly :** dérivé de **sudden**, *soudain* ; aussi **all of a sudden**.

16. **released :** release 1. (ici) *libérer*. 2. *faire paraître* (film...)

17. **snapped :** snap (ici) *dire d'un ton sec* ; **snap** (n.), *bruit sec*.

18. **long enough :** enough se place après l'adj. et l'adverbe.

19. **roman :** syn. plus courants : **hooked, aquiline** ['ækwɪlaɪn].

20. **into :** marque ici le changement, la transformation.

a bad one[1], said the tall man. 'You've been *under arrest*[2] for ten minutes, '*Silky*'[3] Bob. Chicago thinks you may have *dropped over*[4] *our way*[5] and wires us *she*[6] wants to have a *chat*[7] with you. *Going quietly*[8], are you ? That's *sensible*[9]. *Now*[10], before we go to the *station*[11] here's a note *I was asked*[12] to hand you. You may read it here at the *window*[13]. It's from *Patrolman*[14] Wells.'

The man from the West *unfolded*[15] the little piece of paper *handed him*[16]. His hand was *steady*[17] when he began to read, but it trembled a little by the time he had finished. The note was rather short.

Bob : I was at the *appointed*[18] place on time. When you struck the match to light your cigar I saw it was the face of the man wanted in Chicago. *Somehow*[19] I couldn't do it myself, so I went around and got *a plain clothes man*[20] to do the job.

JIMMY.

---

1. **one** : pronom, sert ici à éviter la répétition de **man**.
2. **under arrest** : arrest (n.), *arrestation,* arrest (v.), *arrêter* (un malfaiteur), *appréhender*.
3. **silky** : *soyeux,* dérivé de **silk**, *soie ;* allusion à la tenue vestimentaire de Bob, riche gangster (également paré de bijoux).
4. **dropped over** : syn. **drop in**, *faire une visite à l'improviste*.
5. **our way** : down your way, *du côté de chez vous.*
6. **she** : peut s'appliquer à des noms de villes et de pays.
7. **chat** : (*brin*) *de causette ;* **chatty**, *bavard ;* **chat** (v.), *bavarder.*
8. **going quietly** : (you're) going quietly : m. à m. *(tu vas) tranquillement ;* **quietly**, dérivé de **quiet**, *paisible, sans agitation.*
9. **sensible** : ▲ *sensé, raisonnable ;* **sensitive** : *sensible.*
10. **now** : s'emploie pour attirer l'attention : *voyons ! eh bien !* or.
11. **station** : 1. (ici) police station, *poste.* 2. railway station, *gare.*
12. **I was asked** : notez la voix passive ; **I was given** a book by my brother, *mon frère m'a donné un livre* (cf. note 16).
13. **window** : est mis ici pour **shop window**, *devanture, vitrine.*

une crapule, » dit l'homme de haute taille. « Vous êtes en état d'arrestation depuis dix minutes, « Bob le dandy », Chicago pense que vous êtes peut-être venu faire un petit tour du côté de chez nous et ils nous télégraphient pour dire qu'ils veulent vous causer un peu. Vous prenez ça calmement, n'est-ce pas ? Voilà qui est raisonnable. Au fait, avant que nous allions au poste, voici un mot qu'on m'a demandé de vous remettre. Vous pouvez le lire ici devant la vitrine. C'est de la part de l'agent de police Wells. »

L'homme venu de l'Ouest déplia le petit morceau de papier qu'on lui avait remis. Sa main était immobile quand il commença à lire mais elle tremblait un peu quand il eut fini. Le mot était plutôt bref :

« Bob : J'étais à l'heure exacte à l'endroit convenu. Quand tu as craqué ton allumette pour allumer ton cigare, j'ai vu que ton visage était celui de l'homme recherché à Chicago. Je ne sais pas pourquoi, je n'ai pas pu faire le travail moi-même, aussi je suis allé chercher un policier en civil pour le faire.

JIMMY. »

---

14. **patrolman** : dérivé de **patrol**, *patrouille* ; (amér.) *agent de police* (en service de ronde dans un îlot), *flotier*.
15. **unfolded** : unfold, *déplier* ; fold, *plier* ; a fold, *un pli*.
16. **handed him** : which had been handed him (passif, voir note 12).
17. **steady** : with a steady hand, *d'une main assurée, ferme*.
18. **appointed** : appoint, *désigner, choisir, fixer, nommer*.
19. **somehow** : *d'une manière ou d'une autre, tant bien que mal*.
20. **a plain clothes man** : a policeman in plain clothes ; **plain**, (ici) *simple, ordinaire* ; **clothes** (n. plur.) *vêtements*.

Révisions

Vous avez rencontré dans la nouvelle que vous venez de lire l'équivalent des expressions françaises suivantes.
Vous en souvenez-vous ?

1. Il avait un cigare à la bouche.
2. N'avez-vous pas reçu de nouvelles de votre ami depuis que vous êtes parti ?
3. Après un an ou deux, nous nous sommes perdus de vue.
4. Il sortit sa montre et annonça : « Il est dix heures moins trois. »
5. Je vais m'en aller.
6. Je n'aurais jamais pensé que vous étiez si grand.
7. J'étais à l'endroit prévu à l'heure.
8. Ça vous semble un peu bizarre, n'est-ce pas ?
9. Autrefois il y avait un restaurant à l'endroit où se trouve ce magasin.
10. J'ai dîné ici « Chez le grand Joe Brady », il y a vingt ans.
11. Lui et moi, nous avons été élevés ici, exactement comme deux frères.
12. Le lendemain matin je devais partir dans l'Ouest pour chercher fortune.

1. **He had a cigar in his mouth.**
2. **Haven't you heard from your friend since you left ?**
3. **After a year or two we lost track of each other.**
4. **He pulled out his watch and said : « It is three minutes to ten ».**
5. **I'll be on my way.**
6. **I never thought you were so tall.**
7. **I was at the appointed place on time.**
8. **It sounds a little funny to you, doesn't it ?**
9. **In the past there used to be a restaurant where this store stands.**
10. **I dined here at « Big Joe Brady's » twenty years ago.**
11. **He and I were raised here, just like two brothers.**
12. **The next morning I was to start for the West to make my fortune.**

ENREGISTREMENT SONORE

- Vous trouverez dans les pages suivantes le texte des extraits enregistrés sur la cassette accompagnant ce volume.
- Chaque extrait est suivi d'un certain nombre de questions, destinées à tester votre compréhension.
- Les réponses à ces questions apparaissent en bas de page.

→ Vous tirerez le meilleur profit de cette dernière partie en utilisant la cassette de la façon suivante.

1) *Essayez de répondre* aux questions sans vous référer au texte écrit.

2) *Vérifiez votre compréhension* de l'extrait et des questions de la cassette à l'aide du livre.

3) *Refaites* l'exercice jusqu'à ce que vous ne soyez plus tributaire du texte écrit.

THE UMBRELLA MAN

A. I'm going to tell you about a funny thing that happened to my mother and me yesterday evening. I am twelve years old and I'm a girl. My mother is thirty-four but I am nearly as tall as her already.

Yesterday afternoon, my mother took me up to London to see the dentist. He found one hole. It was in a back tooth and he filled it without hurting me too much. After that, we went to a café. I had a banana split and my mother had a cup of coffee. By the time we got up to leave, it was about six o'clock.

When we came out of the café it had started to rain. 'We must get a taxi', my mother said. We were wearing ordinary hats and coats, and it was raining quite hard.

'Why don't we go back into the café and wait for it to stop?' I said. I wanted another of those banana splits. They were gorgeous.

'It isn't going to stop', my mother said. 'We must get home.'

We stood on the pavement in the rain looking for a taxi.

- **Questions**
1. How old is the girl's mother ?
2. Who is the taller of the two ?
3. Why did they go to London ?
4. What did they have at the café ?
5. At what time did they leave the café ?
6. Why did they want to get a taxi ?
7. Why did the girl want to go back to the café ?
8. How old is the girl ?
9. What did the dentist do to the girl's teeth ?
10. Do you remember the words used by the girl to mean that the banana splits were very good ?

- **Corrigé**
1. She is thirty-four.
2. The mother ; but the girl is nearly as tall as her already.
3. To see the dentist.

4. The girl had a banana split and her mother had a cup of coffee.
5. At about six o'clock.
6. Because it was raining quite hard.
7. Because she wanted another banana split.
8. She is twelve years old.
9. He found one hole in a back tooth and filled it.
10. "They were gorgeous".

B. We stood huddled together outside the pub window. I was clutching my mother's arm. The big raindrops were making a loud noise on our umbrella. 'There he is', I said. 'Over there.'

The room we were looking into was full of people and cigarette smoke, and our little man was in the middle of it all. He was now without his hat or coat, and he was edging his way through the crowd towards the bar. When he reached it, he placed both hands on the bar itself and spoke to the barman, I saw his lips moving as he gave his order. The barman turned away from him for a few seconds and came back with a smallish tumbler filled to the brim with light brown liquid. The little man placed a pound note on the counter.

'That's my pound !' my mother hissed. 'By golly, he's got a nerve !'

'What's in the glass ?' I asked.

'Whisky', my mother said. 'Neat whisky.'

The barman didn't give him any change from the pound.

'That must be a treble whisky,' my mother said.

'What's a treble ?' I asked.

'Three times the normal measure,' she answered.

The little man picked up the glass and put it to his lips. He tilted it gently. Then he tilted it higher... and higher... and higher... and very soon all the whisky had disappeared down his throat in one long pour.

'That was a jolly expensive drink,' I said.

'It's ridiculous !' my mother said. 'Fancy paying a pound for something you swallow in one go !'

'It cost him more than a pound,' I said. 'It cost him a twenty-pound silk umbrella.'

- **Questions**
1. Where did the girl and her mother stand?
2. What did the little man drink?
3. How much did it cost?
4. How did he pay for his drink?
5. What's a treble whisky?
6. Can you repeat the girl's comment on the drink?
7. Did it take long for the man to drink his whisky?
8. How much was the umbrella supposed to be worth?
9. Had it stopped raining?
10. Was it easy for the little man to reach the bar?

- **Corrigé**
1. They stood outside the pub window.
2. He drank whisky, probably a treble whisky.
3. One pound.
4. With a pound note, the one the girl's mother had given him.
5. It's three times the normal measure.
6. "That was a jolly expensive drink", she said.
7. No. He swallowed it in one go.
8. Twenty pounds.
9. No it hadn't. The raindrops were making a loud noise on the umbrella.
10. No, he had to edge his way through the crowd.

CURTAIN

A. 'Fenfield Prison, on the right.' The charabanc slowed, and the tourists stared at the unaccustomed scene. In the midst of a green pleasant countryside, a huge red brick building stood out starkly, a huddle of smaller buildings round serving to emphasize its vastness.

'Convicts at work on the left.' The conductor of the tour knew his work, knew just where the objects of interest would be, on the road he travelled daily. The score of heads swung round, from the prison to the prisoners, just as they did on every trip. The passengers gaped stupidly, grinned or turned shuddering away, according to temperament, as the coach slid smoothly down the hill.

Over the fields and lanes some hundreds of men were scattered at work. With plough or mattock, with axe or trowel, the men of the convict lands were spread about engaged in their forced labour.

Here a gang hauled at a fallen tree, there a team strained at the cart to which they were harnessed. Little groups, each with its blue-clad watcher, worked at a nearly finished wall ! Here and there a child played, and a girl stood by the roadside to watch the trippers pass.

- **Questions**
1. What is a charabanc ?
2. How many passengers are there in the coach ?
3. What does the word « convicts » mean ?
4. Who are the passengers in the coach ?
5. Could you describe the prison itself ?
6. What were the little groups of prisoners doing ?
7. What is unusual about the scene ?
8. Can you spell the name of the prison ?

- **Corrigé**
1. It is a coach.
2. A score, that is twenty, or about twenty.
3. It means prisoners, people who have been convicted of a crime and sent to jail.
4. They are tourists, or trippers.
5. It was a huge red brick building.
6. They were working at a nearly finished wall (building a wall).
7. It is unusual to see convicts at work outside a prison.
8. FENFIELD : F-E-N-F-I-E-L-D.

B. The gap in the wall was little more than twenty feet wide, the last twenty feet of the mile. A small road ran through, serving alike for the residents and the convicts. Presently, when the road was finished, the residents would find another way, the convicts would emerge no more. But for the time being the old road remained, final point of contact between the two worlds, of bondage and liberty.

Some twenty men worked in the building-gang, heaving the big stone blocks, mixing mortar, pushing wheel-barrows. A little way off a man worked alone, with trowel and mortar-board. A tall fair-haired young fellow of perhaps twenty-seven, he wore blue tabs on his sleeves and a cap number embroidered in blue figures. When the housemaid passed he did not raise his head, but as soon as she had disappeared he laid down his trowel and passed through the gap.

- **Questions**
1. How wide was the gap in the wall ?
2. How long was the wall ?
3. Who used the road that ran through the gap ?
4. Repeat the following sentence, and make a special effort to pronounce the word « world » : The old road remained, final point of contact between the two worlds.
5. How many men worked in the building-gang ?
6. Can you describe the man who worked alone, a little way off ?
7. What did he do as soon as the housemaid had disappeared ?
8. From what you know of the rest of the story, what is the relationship between the fair-haired young prisoner and the housemaid ?
- **Corrigé**
1. It was little more than twenty feet wide.
2. It was one mile long.
3. Residents and convicts alike used it.
4. The old road remained, final point of contact between the two worlds.
5. About twenty. The text says : 'Some twenty men worked in the building-gang.'
6. He was a tall fair-haired young fellow of perhaps twenty-seven.
7. He laid down his trowel and passed through the gap.
8. They are husband and wife.

THREE HOURS BETWEEN PLANES

A. He did not know whether she was alive, or living in this town, or what was her present name. With mounting excitement he looked through the phone book for her father who might be dead too, somewhere in these twenty years.

No. Judge Harmon Holmes - Hillside 3194.

A woman's amused voice answered his inquiry for Miss Nancy Holmes.

'Nancy is Mrs Walter Gifford now. Who is this ?'

But Donald hung up without answering. He had found out what he wanted to know and had only three hours. He did not remember any Walter Gifford and there was another suspended moment while he scanned the phone book. She might have married out of town.

No. Walter Gifford - Hillside 1191. Blood flowed back into his fingertips.

'Hello ?'

'Hello. Is Mrs Gifford there - this is an old friend of hers'.

'This is Mrs Gifford.'

He remembered, or thought he remembered, the funny magic in the voice.

'This is Donald Plant. I haven't seen you since I was twelve years old.'

- **Questions**
1. *Who is the man trying to find ?*
2. *What is her present name, now she is married ?*
3. *When did he see her for the last time ?*
4. *How old was he at the time ?*
5. *How old is he now ?*
6. *What is Mrs Gifford's phone number ?*
7. *Who is Harmon Holmes ?*
8. *How did Donald find the judge's phone number ?*
9. *Who probably answered Donald Plant's first call ?*
10. *Why did Donald hang up without answering ?*
- **Corrigé**
1. Miss Nancy Holmes.
2. Mrs Nancy Gifford.

3. Twenty years ago.
4. He was twelve years old.
5. He is thirty-two.
6. Hillside 1191.
7. He is a judge, and Nancy's father.
8. He looked through the phone book.
9. Mrs Holmes, the judge's wife and Nancy's mother.
10. Because he had found out what he wanted to know, and had only three hours.

B. 'Have a highball ?' she asked. 'No ? Please don't think I've become a secret drinker, but this was a blue night. I expected my husband but he wired he'd be two days longer. He's very nice, Donald, and very attractive. Rather your type and colouring.' She hesitated, '— and I think he's interested in someone in New York — and I don't know.'

'After seeing you it sounds impossible,' he assured her. 'I was married for six years, and there was a time I tortured myself that way. Then one day I just put jealousy out of my life forever. After my wife died I was very glad of that. It left a very rich memory - nothing marred or spoiled or hard to think over.'

She looked at him attentively, then sympathetically as he spoke.

'I'm very sorry,' she said. And after a proper moment, 'You've changed a lot. Turn your head. I remember father saying. "That boy has a brain".'

- **Questions**
1. What's a highball ?
2. How long had Donald been married ?
3. Why does Nancy say "This was a blue night" ?
4. Where is her husband ?
5. What does she mean when she says "I think he's interested in someone in New York" ?
6. Why does she say "I'm very sorry" ?
7. Does Donald look the same as he did twenty years before ?
8. Find a synonym for "That boy has a brain".

- **Corrigé**
1. It's a drink : liquor — for instance whiskey — mixed with water and served with ice.

2. Six years.
3. Because she expected her husband but he wired he'd be two days longer.
4. Probably in New York.
5. She means that there may be another woman in her husband's life.
6. Because Donald has just said that his wife had died.
7. No he doesn't. He has changed a lot.
8. That boy is intelligent, clever, smart.

DUMB ANIMAL

A. The young doctor snapped his pince-nez into a case, and said he would tell us a very youthful experience of his own. He was getting on now, he was thankful to say, quite well, had a satisfactory practice, but in the past his dislike — no, his horror — of animals, especially dogs, had hindered him. There were a great many old ladies in the seaside town from which he was travelling (indeed, they were the chief source of local medical income there) and they all owned two or more dogs. Naturally, if they saw him wince at the advances of their pets, they classified him at once as an 'odd sort of man'. It did not matter so much with cats, but every man should love dogs. Well, latterly he had contrived to simulate a liking for them, and he hoped his lapses had been forgotten. But the horror, actually, still remained. It had been during his whole life a source of pain and injury to him, and was founded on a particular incident that had occurred in childhood.

It was impossible to be sure at what age it had taken place — though he supposed it was between the ages of three and four. He knew that he looked strong enough now, but we must imagine a delicate little boy, left in charge of a nurse in a small seaside village, a collection of a few square, red-brick houses with blue slate roofs, on the East Coast. His parents had bought a cottage there, in which to spend the summer months ; had bought it, probably, for his sake, since he was weakly and they were nervous about his health. During the winter he was quite alone there with his nurse, who was a very reliable, highly-trained young woman. She cooked all his food herself, so frightened was she of its possible contamination, and had a real hospital horror — quite rightly — of dirt and germs. In consequence she would never allow him to play with the other children of the village, who were rather squalid and unkempt.

- **Questions**
1. Did the young doctor actually love dogs ?
2. Why did the young doctor simulate a liking for dogs ?
3. How old was he when the "incident" occurred ?
4. Where did he spend the winter ?
5. Who was he alone with ?
6. Why didn't she allow him to play with the other children ?
7. Can you describe the houses in the small seaside village ?
8. When did his parents live in the cottage ?
9. Why were they nervous about his health ?
10. Why did the nurse cook all his food herself ?

- **Corrigé**
1. No he didn't. He had contrived to simulate a liking for them, but the horror still remained.
2. Because the old ladies in his practice — who were the chief source of his medical income — all owned two or more dogs.
3. He was between three and four.
4. In a cottage on the East Coast.
5. With his nurse.
6. Because they were rather squalid and unkempt.
7. They were square, red-brick houses with blue slate roofs.
8. During the summer months.
9. Because he was a delicate little boy, he was weakly.
10. Because she was frightened of its possible contamination, and had a real horror of dirt and germs.

B. Actually, he had not taken to this dog in the first place. But it had been so patient in its show of affection for him, had so obviously adopted him, that he had grown to love it. It waited for him every morning on the sands, jumped up and kissed his face, played with him, and, in fact, was a companion. Indeed, this daily meeting with the mongrel became, secretly, the event of his day, and if by chance it was too wet for him to be taken out, he was most unhappy, as he thought of the dog, soaked through, waiting by the seashore. But this he kept to himself, for grown-up people, he had already discovered, were intent on killing every pleasure.

This state of affairs lasted for some time, and the nurse paid little attention. But one day, quite suddenly, she realized how dirty, how filthily dirty, the dog was. Perhaps she had not noticed it before, for she would often stand gazing at the sea while her ward ran and played near at hand behind her on the beach. Of what use, she must have demanded of herself, were all her care and cleanliness, her sterilizings and boilings and washings, if the child behaved in this way behind her back. Having driven the dog off with the threat of a stick, she seized the boy by the hand, shook him, and dragged him home.

"Master Humphrey", she cried, "you ought to be ashamed of yourself in your nice clean suit, playing with that little wretch, so dirty and unhealthy-like. If you let him jump up at you like that tomorrow, I'll kill the little beast, I will."

- **Questions**
1. How did the dog show its affection every morning ?
2. Why was the boy unhappy on wet days ?
3. Did the nurse pay attention to the dog, at the beginning ?
4. What did the nurse often do while the boy ran and played on the beach ?
5. How did she drive off the dog ?
6. What had the boy discovered about grown-up people ?
7. Do you remember the boy's name ?

8. *Do you think the nurse would actually have killed the dog ?*
   • **Corrigé**
1. It waited for the boy, jumped up and kissed his face, played with him.
2. Because he thought of the dog, soaked through, waiting by the seashore.
3. No she didn't. But one day she realized how dirty the dog was.
4. She would often stand gazing at the sea.
5. With a stick.
6. That they were intent on killing every pleasure.
7. Humphrey.
8. No. She simply wanted to frighten the boy with this threat.

MR. LOVEDAY'S LITTLE OUTING

A. A few lonely figures in great-coats were shuffling and loping about the park.

'Those are the lower-class lunatics,' observed Lady Moping. 'There is a very nice little flower garden for people like your father. I sent them some cuttings last year.'

They drove past the blank, yellow brick façade to the doctor's private entrance and were received by him in the 'visitors' room', set aside for interviews of this kind. The window was protected on the inside by bars and wire netting ; there was no fireplace ; when Angela nervously attempted to move her chair further from the radiator, she found that it was screwed to the floor.

'Lord Moping is quite ready to see you,' said the doctor.

'How is he ?'

'Oh, very well, very well indeed, I'm glad to say. He had rather a nasty cold some time ago, but apart from that his condition is excellent. He spends a lot of his time in writing.'

- **Questions**
1. What sort of place does Lord Moping live in ?
2. Mention some peculiarities of the "visitors' room".
3. How does Lord Moping spend a lot of his time ?
4. What does the doctor mean when he says "his condition is excellent" ?
5. Can all the inmates go to the "little flower garden" ?
6. Who is Angela ?
- **Corrigé**
1. A lunatic asylum.
2. The window was protected on the inside by bars and wire netting, there was no fireplace, the chairs were screwed to the floor.
3. In writing.
4. He refers to Lord Moping's physical, not mental, health.
5. No. The "lower-class lunatics", to use Lady Moping's expression, can only walk in the park.
6. She is Lord and Lady Moping's daughter.

B. They heard a shuffling, skipping sound approaching along the flagged passage. Outside the door a high peevish voice, which Angela recognized as her father's, said : 'I haven't the time, I tell you. Let them come back later.'

A gentler tone, with a slight rural burr, replied, 'Now come along. It is a purely formal audience. You need stay no longer than you like.'

Then the door was pushed open (it had no lock or fastening) and Lord Moping came into the room. He was attended by an elderly little man with full white hair and an expression of great kindness.

'That is Mr. Loveday who acts as Lord Moping's attendant.'

'Secretary,' said Lord Moping. He moved with a jogging gait and shook hands with his wife.

'This is Angela. You remember Angela, don't you ?'

'No, I can't say that I do. What does she want ?'

'We just came to see you.'

'Well, you have come at an exceedingly inconvenient time. I am very busy. Have you typed out that letter to the Pope yet, Loveday ?'

'No, my lord. If you remember, you asked me to look up the figures about the Newfoundland fisheries first ?'

'So I did. Well, it is fortunate, as I think the whole letter will have to be redrafted. A great deal of new information has come to light since luncheon. A great deal... You see, my dear, I am fully occupied.' He turned his restless, quizzical eyes upon Angela. 'I suppose you have come about the Danube. Well, you must come again later. Tell them it will be all right, quite all right, but I have not had time to give my full attention to it. Tell them that.'

'Very well, Papa.'

- **Questions**
1. Does Lord Moping recognize his own daughter ?
2. Is he glad to see his family ?
3. Who did he write to ?
4. Did he type the letter himself ?
5. Why will the letter to the Pope have to be redrafted ?
6. In his conversation, what shows that Lord Moping is a lunatic ?
7. Lord Moping believes he has many things to do. Do you remember what he says to show how busy he is ?
8. Describe Mr Loveday's appearance.

- **Corrigé**
1. No. He does not remember her and asks what she wants.
2. No. He says : "You have come at an exceedingly inconvenient time".
3. The Pope.
4. No, he asked his "secretary" to type it.
5. Because a great deal of information has come to light since luncheon.
6. He doesn't recognize his daughter. The way he writes to the Pope and talks about the Newfoundland fisheries and the Danube also is typical.

7. — I haven't the time
   — I am very busy
   — I am fully occupied
   — I have had no time to give my full attention to it.
8. He is an elderly little man with full white hair and an expression of great kindness.

C. 'Oh, but Loveday isn't a warder,' said the doctor.
'You don't mean he's cuckoo, too ?' said Angela.
The doctor corrected her.
'He is an inmate. It is rather an interesting case. He has been here for thirty-five years.'
'But I've never seen anyone saner,' said Angela.
'He certainly has that air,' said the doctor, 'and in the last twenty years we have treated him as such. He is the life and soul of the place. Of course he is not one of the private patients, but we allow him to mix freely with them. He plays billiards excellently, does conjuring tricks at the concert, mends their gramophones, valets them, helps them in their crossword puzzles and various — er — hobbies. We allow them to give him small tips for services rendered, and he must by now have amassed quite a little fortune. He has a way with even the most troublesome of them. An invaluable man about the place.'
'Yes, but why is he here ?'
'Well, it is rather sad. When he was a very young man he killed somebody — a young woman quite unknown to him, whom he knocked off her bicycle and then throttled. He gave himself up immediately afterwards and has been here ever since.'
'But surely he is perfectly safe now. Why is he not let out ?'
'Well, I suppose if it was to anyone's interest, he would be. He has no relatives except a step-sister who lives in Plymouth. She used to visit him at one time, but she hasn't been for years now. He's perfectly happy here and I can assure you *we* aren't going to take the first steps in turning him out. He's far too useful to us.'

'But it doesn't seem fair,' said Angela.

'Look at your father,' said the doctor. 'He'd be quite lost without Loveday to act as his secretary.'

'It doesn't seem fair.'

- **Questions**
1. *Is Loveday a warder or an inmate ?*
2. *How long has he been in the asylum ?*
3. *Why does the doctor say "He must by now have amassed quite a little fortune" ?*
4. *Has Loveday got any relatives ?*
5. *Why is he in the asylum ?*
6. *Is the doctor prepared to let him out ?*
7. *From what you know of the story, is it true that Loveday is perfectly safe — that is sane — now ?*

- **Corrigé**
1. He is an inmate.
2. Thirty-five years.
3. Because the private patients give him small tips for services rendered.
4. No, he has none, except a step-sister who lives in Plymouth.
5. Because he killed a young woman when he was a very young man.
6. No. As he says, "Loveday is far too useful to us, he is an invaluable man about the place, he is the life and soul of the place".
7. Certainly not. At the end of the story, he will kill a young lady, a repetition of the murder that brought him to the asylum.

FIRST DEATH OF HER LIFE

Snowflakes turned idly, drifting down over the hospital gardens. It was four o'clock in the afternoon and already the day seemed over. So few sounds came from this muffled and discoloured world. In the hospital itself there was a deep silence.

Her thoughts came to her in words, as if her mind spoke them first, understood them later. She tried to think of her childhood : little scenes, she selected, to prove how they had loved one another. Other scenes, especially last week's quarrel, she chose to forget, not knowing that in this moment she sent them away for ever. Only loving-kindness remained.

But, all the same, intolerable pictures broke through-her mother at the sink ; her mother ironing ; her mother standing between the lace curtains staring out at the dreary street with a wounded look in her eyes ; her mother tying the same lace curtains with yellow ribbons ; attempts at lightness, gaiety, which came to nothing ; her mother gathering her huge black cat to her, burying her face in its fur and a great shivering sigh of despair, of boredom escaping her.

- **Questions**
1. *What time of day was it ?*
2. *What was the weather like ?*
3. *Where is the girl ?*
4. *What sort of life did her mother live ?*
5. *Her mother had a pet. Do you remember what it was ?*
6. *What did the girl especially choose to forget ?*
- **Corrigé**
1. Four o'clock in the afternoon.
2. It was snowing.
3. In a hospital.
4. An unhappy and boring life.
5. A huge black cat.
6. The fact that they'd had a quarrel one week before her mother died.

HOME

A. The farm lay in a hollow among the Somersetshire hills, an old-fashioned stone house surrounded by barns and pens and outhouses. Over the doorway the date when it was built had been carved in the elegant figures of the period, 1673, and the house, grey and weather-beaten, looked as much a part of the landscape as the trees that sheltered it. An avenue of splendid elms that would have been the pride of many a squire's mansion led from the road to the trim garden. The people who lived here were as stolid, sturdy, and unpretentious as the house ; their only boast was that ever since it was built from father to son in one unbroken line they had been born and died in it. For three hundred years they had farmed the surrounding land. George Meadows was now a man of fifty, and his wife was a year or two younger. They were both fine, upstanding people in the prime of life ; and their children, two sons and three girls, were handsome and strong. They had no new-fangled notions about being gentlemen and ladies ; they knew their place and were proud of it. I have never seen a more united household. They were merry, industrious, and kindly. Their life was patriarchal. It had a completeness that gave it a beauty as definite as that of a symphony by Beethoven or a picture by Titian. They were happy and they deserved their happiness. But the master of the house was not George Meadows (not by a long chalk, they said in the village) ; it was his mother. She was twice the man her son was, they said. She was a woman of seventy, tall, upright, and dignified, with grey hair, and though her face was much wrinkled, her eyes were bright and shrewd. Her word was law in the house and on the farm ; but she had humour, and if her rule was despotic it was also kindly. People laughed at her jokes and repeated them. She was a good business woman and you had to get up very early in the morning to best her in a bargain. She was a character. She combined in a rare degree goodwill with an alert sense of the ridiculous.

- **Questions**
1. *When was the farm built ?*
2. *How long had the surrounding land been farmed by the people who lived there ?*
3. *How old was George Meadows ?*
4. *How old was his wife ?*
5. *Was George Meadows the real master of the house ?*

6. *Where did the farm lie ?*
7. *In which English county was it located ?*
8. *Where had the date when it was built been carved ?*
9. *What does the expression "You had to get up very early in the morning to best her in a bargain" mean ?*
10. *Explain the word "character" in "She was a character".*

- **Corrigé**
1. In 1673 (sixteen seventy-three).
2. For three hundred years.
3. He was fifty.
4. She was a year or two younger.
5. No it was his mother, a woman of seventy.
6. it lay in a hollow among the hills.
7. In Somersetshire.
8. Over the doorway.
9. That the old lady was a good business woman.
10. It means she had an unusually strong and original personality.

B. I had heard the story of Uncle George Meadows a dozen times, and it had amused me because it had the savour of an old ballad : it was oddly touching to come across it in real life. For Uncle George Meadows and Tom, his younger brother, had both courted Mrs Meadows when she was Emily Green, fifty years and more ago, and when she married Tom, George had gone away to sea.

They heard of him on the China coast. For twenty years now and then he sent them presents ; then there was no more news of him ; when Tom Meadows died his widow wrote and told him, but received no answer ; and at last they came to the conclusion that he must be dead. But two or three days ago to their astonishment they had received a letter from the matron of the sailors' home at Portsmouth. It appeared that for the last ten years George Meadows, crippled with rheumatism, had been an inmate and now, feeling that he had not much longer to live, wanted to see once more the house in which he was born. Albert Meadows, his great-nephew, had gone over to Portsmouth in the Ford to fetch him and he was to arrive that afternoon.

'Just fancy,' said Mrs George, 'he's not been here for more than fifty years. He's never even seen my George, who's fifty-one next birthday.'

'And what does Mrs Meadows think of it ?' I asked.

'Well, you know what she is. She sits there and smiles to herself. All she says is, "He was a good-looking young fellow when he left, but not so steady as his brother." That's why she chose my George's father. "But he's probably quietened down by now," she says.'

- **Questions**
1. How many times had the author heard the story of Uncle George Meadows ?
2. What was Mrs Meadows' family name before she married ?
3. What did George do when she married Tom ?
4. Which country was he supposed to have gone to ?
5. Where had he been for the last ten years ?
6. Why did he want to see the house in which he was born ?
7. Who went over to Portsmouth to fetch him ?
8. Why did Mrs Meadows marry Tom and not George ?
9. What about George's health in the last ten years ?
10. Did he write himself to announce his visit ?

- **Corrigé**
1. A dozen times.
2. Emily Green.
3. He went away to sea.
4. China. They heard of him on the China coast.
5. He had been an inmate of the sailors' home at Portsmouth.
6. Because he felt that he had not much longer to live.
7. Albert Meadows, his great-nephew.
8. Because George was not so steady as his brother.
9. He was crippled with rheumatism.
10. No. The letter was written by the matron of the sailors' home at Portsmouth.

THE SILENT MOTHER-IN-LAW

A. Laura and Brian have no children as yet, because they are foresighted people, and in the back of their minds they are trying to think how to install Edna somewhere graciously and comfortably, even at their own expense, and after that they'll think of raising a family. All this causes a strain. Their house is a two-storey affair in a suburb, twenty-five minutes' drive from the city where Brian works as an electronic engineer. He has good hopes for advancement, and is studying in his spare time at home. Edna takes a swat at the garden and lawn-mowing, so Brian hasn't too much to do on weekends. But he has a feeling Edna is listening through the walls. Edna's room is next to their bedroom. There is an attic, which is unheated. In the attic, which Brian and Laura would gladly make habitable, Edna is collecting jam jars, cartons, wooden crates, old Christmas boxes and wrapping paper, and other things which might come in handy one day. Brian can't get a foot in the door now without knocking something down. He wants to have a look at the attic to see how difficult it might be to insulate and all that. The attic has become Edna's property, somehow.

'If she'd only *say* something — even now and then,' Brian said one day to Laura. 'It's like living with a robot.'

- **Questions**
1. Can you explain why Laura and Brian have no children as yet ?
2. Where do they live ?
3. How long does it take them to drive to the city ?
4. What is Brian's job ?
5. Is the attic habitable ?
6. Why does Brian say of his mother-in-law : "It's like living with a robot"?
7. Where is Edna's room ?
8. Is the young couple glad to have Edna living with them ?

- **Corrigé**
1. Because they want to install their mother-in-law comfortably — and somewhere else — before they think of raising a family.
2. In a two-storey house in a suburb.
3. Twenty-five minutes.
4. He works as an electronic engineer.
5. Not at the moment, since Edna uses it to store jam jars, wooden crate, etc.
6. Because Edna so rarely opens her mouth.
7. Next to Brian and Laura's bedroom.
8. No they are not. It causes a strain, and they are prepared to install her somewhere else, even at their own expense.

B. Neither Brian nor Laura remembered much of the hours after that. If they hoped they had broken Edna's silence permanently, they soon found they were wrong. Edna was just as silent as ever the next morning, Sunday, though she did smile a little — almost as if nothing had happened.

Brian went to work on Monday as usual, and when he came home, Laura told him that Edna had been unusually busy all day. She had also been silent.

'I think she's ashamed of herself,' Laura said. 'She wouldn't even have lunch with me.'

Brian gathered that Edna had been busy stacking firewood, cleaning the barbecue pit, peeling green apples, sewing, polishing brass, searching through a large garbage bin — for God knew what.

'What is she doing now ?' Brian asked with a prickle of alarm.

At the same moment, he knew. Edna was in the attic. There was an occasional creak of floor wood from way upstairs, a *clunk* as she set down a carton of glass jars or some such.

'We should leave her alone for a bit,' said Brian, feeling he was being manly and sensible.

Laura agreed.

- **Questions**
1. *Did Brian and Laura manage to break Edna's silence ?*

2. *What day was the next morning ?*
3. *What did Edna do on Monday ?*
4. *Mention some of her activities.*
5. *Where was Edna when Brian came home ?*
6. *Explain the word "sensible".*

- **Corrigé**

1. No. She was just as silent the next morning.
2. It was a Sunday.
3. She was unusually busy all day.
4. She had been busy stacking firewood, cleaning the barbecue pit, peeling green apples, etc.
5. She was upstairs, in the attic.
6. It means reasonable, rational, practical, showing good sense.

AFTER TWENTY YEARS

A. When about midway of a certain block the policeman suddenly slowed his walk. In the doorway of a darkened hardware store a man leaned, with an unlighted cigar in his mouth. As the policeman walked up to him the man spoke up quickly.

"It's all right, officer," he said, reassuringly. "I'm just waiting for a friend. It's an appointment made twenty years ago. Sounds a little funny to you, doesn't it ? Well, I'll explain if you'd like to make certain it's all straight. About that long ago there used to be a restaurant where this store stands — 'Big Joe' Brady's restaurant."

"Until five years ago," said the policeman. "It was torn down then."

The man in the doorway struck a match and lit his cigar. The light showed a pale, square-jawed face with keen eyes, and a little white scar near his right eyebrow. His scarfpin was a large diamond, oddly set.

"Twenty years ago to-night," said the man, "I dined here at 'Big Joe' Brady's with Jimmy Wells, my best chum, and the finest chap in the world. He and I were raised here in New York, just like two brothers, together. I was eighteen and Jimmy was twenty. The next morning I was to start for the West to make my fortune. You couldn't have dragged Jimmy out of New York ; he thought it was the only place on earth. Well, we agreed that night that we would meet here again exactly twenty years from that date and time, no matter what our conditions might be or from what distance we might have to come. We figured that in twenty years each of us ought to have our destiny worked out and our fortunes made, whatever they were going to be."

- **Questions**
1. *How long ago was the appointment made ?*
2. *How old were the two friends at the time ?*
3. *Where were the two boys raised ?*
4. *Did Jimmy go West or stay in New York ?*
5. *Do you know what there used to be where the hardware store now stands ?*
6. *When was the restaurant torn down ?*
7. *What is the term one uses when addressing a policeman ?*
8. *Where was the waiting man standing or leaning ?*
9. *Does the scene take place in the daytime, or at night ?*
10. *Was the man smoking when the policeman walked up to him ?*

- **Corrigé**
1. It was made twenty years ago.
2. The man talking to the policeman was eighteen, his friend Jimmy was twenty.
3. In New York.
4. He stayed in New York. His friend says : "You couldn't have dragged Jimmy out of New York."
5. There used to be a restaurant - Big Joe Brady's restaurant.
6. Five years ago.
7. "Officer".
8. In the doorway of a hardware store.
9. At night. It is already dark. The two friends were supposed to meet at 10 o'clock at night, or 10 p.m.
10. No. He had an unlighted cigar in his mouth.

B. The two men started up the street, arm in arm. The man from the West, his egotism enlarged by success, was beginning to outline the history of his career. The other, submerged in his overcoat, listened with interest.

At the corner stood a drug store, brilliant with electric lights. When they came into this glare each of them turned simultaneously to gaze upon the other's face.

The man from the West stopped suddenly and released his arm.

"You're not Jimmy Wells," he snapped. "Twenty years is a long time, but not long enough to change a man's nose from a Roman to a pug."

"It sometimes changes a good man into a bad one," said the tall man. "You've been under arrest for ten minutes, 'Silky' Bob. Chicago thinks you may have dropped over our way and wires us she wants to have a chat with you. Going quietly, are you ? That's sensible. Now, before we go to the station here's a note I was asked to hand you. You may read it here at the window. It's from Patrolman Wells."

The man from the West unfolded the little piece of paper handed him. His hand was steady when he began to read, but it trembled a little by the time he had finished. The note was rather short.

Bob : I was at the appointed place on time. When you struck the match to light your cigar I saw it was the face of the man wanted in Chicago. Somehow I couldn't do it myself, so I went around and got a plain clothes man to do the job.

JIMMY.

- **Questions**
1. *What are the first name and the nickname of the man from the West ?*
2. *What is Jimmy's job ?*
3. *What made the man from the West realize that the other man was not his friend Jimmy ?*
4. *How did the police learn that Silky Bob was in their area ?*
5. *Who was the tall man walking arm in arm with Silky Bob ?*

6. Explain the words "plain clothes" man.
7. Where is Silky Bob going to be taken?
8. When did Jimmy see that Bob was the man wanted in Chicago?
9. Why couldn't Jimmy arrest Bob himself?
10. What does the note written by Jimmy, "I was at the appointed place on time", mean?

- **Corrigé**
1. His first name is Bob. His nickname is "Silky".
2. He is a policeman, he is now Patrolman Wells.
3. When they came into the glare of the drug store, he gazed upon the other's face and saw it was not his friend: the nose was different.
4. Chicago — where he was wanted — wired them that he may be in the area.
5. He was a plain clothes man.
6. It means a policeman who doesn't wear a uniform.
7. To the police station.
8. When Bob struck a match to light his cigar.
9. Because they had been such good friends in their youth.
10. That he had kept the appointment, and had gone to the hardware store to meet his old friend.

VOCABULAIRE À TRAVERS LES NOUVELLES

Voici *1 200 mots* rencontrés dans les nouvelles, suivis de leur *traduction* et d'un numéro de page qui renvoie au *contexte*.

A

able to, *capable de* 22
about, *à peu près* 10 ; *au sujet de* 144
above, *au-dessus de* 102
abstracted, *absent (air)* 112
accommodation, *hébergement* 94
accustomed to, *habitué à* 40
achieve, *obtenir, remporter* 114
act, *agir* 74, 98
actually, *en fait* 78
add, *ajouter* 56
adjust, *s'adapter* 58
afford, *pouvoir se payer* 20
afraid (be), *avoir peur* 102
afterwards, *après* 106
aghast, *atterré* 58
agree, *être d'accord* 158
ahead of, *devant* 24
alike, *pareillement* 40
alive, *en vie* 54
all at once, *tout à coup* 88
all but, *presque* 40
allow, *autoriser* 80
almost, *presque* 14
alone, *seul* 80
along, *le long de* 14
aloof, *distant, à l'écart* 128
among, *parmi* 82, 132
another, *un autre* 10
anyway, *en tout cas* 100
apple sauce, *compote de pommes* 154
appointment, *rendez-vous* 170
approval, *approbation* 158
argue, *argumenter* 62
arm, *bras* 148
armful, *brassée* 146
arrest, *arrestation* 180
arrival, *arrivant* 176
ashamed (be), *avoir honte* 66, 162
ashtray, *cendrier* 158
assistance, *aide* 148
as though, *comme si* 12
astonishment, *étonnement* 136
assume, *prendre (air)* 158
asylum, *asile* 92
at least, *au moins* 110, 160
at once, *à la fois* 74
attempt, *tentative* 124
attend, *accompagner* 98
attendant, *infirmier* 94
attic, *grenier* 156
available, *disponible* 122
avenue, *allée privée* 40
awful, *terrible* 68
axe, *hache* 36

B

background, *toile de fond* 70, 80
bad, *mauvais, méchant* 72
bag, *sac* 40
barefaced, *éhonté* 26
barely, *à peine* 170
bargain, *(bonne) occasion* 134
bark, *aboyer* 82
barn, *grange* 132
barrister, *avocat* 114
barrow, *brouette* 42
bat, *battre (paupière)* 14
beach, *plage* 84
beast, *(bête) peste* 84
beastly, *infect* 14
beat, *ronde (police)* 170
because of, *à cause de* 12
become, became, become, *devenir* 12, 82, 158
behave, *se comporter* 84
behaviour, *comportement* 126
behind, *derrière* 84
beg, *prier, supplier* 14
believe, *croire* 14
bell, *sonnette* 158
belong to, *appartenir à* 170
belt, *ceinture* 42
bend, *(se) courber* 70

bereaved (the), *la famille du disparu* 126
beside, *à côté (de)* 72
besides, *en outre* 162
best, *l'emporter sur* 134
bet, bet, bet, *parier* 174
betray, *trahir* 96
between, *entre* 154
beyond, *au-delà de* 126
bicycle, *aller à bicyclette* 122
bid, bade, bidden, *souhaiter (le bonjour...)* 146
bind, bound, bound, *lier* 116
birthday, *anniversaire* 138
bit (a), *un peu* 18
blacken, *noircir* 92
blank (adj.), *vide* 44 ; *nu* 96
bless, *bénir* 112
blind, *aveugler* 74
blinds, *stores* 146
blink, *cligner des yeux* 160
block, *pâté de maisons* 170
blood, *sang* 54
blow, *coup* 44 ; *souffle* 176
blur, *estomper* 126
board, *planche* 42
boast, *sujet d'orgueil* 132 ; *se vanter* 148
boil, *bouillir* 84
boiled egg, *œuf à la coque* 12
boisterous, *tapageur, bruyant* 58
bold, *audacieux* 60
bondage, *esclavage* 42
bored (be), *s'ennuyer* 54
boredom, *ennui* 124
born (be), *naître* 132
bough, *branche* 92
bound, *limite* 38
bow, *courbette* 20
braces, *bretelles* 94
brain, *cerveau* 62
brand, *marque* 94
brass, *cuivre(s)* 164
break, *brèche* 42
break, broke, broken, *interrompre* 162
break through, broke, broken, *percer* 58,124
breathless, *hors d'haleine* 68
bright, *brillant* 134

brim, *bord* 20
brown, *brun, marron* 12
bruise, *meurtrir* 122
build, built, built, *bâtir* 40
bully *(fam.)*, *formidable* 178
bunched up, *entassé* 138
burr, *grasseyement* 98
bury, *enterrer* 146
bushy, *broussailleux* 12
business, *occupations* 38
bustle, *se démener* 24
busy, *occupé* 110, 162
butt, *cible* 152
button, *boutonner* 152
by, *d'après, selon* 12 ; *près (de)* 48 ; *de, par* 178

C

cab, *taxi* 58
café, *salon de thé* 10
call, *visite* 94
call for, *aller chercher* 94
cap, *casquette* 42
capsize, *se renverser* 92
captain, *capitaine* 142
card index, *fichier* 102
care, *accorder de l'importance à* 26 ; *soin* 84
career, *carrière* 178
careful, *prudent* 44
carry, *porter* 40
carve, *sculpter* 132
case, *étui* 78
casual, *détaché (manière)* 30
catch, caught, caught, *prendre (avion)* 74
cautious, *prudent* 92
cave, *grotte* 70
century, *siècle* 142
chance, *occasion* 46 ; by chance, *par hasard* 82
change, *monnaie* 28
chap *(fam.)*, *type* 172
character, *personnage* 134
chat, *conversation* 180
chatty, *bavard* 158
check, *contrôler* 48
cheek, *joue* 64
cheekbone, *pommette* 126
chew, *mâcher* 18

211

chief, *principal* 78
childhood, *enfance* 60
chilly, *frisquet* 170
chin, *menton* 14
choose, chose, chosen, *choisir* 94
choose to, chose, chosen, *décider de* 124
circle, *cercle* 40
claim, *réclamer* 126
clasp, *fermoir* 18
clean, *propre* 82, *nettoyer* 154, 164
cleanliness, *propreté* 84
clearly, *clairement* 24
clever, *intelligent* 32
cliff, *falaise* 80
close, *tout près* 26 ; *(se) fermer* 48, 126, 170
clothes, *vêtements* 94
cloud, *se couvrir (de nuages)* 66
club, *matraque* 170
cluck, *glousser* 50
clumsily, *maladroitement* 128
clutch, *agripper* 28, 160
coach, *car* 26
coat-rack, *portemanteau* 32
cold, *rhume* 98
collect, *récupérer* 48 ; *collectionner* 156
college, *établissement d'enseignement supérieur* 58
come across, came, come, *rencontrer* 136
come of age, *devenir majeur* 96
comment, *commenter* 152
compete with, *rivaliser avec* 174
complete, *achever* 32
conceal, *cacher* 42
conductor, *guide* 36
confuse, *dérouter* 68
conjure up, *imaginer* 82
conjuring trick, *tour de prestidigitation* 104
contrive to, *réussir à* 78
convict, *forçat* 36
convince, *convaincre* 48
cook, *(faire) cuire* 80
cool, *glacial (distant)* 12 ; *frais* 64

corner, *coin* 24
cost, *coût* 86
cost, cost, cost, *coûter* 18
couch, *canapé* 66
counter, *comptoir* 28
counterpane, *couvre-pied* 122
county, *comté* 92
court, *courtiser* 136
cover, *abri* 92
crash, *fracas* 164
crate, *cageot* 156
crazed, *fou* 112
crazy, *fou* 64
creak, *craquer* 164
creep, crept, crept, *ramper* 38
cringe, *se faire tout petit* 86, 166
crook, *escroc* 26
cross, *traverser* 22
crossing, *carrefour* 26
crossword puzzle, *mot croisé* 104
crowd, *foule* 28
crush, *écraser* 72
cry, *pleurer* 86
cur, *bâtard* 88
curtain, *rideau* 36
curve, *faire une courbe* 58
cushion, *coussin* 92
customary, *habituel* 38
cutting, *bouture* 96

D

daily, *quotidien* 86
dark, *sombre, noir* 58 ; *obscurité* 146
darken, *(s')obscurcir* 122, 170
darkness, *obscurité* 82
dawn, *aube* 164
day after tomorrow, *lendemain* 122
dead, *complètement* 152
deal (a good), *beaucoup* 18
deal with, dealt, dealt, *s'occuper de* 102
debt, *dette* 116
deep, *sombre(couleur)* 82
deepen, *approfondir* 116
definite, *net* 132
deftly, *habilement* 126

deliver, *livrer* 110
denial (= self-denial), *abnégation* 126
deny, *renier* 86 ; *nier* 112
departure, *départ* 114
derive from, *être dû à* 58
deserve, *mériter* 96, 134
desperate, *désespéré* 46
devote (oneself) to, *(se) consacrer à* 94, 112
diamond, *diamant* 172
die, *mourir* 60, 126
dignified, *digne* 134
dig out, dug, dug, *chercher* 66
dirt, *saleté* 80
dirty, *sale* 84
disappear, *disparaître* 42
discard, *laisser de côté* 126
disgraceful, *scandaleux* 162
dislike, *aversion* 78
dismal, *lugubre* 176
ditch, *fossé* 118
dodge, *esquiver* 22
dogged, *obstiné* 122
door, *porte* 26
do well, did, done, *réussir* 174
downstairs, *au rez-de-chaussée* 162
dozen, *douzaine* 116, 134
drabness, *grisaille* 126
drag, *traîner* 84, 172
draw, drew, drawn, *tirer* 80
draw out, *faire parler* 158
dread, *redouter* 86
dream, *rêve* 28
dream, dreamt, dreamt, *rêver* 20
dreary, *lugubre* 124
dressing-table, *coiffeuse* 128
drift, *être charrié* 124
drink, *consommation, boisson* 158
drip, *tomber goutte à goutte* 24
drive, *allée privée* 42 ; *trajet en voiture* 156
drizzle, *bruine* 176
drop, *goutte* 28 ; *laisser tomber* 44
drop (over, in), *faire une petite visite* 180
dry, *sec* 20

due to, *dû à* 154
dumb, *muet* 78
duties, *occupations* 48
duty, *devoir* 54

E

eager, *passionné* 70
ear, *oreille* 64
early, *de bonne heure* 134 ; *(adj.) précoce, prématuré* 170
earth, *terre* 172
edge one's way, *se frayer un chemin* 28
egg, *œuf* 12
elderly, *âgé* 98
elm, *orme* 132
elsewhere, *ailleurs* 38
embarrass, *gêner* 14
emphasize, *accentuer* 36
empty, *vide* 30
endure, *supporter* 114
engaged, *occupé* 36
engineer, *ingénieur* 156
enjoy, *apprécier* 112 ; enjoy oneself, *s'amuser* 116
enjoyable, *agréable* 118
enlarge, *agrandir* 178
entertain, *recevoir (amis)* 94
entrance, *entrée* 96
escape, *s'échapper* 124
even (if), *même (si)* 42
event, *événement* 66, 82
exceedingly, *extrêmement* 100
exchange, *échanger* 32
exhausted, *épuisé* 126
exhibit, *exposer* 154
exile, *exilé* 142
expect, *s'attendre à* 12
expense, *dépenses* 156
expensive, *cher* 94
explain, *expliquer* 170
eyebrow, *sourcil* 12
eyelid, *paupière* 14

F

fail, *ne pas (arriver à) faire* 70
faintly, *légèrement, un peu* 72, 126
fair, *blond* 42 ; *juste* 62, 106

fancy, *imaginer* **30, 136** ; *fantaisie* **94**
far, *loin* **18** ; *beaucoup, de beaucoup* **106**
fare, *prix (taxi...)* **16**
farm, *ferme* **132** ; *cultiver* **132**
fast, *rapide* **22**
fastening, *fermeture* **98**
fate, *destin* **86, 148**
favour, *service* **12**
fawn, *beige* **82**
fear, *crainte* **58**
fearsome, *terrifiant* **14**
feeble, *faible* **80**
feel, felt, felt, *(se) sentir* **68**
feeling, *sentiment* **80, 156**
fellow, *type, gars* **42, 138**
fetch, *(aller) chercher* **136**
fidget, *s'agiter* **112**
field, *champ* **36**
fierce, *violent* **88**
figure, *chiffre* **42** ; *silhouette, personne* **48** ; *penser* **172**
fill, *remplir* **10**
filthy, *crasseux* **84**
find, found, found, *trouver* **12**
fine, *beau* **12** ; *fin* **122** ; *merveilleux* **172**
finger, *doigt* **122**
fingertip, *bout des doigts* **54**
fine, *beau* **12**
fireplace, *cheminée* **98**
firewood, *bois de chauffage* **164**
first, *premier* **160**
first name, *prénom* **140**
fish, *(pêcher) fouiller* **20**
fishery, *pêcherie* **100**
fit, *opportun* **96**
fixed, *occupé* **102**
flagged, *dallé* **98**
flee, fled, fled, *s'enfuir* **162**
flight, *vol* **74**
fling, flung, flung, *jeter violemment* **154**
float, *flotter* **126**
floor, *plancher* **98, 122**
flow, *couler* **54**
flutter, *s'agiter* **92** ; *émoi* **134**
foible, *faiblesse* **94**
follow, *suivre* **42, 108**
fond of (be), *aimer* **84, 110**

food, *nourriture* **80**
foolish, *stupide* **50**
foot, *pied (30, 48 cm)* **40**
forbid, forbad(e), forbidden, *interdire* **16**
forced labour, *travaux forcés* **36**
forehead, *front* **122**
foresighted, *prévoyant* **156**
forever, *pour toujours* **16**
forget, forgot, forgotten, *oublier* **16**
forgetful, *distrait, étourdi* **14**
formerly, *autrefois* **114**
fortnight, *quinzaine* **110**
fortunate, *heureux* **100**
foul, *mauvais, méchant* **14**
frame, *encadrer* **50**
frantically, *frénétiquement* **46**
free, *libre* **104**
freedom, *liberté* **116**
frighten, *effrayer* **42**
front, *façade* **26**
front door, *porte d'entrée* **158**
frost, *gel(ée)* **14**
full of, *plein de* **28**
full-stop, *point (ponctuation)* **148**
fumble, *tâtonner* **60**
fun (have), *s'amuser* **60**
funeral, *enterrement* **122**
funny, *bizarre, étrange* **10**

G

gait, *démarche* **100, 154**
game, *jeu* **32** ; *gibier* **110**
gang, *équipe* **36**
gap, *brèche* **40**
gape, *regarder bouche bée* **36**
garbage bin, *poubelle* **164**
garden, *jardin* **124**
gate, *portail* **40, 92**
gather, *ramasser* **124** ; *comprendre* **162**
gaze at, *contempler* **84, 178**
gentle, *doux, gentil* **14**
gently, *légèrement* **30**
germ, *microbe* **80**
gesture, *geste* **44**
get rid of, got, got, *se débarrasser* **26**

giggle, *ricaner sottement* 158
give oneself up, gave, given, *se livrer (à la police)* 106
give up, gave, given, *abandonner* 26
glad, *content* 98
glamour, *prestige* 114
glance, *coup d'œil*, 44 ; *jeter un coup d'œil* 146
glare, *lumière aveuglante* 178
gloom, *obscurité* 86
gloomy, *sombre* 80
glow, *rougeoiment* 30
go to sea, went, gone, *se faire marin* 136
gold, *or* 22
golden, *en or* 12
good, *du bien* 140
good-looking, *beau* 138
goodness !, *mon Dieu !* 22
goodwill, *bienveillance* 114, 134
go on, went, gone, *continuer* 22
grasp, *saisir* 176
gravel, *gravier* 128
great-nephew, *petit-neveu* 136
grey, *gris* 48
grin, *grimacer* 36 ; *(faire un) large sourire* 142
groove, *sillon, rainure* 174
ground, *terrain* 68
grounds, *terres* 96
grow, grew, grown, *croître* 46 ; grow + adj., *devenir* 74
grow to, *se mettre peu à peu à (aimer...)* 82
grown-up, *adulte* 84
guest, *invité* 92, 114
gums, *gencives* 142
gust, *rafale* 170
guts, *cran* 160

H

habit, *habitude* 14
halfway, *à mi-chemin* 46
hall, *vestibule* 162
hand, *passer* 20
handbag, *sac à main* 128
handy, *commode (adj.)* 156
handsome, *élégant* 132, 174
hang, hung, hung, *(sus)pendre* 30, 94
happen, *arriver (événement)* 10
hard, *dur* 10
hardly, *à peine* 30
hardware, *quincaillerie* 170
harm, *mal* 102
harness, *harnacher* 16
harum-scarum, *écervelé* 146
haste, *hâte* 48
hasty, *rapide* 46
hate, *haïr* 68, 160
haul, *traîner* 36
head for, *se diriger vers* 54
headmistress, *directrice d'école* 14
health, *santé* 80
healthy, *en bonne santé* 54
heap, *tas* 40, 154
heave, *soulever* 42
heaven, *ciel, paradis* 42
height, *(hauteur) apogée* 44
help, *aide* 14
hide, hid, hidden, *cacher* 32
high, *haut* 12
highball, *grand whisky coupé d'eau* 56
highly-trained, *hautement qualifié* 80
hill, *colline* 36
hinder, *entraver* 78
hiss, *siffler* 28
hoarding, *panneau* 96
hobby, *passe-temps favori* 104
hold, held, held, *tenir* 12
hold out to, held, held, *tendre à* 20
hole, *trou* 10
hollow, *creux* 132
home, *institution* 94 ; *maison, foyer* 136
Home Office, *ministère de l'Intérieur* 114
hop, *sautiller* 116
hope, *espérer* 12, 162 ; *espoir* 158
hopeless, *désespéré* 66
horrid, *désagréable, méchant* 20
hour, *heure* 54
hourly, *dans l'heure* 110
household, *maisonnée* 132

215

housemaid, *employée de maison* 40
hover, *planer, rôder* 158
however, *cependant* 94
howl, *hurler* 82
huddle (together), *se serrer les uns contre les autres* 28
huge, *immense* 36, 124
hum, *rumeur* 46
humped, *voûté* 154
hunched-up, *arrondi, voûté* 122
hunting, *chasse à courre* 114
hurry, *hâte* 22
hurry up, *se dépêcher* 16
hurt, hurt, hurt, *faire mal* 10
hustle, *se dépêcher* 174

I

idle, *inactif* 154
idly, *paresseusement* 124
income, *revenu* 78
inconsistent, *peu logique* 70
inconvenient, *peu commode* 100
indeed, *en fait* 78
indulge in, *se laisser aller à* 94
inheritance, *héritage* 142
injury, *blessure (physique ou morale), tort* 78
inmate, *interné* 94 ; *pensionnaire* 136
inquest, *enquête* 44
inquiry, *demande de renseignements* 54
in return, *en échange* 16
inside, *à l'intérieur (de)* 10
instant, *instantané* 160
instead (of), *au lieu (de)* 128
insulate, *isoler* 158
intent on, *résolu à* 84
intricate, *compliqué* 170
intrude (upon), *s'imposer (à)* 152
inured, *accoutumé, aguerri* 86
iron, *fer* 116 ; *repasser* 124
invaluable, *sans prix* 104

J

jacket, *veste, veston* 16
jam, *confiture* 156
jar, *pot* 122, 156
jaw, *mâchoire* 172
jest, *plaisanterie* 152
jingle, *tinter* 58
jog, *trottiner* 100
joke, *plaisanterie* 134
jolly *(fam.)*, *rudement, drôlement* 30
judge, *juge* 54 ; *juger* 164
jump, *sauter* 82

K

keen, *perçant* 172
keep up with, kept, kept, *suivre* 44
kettle, *bouilloire* 162
kid, *gosse* 64
kill, *tuer* 84
kind, *sorte* 96
kindly, *plein de gentillesse* 132
kindness, *bonté* 98
knee, *genou* 46
kneel, knelt, knelt, *s'agenouiller* 46
knock off, *renverser* 106

L

lace, *dentelle* 122
land, *atterrir* 54
lane, *chemin* 36
lapse, *défaillance* 78
large, *grand* 40
last, *durer* 84, 178
late, *tard (en re)* 48, 122 ; *tardif* 92
lath, *latte* 164
latterly, *récemment* 78
laugh, *rire* 64
law, *loi* 134
lawful, *légal* 142
lawn, *pelouse* 92, 156
layer, *couche* 50
lead, led, led, *mener* 132
lean, leant, leant, *se pencher* 70
leave, left, left, *quitter* 10
left, *gauche* 36
length, *longueur* 14
liar, *menteur* 26
library, *bibliothèque* 102, 128

lick, *lécher* **30**
lid, *couvercle* **174**
lie, *mentir* **26**
lift, *soulever* **30**
light, *clair (couleur)* **28** ; *allumer* **58** ; *lumière* **170**
lightly, *à la légère* **96** ; *légèrement* **66**
lightness, *gaieté* **124**
like, *aimer* **78**
lilac, *lilas* **122**
lip, *lèvre* **18, 152**
lively, *plein d'entrain* **94**
load, *charger* **42** ; *chargement* **46**
lock, *serrure* **98**
lock up, *enfermer* **108**
loft, *lancer en chandelle* **92**
loneliness, *solitude* **80**
lonely, *solitaire* **96**
look after, *s'occuper de* **108**
look for, *chercher* **10**
look in, *aller voir qqn.* **138**
look up, *chercher* **100**
loose, *lâche, ample* **122**
lope, *courir en bondissant* **96**
lose, lost, lost, *perdre* **32**
lots of, *beaucoup de* **10**
lovely, *beau* **16**
lower, *baisser* **32**
loyal, *fidèle* **96**
lucky, *chanceux* **20**
lunacy, *folie* **108**
luncheon, *déjeuner* **100**

M

madman, *fou (n.)* **74**
magic, *magie* **50**
main, *principal* **32**
make up, made, made, *faire la paix* **68**
manage, *se débrouiller* **18**
manly, *mâle (adj.)* **164**
mansion, *manoir* **132**
mar, *gâcher* **60**
march, *marche militaire* **24**
marquee, *grande tente* **92**
marry, *épouser* **142**
matter, *question, affaire* **12** ; *avoir de l'importance* **74**

mattock, *pioche* **36**
mature, *mûrir* **58**
maybe, *peut-être* **54**
meadow, *prairie* **38**
mean, *minable d'aspect* **126**
mean, meant, meant, *signifier, vouloir dire* **36**, *avoir de l'importance* **146**
meanwhile, *entre-temps* **96**
meet, met, met, *rencontrer* **32, 172**
melt, *fondre, s'attendrir* **18**
memory, *souvenir* **60**
mend, *réparer* **104**
merciful, *miséricordieux* **44**
mere, *pur, simple* **42**
merry, *joyeux* **132**
middle, *milieu* **28**
midst, *milieu* **36**
midway, *à mi-chemin* **170**
mile, *mile (1 609 m)*
mind, *esprit* **62, 122** ; *faire attention à* **102**
miss, *manquer (train)* **74** ; *regretter l'absence de* **110**
mist, *brume* **126**
mistake, *erreur* **22, 108**
mix, *mélanger* **42**
mixed up, *désorienté, déboussolé* **72**
mocking, *moqueur* **144**
mongrel, *bâtard* **82**
monk, *moine* **72**
monkey, *singe* **88**
monkey-puzzler, *araucaria* **92**
month, *mois* **80**
mood, *humeur* **54**
mortar, *mortier* **42**
most, *la plupart de* **14**
mother-in-law, *belle-mère* **152**
mount, *augmenter, croître* **54**
mouse (*pl.* mice), *souris* **12**
mouthful, *bouchée* **128**
move, *remuer* **28** ; *se déplacer* **42, 98** ; *déménager* **64**
mow, mowed, mown, *tondre* **156**
muddle, *embrouiller* **102**
muffled, *assourdi* **82**
mumps, *oreillons* **64**
mums, *maman* **108**
muse, *méditer* **118**

mute, *muet* 50, 118
mutter, *marmonner* 158

N

nail, *clouer* 164
naked, *nu* 162
name, *nom* 114
naughty, *vilain, méchant* 62
nearby, *à côté* 38
nearly, *presque* 10
neat, *pur (whisky...)* 28 ; *impeccable* 32
neatly, *avec soin, ordre* 124
neck, *cou* 60, 152
need, *avoir besoin de* 14 ; *besoin* 48
neighbourhood, *voisinage* 158
nephew, *neveu* 136
nerve, *culot* 28
nervous, *inquiet* 80
newfangled, *nouveau genre* 132
news, *nouvelles* 136
newspaper, *journal* 40
next, *suivant* 24
nice, *gentil* 12
nimble, *agile* 22
nod, *faire un signe de tête affirmatif* 158
noise, *bruit* 28
noisy, *bruyant* 166
none, *aucun(e)* 116
nose, *nez* 14
note, *billet de banque* 20 ; *billet, lettre* 44
notepaper, *papier à lettres* 94
notice, *remarquer* 18, 84
now and then, *de temps en temps* 158
number, *nombre* 42
nurse, *bonne d'enfants* 80 ; *infirmière* 122

O

obviously, *de manière évidente* 82, 154
occasional, *qui a lieu de temps en temps* 164
occur, *arriver (événement)* 78, 164
odd, *bizarre* 78, 152
oddly, *étrangement* 136
of course, *évidemment* 32, 94
office, *bureau (pièce)* 64
official, *fonctionnaire* 114
old-fashioned, *d'autrefois* 132
on account of, *à cause de* 102
on behalf of, *au nom de* 114
once, *une fois, un jour* 14, 112
only, *seul, unique* 88
onwards, *en avant* 112
opportunity, *occasion,* 46, 118
order, *commande (café...)* 28
otherwise, *autrement, sinon* 22
outhouse, *dépendance* 132
outing, *sortie* 92
outline, *exposer les grandes lignes de* 178
outside, *à l'extérieur (de)* 26
outstanding, *remarquable* 152
oven, *four* 154
over, *plus de* 18 ; *fini* 68, 124
overcoat, *pardessus* 176
own, *propre, personnel* 14 ; *posséder* 78

P

pain, *douleur* 78, 86, 152
palm, *paume* 122
part, *(se) séparer* 66
particulars, *renseignements* 96
partner, *copain* 174
pass away, *trépasser* 122
passer-by, *passant* 40
path, *chemin* 152
patrol, *patrouille* 180
pause, *s'arrêter* 20
pavement, *trottoir* 10
peace, *paix* 170
peacefully, *paisiblement* 122
pebble, *galet* 86
pedestrian, *piéton* 24
peel, *éplucher* 164
peep, *regarder à la dérobée* 32
peevish, *grincheux* 98
pelt, *tomber à seaux* 24
pen, *enclos* 132
penniless, *sans le sou* 144
pet, *animal familier* 78
petulant, *irritable* 100

pheasant, *faisan* 110
pick, *cueillir* 146
pick up, *ramasser* 30
piece, *morceau* 14
pier, *jetée* 70
pile, *grosse somme d'argent* 174
pillow, *oreiller* 160
pink *(adj.)*, *rose* 12
pip, *pépin* 154
pit, *trou, fosse* 164
place, *endroit* 38 ; *rang social* 132
plain clothes (in), *en civil* 180
plan, *projet* 116
plane, *avion* 54
plate-glass, *verre épais* 26
play, *jouer* 82 ; *jeu* 86
plead, *supplier* 88
pleased, *content* 22
pleasure, *plaisir* 30
plough, *charrue* 36
pocket, *empocher* 20
poke, *fourrager, fureter,* 12
position, *emploi* 178
posture, *attitude* 154
pot, *marijuana* 152
potter (about), *bricoler* 158
pound, *livre (sterling)* 16
pour, *verser* 62
practice, *clientèle (de médecin)* 78
practitioner, *médecin* 96
pray, *prier* 32
presentation, *remise de cadeau* 116
present with, *offrir (cadeau)* 114
presently, *bientôt* 40
preserves, *fruits en conserve* 164
pretty, *passablement* 10
previous, *précédent* 50
prickle, *picotement* 164
pride, *orgueil* 122
prime of life, *fleur de l'âge* 132
process, *processus* 74
promise, *promettre* 18
prop, *appuyer (contre)* 128
proper, *convenable* 60
property, *propriété* 158
protect, *protéger* 16
proud, *fier* 132, 148

prove, *prouver* 124
provide with, *fournir* 116
puff, *bouffée* 176
pug, *nez épaté* 178
pull, *tirer* 174
purpose, *but* 112
pursue, *poursuivre* 160
push, *pousser* 158
put out, *agacé* 102
puzzle, *intriguer* 58

Q

quarrel, *querelle* 124
quaver, *trembler (voix)* 142
quick, *rapide* 20
quickly, *rapidement* 170
quiet, *silencieux, calme* 26 ; *tranquillité* 48
quieten (down), *se calmer* 138
quilt, *couvre-pied* 154
quite, *tout à fait* 10, 84
quizzical, *narquois* 100

R

rabbit, *lapin* 24
railway, *chemin de fer* 54
rainy, *pluvieux* 32
raise, *soulever* 10
reach, *atteindre* 22
realize, *se rendre compte* 58
remain, *rester* 40
remember, *se rappeler* 66
reprieve, *commutation de peine* 44
resolve, *résolution* 44
rest, *(se) reposer* 18
resume, *reprendre (activité)* 46
retain, *conserver* 56
retrieve, *récupérer* 44
reward, *récompenser* 54
ride, rode, ridden, *aller à bicyclette* 58 ; *promenade (à bicyclette...)* 62
right, *honnête* 20
right away, *immédiatement* 70
rise, rose, risen, *s'élever* 48 ; *monter (voix)* 70
road, *route* 38
roar, *rugir* 74

rotten *(fam.)*, *moche, minable* **20**
rough, *approximatif* **38**
round, *rond* **30**
rule, *règle* **12**
rumble, *grondement* **46**
run, ran, run, *dire (lettre...)* **44**
rush, *(se) précipiter* **22**

S

sad, *triste* **106**
safe, *sans danger* **106**
sailboat, *voilier* **70**
sailor, *marin* **136**
sand, *sable* **80**
sands, *plage* **82**
sane, *sain d'esprit* **104**
satisfy, *convaincre* **20**
save, *sauver* **86**
savings, *économies* **126**
say, said, said, *dire* **12**
saying, *dicton* **12**
scan, *parcourir (livre)* **54**
scar, *cicatrice* **172**
scarfpin, *épingle à cravate* **172**
scatter, *disperser* **36**
score, *vingtaine* **36**
scrape, *mauvais pas* **14**
scream, *pousser un cri perçant* **50**
screw, *visser* **98**
scribble, *griffonner* **46**
scurry, *détaler, filer* **32**
scuttle, *détaler* **24**
sea, *mer* **82**
search for, *chercher, fouiller* **30**
seashore, *littoral* **82**
seaside, *bord de mer* **78**
season, *saison* **114**
seat, *siège* **44**
seethe, *être en effervescence* **162**
seize, *saisir* **84**
seldom, *rarement* **154**
sense, *sentiment* **54**
sensible, *raisonnable* **164**
set, set, set, *poser* **94** ; *sertir* **172**
settle, *se fixer* **112**
sew, sewed, sewn, *coudre* **164**
shake, shook, shaken, *secouer* **74**
sharp, *sec (ton)* **14** ; *pointu* **82** ; *vif, éveillé* **174**
sharply, *nettement* **126**
shelter, *(s') abriter* **12** ; *abri* **94**
shift, *changer* **16**
shiny, *brillant* **128**
shiver, *trembler* **124**
shop, *magasin* **122**
shot, *coup de feu* **44**
shoulder, *épaule* **20**
shout, *crier* **160**
show, *démonstration* **82** ; *parade* **170**
show, showed, shown, *montrer* **38**
shower, *couvrir (de cadeaux)* **114**
showery, *pluvieux* **92**
shrewd, *astucieux, perspicace, malin* **134**
shriek, *pousser un cri perçant* **32**
shudder, *frémir* **36**
shuffle, *traîner des pieds* **96**
side, *côté, flanc* **50**
sidestep, *esquiver* **24**
sideways, *de côté* **20**
sigh, *soupir* **46** ; *soupirer* **124**
silk, *soie* **18**
silly, *stupide* **16**
silver, *argent* **116**
simper, *sourire niaisement* **14**
since, *étant donné que* **80**
single, *seul, unique* **44**
sink, *évier* **124**
sink, sank, sunk, *s'enfoncer* **72** ; *sombrer* **126**
sinking feeling, *serrement de cœur* **58**
sip, *gorgée* **124**
skin, *peau* **16**
skip, *sauter* **86**
slate, *ardoise* **80**
sleep, slept, slept, *dormir* **102**
sleeve, *manche* **42**
sleigh, *traîneau* **62**
slide, slid, slid, *glisser* **36**
slightly, *légèrement, un peu* **70**
slink, slunk, slunk, *se glisser* **86**
slip, *glisser* **42**

slow, *ralentir* 36
slowly, *lentement* 36
slush, *neige fondue* 122
smack, *gifler* 88
smell, *odeur* 128
smell, smelt, smelt, *sentir* 126
smile, *sourire* 14
smoothly, *doucement* 36
snap, *dire d'un ton sec* 24 ; *fermer avec un bruit sec* 78
snatch, *saisir* 46
snowflake, *flocon de neige* 124
snowy, *enneigé* 128
snug, *confortable* 24
soak, *tremper* 16, 82
sob, *sanglot* 48
soggy, *(dé)trempé* 92
soldier, *soldat* 24
so long as, *tant que* 18
somehow, *en quelque sorte* 158
son, *fils* 96
son-in-law, *gendre* 152
song, *chanson* 62
soon, *bientôt* 30
soul, *âme* 104
sound, *sembler (à entendre)* 60 ; *son, bruit* 124
space, *espace* 50
spare time, *loisir* 156
speech, *discours* 116 ; *paroles* 144
spend, spent, spent, *passer (temps)* 80 ; *dépenser* 144
spirits, *moral (le)* 110
split, split, split, *fendre* 10
spoil, *gâcher* 60
spoon, *cuillère* 12
spot, *repérer* 12
spread, spread, spread, *se répandre* 30
sprinkle with, *parsemer de* 152
squabble, *dispute* 44
squalid, *sordide* 80
squall, *rafale* 92
square, *carré* 50
squire, *châtelain* 132
stack, *mettre en tas* 162
stage, *scène* 114
stalwart, *corpulent* 170
stammer, *bégayer* 14
stamp, *marquer* 94

stanch, staunch, *sûr, loyal* 174
stand, stood, stood, *se tenir debout* 18
stand out, *se détacher* 36
stand up, *se lever* 122
star, *étoile* 64
stare at, *regarder fixement* 14
stark, *austère* 36
start, *partir* 172
startle, *faire sursauter* 58
state, *état* 60
statement, *déclaration* 144
station, *gare* 116
steady, *calme* 138 ; *régulier* 176 ; *stable, ferme* 180
steal, stole, stolen, *voler, dérober* 70
steel oneself, *se durcir* 86
steamy, *embué* 26
step, *(faire un) pas* 54
step sister, *demi-sœur* 106
stern, *sévère* 16
stew, *mijoter* 154
stick, *bâton* 84
stick, stuck, stuck, *rester fixé* 62
stick out, stuck, stuck, *tirer (langue)* 60
stiff, *raide* 24
still, *immobile* 24 ; *encore* 44
stolid, *impassible* 132
stone, *pierre* 40
stony-faced, *de marbre* 24
store, *magasin* 170
storey, *étage* 156
stove, *fourneau* 154
straggling, *en désordre* 38
straight, *droit* 48 ; *en ordre* 170
strain, *s'efforcer* 36 ; *tension* 156
strange (adj.), *inconnu* 12 ; *étrange* 142
stranger (n.), *inconnu* 60
strangle, *étouffer* 118
straw, *paille* 64
stray, *errant* 82
stream, *couler à flots* 86 ; *flot* 82
street lamp, *réverbère* 126
strength, *force* 86
stretch, *étendue* 80 ; *tendre (v.)* 126

stride, *enjambée* 72
stride, strode, stridden, *marcher à grands pas* 118
strike, struck, struck, *frapper* 158 ; *craquer (allumette)* 172
stroke, *caresser* 122
stroll, *flâner* 146
strong, *fort* 80
struggle, *lutter* 56
sturdy, *robuste* 132
suburb, *banlieue* 156
suddenly, *soudainement* 62
suit, *costume* 84
suitable, *qui convient* 96
suited to, *adapté à* 108
summer, *été* 62
summon, *appeler* 16
sum up, *(résumer), juger* 22
sunshine, *(lumière du) soleil* 92
support, *appui* 96
surely, *assurément* 106
surround, *entourer* 114
surrounding, *environnant* 132
suspect, *soupçonner* 152
suspicious, *soupçonneux* 12 ; *suspect* 110
swagger, *démarche conquérante* 170
swallow, *avaler* 30
sweet, *charmant* 14
swift, *rapide* 44
swing, *balancer* 24
swing round, swung, swung, *pivoter* 36
sympathetic, *compatissant* 60

T

tab, *patte d'étoffe* 42
tablecloth, *nappe* 92
tail, *queue* 86
take leave, took, taken, *quitter* 114
take to, *emmener à* 10 ; *se mettre à aimer* 82
talk, *conversation* 178
tall, *grand* 10
taste, *goûter* 128 ; *soupçon* 170
tauten, *(se) tendre* 126
tawny, *fauve* 80
team, *équipe* 36

tear, *larme* 88
tear down, tore, torn, *démolir* 172
tempt, *tenter* 18
terrific, *formidable* 24
thankful, *reconnaissant* 78
thin, *mince* 32
think of, thought, thought, *penser à* 138
thoroughfare, *artère, rue passante* 170
thought, *pensée* 66
thread, *fil* 126
threat, *menace* 84
thrif(tiness), *économie* 152
thrill, *vive émotion* 38
throat, *gorge* 30
throttle, *étouffer* 106
throw, threw, thrown, *lancer* 152
throw over, *laisser tomber (qqn.)* 66
thunder, *tonnerre* 82
tie, *lien* 116 ; *nouer* 124
tilt, *incliner* 30
tiny, *minuscule* 46
tip, *pourboire* 104
tired, *fatigué* 18
tiresome, *ennuyeux* 54
titled, *qui a un titre* 22
toffee, *caramel* 82
together, *ensemble* 172
tongue, *langue* 30
too, *aussi* 74
tooth (*pl.* **teeth**), *dent* 10
toothless, *édenté* 142
top, *sommet* 12
touching, *touchant* 136
tour, *voyage (organisé)* 36
towards, *en direction de* 28
town, *ville* 54
trace, *soupçon* 144
track, *trace* 174
traffic, *circulation* 22
trap, *piège* 152
travel, *voyager* 36
treat, *traiter* 104 ; *régal* 118
treble, *triple* 28
tree, *arbre* 82
trial, *procès* 44
trickster, *filou* 20
trim, *bien tenu* 132

trip, *excursion* 36
tripper, *excursionniste* 36
trivial, *insignifiant* 68
trouble, *ennui, problème* 14
troublesome, *difficile* 104
trowel, *truelle* 36
true, *sincère* 174
trunk, *malle* 116
trust, *faire confiance à* 126
truth, *vérité* 12
try, *essayer* 72 ; *vérifier* 170
tumbler, *verre sans pied* 28
turn out, *congédier* 106
turn up, *arriver* 174
twice, *deux fois* 32
twirl, *faire tournoyer* 170

U

umbrella, *parapluie* 10
unaccustomed, *inhabituel* 36
unbroken, *ininterrompu* 132
uncouth, *fruste* 112
undermine, *saper* 80
undress, *se déshabiller* 158
uneasily, *mal à l'aise* 112
unfamiliar, *étrange, inconnu* 112
unfinished, *inachevé* 38
ungrateful, *ingrat* 112
unheated, *non chauffé* 156
unkempt, *mal tenu* 80
unusually, *de manière inhabituelle* 162
unwanted, *non désiré* 80
upper, *supérieur* 56
upright, *droit* 134
upset, *bouleversé* 66
upstairs, *en haut* 66
upstanding, *bien bâti* 132
use, *usage* 84
useful, *utile* 106
usual (as), *(comme) d'habitude* 162
usually, *habituellement* 68
utter, *proférer* 162
utterly, *complètement* 56

V

van, *fourgonnette* 94

vanish, *disparaître* 160
vicinity, *voisinage* 170
voice, *voix* 56

W

wait, *attente* 158
wait for, *attendre* 10, 82
waist, *taille* 20
walk, *promenade* 16
wall, *mur* 36
wallet, *portefeuille* 16
wanted, *recherché* 180
ward, *pupille* 84
warder, *gardien* 38
warm, *chaleureux* 116
warn, *avertir* 164
wash, *laver* 84
watch, *observer* 18 ; *montre* 116
watcher, *surveillant* 16
wave, *vague* 88
waxed, *ciré* 122
way, *façon* 18 ; *chemin* 56
weakly, *chétif* 80
wealthy, *riche* 22
wear, wore, worn, *porter (vêtement)* 10
weather, *temps (intempéries)* 92
weather-beaten, *marqué par les intempéries* 132
weight, *poids* 102
welcome, *accepter volontiers* 112 ; *bienvenue* 116
well-spoken, *qui parle bien* 12
wet, *humide* 32
wheel, *roue* 122
wheel-barrow, *brouette* 42
whenever, *chaque fois que* 64
while, *pendant que* 64
whimzically, *d'une manière étrange* 116
whizz, *filer à toute allure* 38
whole, *entier* 78
why, *eh bien, mais* 134
wide, *large* 40
widow, *veuve* 136
wife, *épouse* 66
wild, *insensé* 64 ; *déchaîné* 72
willingness, *bonne volonté* 110
wince, *tressaillir* 78
window, *devanture* 26

wing, *aile* 94
winter, *hiver* 80
wire, *télégraphier* 60
wire netting, *grillage* 96
wiry, *sec, osseux* 154
wishes, *vœux* 116
within, *en moins de* 116
wonder, *se demander* 12
wood, *du bois* 164
work, *marcher* 60
world, *monde* 42
worn, *usé* 128
worry, *s'inquiéter* 44
worth, *qui vaut* 20
wound, *blesser* 124
wrapping paper, *papier d'emballage* 156

wrestler, *lutteur* 114
wretch, *misérable* 84
wrinkled, *ridé* 134
wrinkly, *ridé* 12
wrist, *poignet* 122
wrong (be), *se tromper, avoir tort* 20, 162

Y

yard, *yard (91, 44 cm)* 24
yellow, *jaunir* 70
yet, *pourtant* 44
young, *jeune* 42, 82
youth, *jeunesse* 176
youthful, *de jeunesse* 78

Photocomposition Nord Compo Villeneuve-d'Ascq

IMPRIMÉ EN FRANCE PAR BRODARD ET TAUPIN
58, rue Jean Bleuzen - Vanves.
Usine de La Flèche, le 7-05-1986.
1955-5 - N° d'Éditeur 2150, décembre 1984.

PRESSES POCKET - 8, rue Garancière - 75006 Paris
Tél. 46.34.12.80